Paul C. Boyesen · Hans-Georg Huber
Eigentlich möchte ich…

Paul C. Boyesen
Hans-Georg Huber

Eigentlich
möchte ich...

Leben zwischen Wunsch
und Wirklichkeit

Kösel

ISBN 3-466-34256-2
© 1991 by Kösel-Verlag GmbH & Co., München
Printed in Germany. Alle Rechte vorbehalten
Druck und Bindung: Kösel, Kempten
Umschlag: Elisabeth Petersen, Glonn
Umschlagbild: Magritte, »The Memory of a Saint«, 1960;
© 1990, Copyright by Cosmopress, Genf.

2 3 4 5 6 · 95 94 93 92 91

Inhalt

Wenn alles gut ist, wunderbar. Aber wenn es nicht so gut ist, erfahren wir uns häufig als Opfer unserer Umgebung und leiden darunter, daß wir so wenig ändern können. Wir versuchen, unsere Umgebung noch genauer zu erforschen, um dort die Lösung zu finden. Aber wie sehr erforschen wir unser eigenes Leben? Wer ist der Regisseur, wer ist der Drehbuchautor unseres Lebens? Wer spielt alles in diesem Stück mit? Wie sehr kreieren wir unser eigenes Leben, wie der Dichter ein Gedicht kreiert, der Maler ein Bild?

Vorwort

Jeder Mensch strebt nach einer befriedigenden Qualität seines Lebens. Und dennoch leiden viele Menschen emotional und körperlich darunter, daß ihre Lebensqualität weit von dem entfernt ist, was sie eigentlich suchen. Häufig schauen wir dann nach außen, um dort die Lösung für unsere Probleme zu finden. Und wenn wir sie dort heute nicht finden, leben wir häufig in der Hoffnung von »Wenn …, dann…«: »Wenn ich erst groß bin; wenn ich erst einen guten Beruf habe; wenn ich den richtigen Partner gefunden habe; wenn ich erst einmal Kinder habe; wenn die Kinder groß sind; wenn ich erst in Rente bin …, dann geht das Leben los.« Aber »dann« ist immer zu spät. Es ist, wie dem Leben hinterherzulaufen, aber es niemals einzuholen. Die Hoffnung gibt uns Trost in unserer Unzufriedenheit, aber wollen wir uns wirklich mit dem Trostpreis zufriedengeben?
Manche Menschen begnügen sich damit, nach dem Motto: »Besser der Spatz in der Hand, als die Taube auf dem Dach«, ohne zuvor auch nur die Hand nach dem auszustrecken, was sie eigentlich möchten. Vielleicht, weil sie gar nicht wissen, daß sie etwas anderes wollen, oder zumindest nicht daran glauben, daß sie es bekommen könnten.
Häufig haben wir unsere Wünsche in bestimmten Momenten unserer Geschichte aufgegeben oder verloren, weil wir uns vor Verletzungen schützen mußten. Und haben Strategien entwickelt, damit wir nie wieder in so schmerzhafte Situationen kommen. Aber manche dieser Strategien sind heute zu unbewußten Fesseln unserer Persönlichkeit, unserer Lebendigkeit und unserer Wünsche geworden.

Wie können wir uns von diesen Fesseln befreien und aufhören, uns an der kurzen Leine zu führen? Wir können nur verändern, was uns gehört. Wenn wir uns als Opfer anderer Menschen erleben, müssen wir diese verändern. Aber die Chancen dafür stehen sehr schlecht, da wir darauf kaum Einfluß haben. Nur wenn wir die Verantwortung für unser Leben und auch für unsere Probleme übernehmen, können wir etwas ändern.

Das Leben fordert uns tagtäglich heraus: in Beziehungen, in unserem Liebesleben, in unserer Arbeit und unserer Freizeit. Sind wir bereit, diese Herausforderung anzunehmen? Mit diesem Buch möchte ich den Leser dazu ermutigen.

Die Idee, dieses Buch zu schreiben, entstand während eines Urlaubs in Spanien. Auf der Suche nach einer therapeutischen Fortbildung, die mir helfen sollte, meine bisherigen Ausbildungen in körpertherapeutischen und humanistischen Methoden zusammenzubringen, hatte ich einige Jahre zuvor Paul Boyesen und seine Arbeit kennen und schätzen gelernt.

Ebenso wie viele andere seiner Schüler, drängte auch ich Paul jahrelang, seine Arbeit zu publizieren. Aber vergeblich. Daraufhin entschied ich mich eines Abends, ein Buch über seine Arbeit zu schreiben, die mittlerweile auch die Grundlage meiner therapeutischen Arbeit geworden war.

Am nächsten Morgen, ich war mit Paul Boyesen zum Tennisspielen verabredet, erzählte ich ihm von meinem Projekt. Paul war sehr interessiert und wollte mehr darüber wissen. Nachdem ich ihm beschrieb, wie ich mir dieses Buch vorstellte, war ich natürlich auf seine Antwort sehr gespannt. Und es entwickelte sich etwa folgender Dialog: Paul: »Ich finde Deine Idee ganz toll. Die ganze Sache hat nur einen Haken.« Ich: »Welchen?« Paul: »Ich möchte, daß wir das Buch zusammen schreiben.«

Damit hatte ich nicht gerechnet. Wir wurden uns jedoch schnell einig, und das gemeinsame Projekt war geboren.

Mein Interesse, dieses Buch zu schreiben, beinhaltete verschiedene Ebenen:

Als Freund, Schüler und Kollege von Paul sollte es ein Dank an ihn sein, für all das, was ich von ihm gelernt hatte, für jahrelange fruchtbare Zusammenarbeit, aber auch für kostbare Momente menschlicher Begegnung.

Als Repräsentant des von Paul Boyesen begründeten Ausbildungsinstituts im deutschsprachigen Raum, sowie als Trainer in den Therapieausbildungen dieses Instituts, war für mich immer wieder zu spüren, wie sehr den Teilnehmern in den Ausbildungsgruppen, aber auch den ausgebildeten Therapeuten, eine Publikation über unsere gemeinsame Arbeit fehlte.

Als Therapeut, aber auch als Person, habe ich in meiner Arbeit viel vom Leben gelernt. Und bin meinen Klienten dafür sehr dankbar, daß sie ihre Tiefe mit mir teilen und mich dadurch ständig berühren und stimulieren. Gleichzeitig fand ich es immer wieder bedauerlich, wie wenig unser Wissen und unsere Erfahrung als Therapeuten Eingang findet in das Allgemeinwissen einer breiteren Öffentlichkeit.

Persönlich war dieses Buch für mich eine Möglichkeit, mein eigenes Leben zu reflektieren und mich mit mir selbst auseinanderzusetzen. Und ich hatte meine Freude zu schreiben wiederentdeckt, die jahrelang völlig vergessen war. In meinem Beruf besteht meine Aufgabe vor allem darin, meinen Klienten Unterstützung zu geben, ihre eigene Kreativität wiederzufinden. In diesem Projekt nun sah ich die Möglichkeit, über die Grenzen meines Berufes hinaus selbst kreativ sein zu können. Auf dieser Ebene ist dieses Buch ein Geschenk an mich selbst.

Ich möchte mich an dieser Stelle herzlich für all die Unterstützung und Anregungen bedanken, die ich von Klienten, Freunden und Kollegen erhalten habe. Mein besonderer Dank gilt meiner Frau und Kollegin Barbara Hofmann-Huber, ohne deren Unterstützung es mir nicht möglich gewesen wäre, dieses Buch zu schreiben.

Hans-Georg Huber

Teil I

Die Wurzeln unserer Erfahrung

Kapitel 1
Die Früchte des Selbst

Hier bin ich,
und was nun?

Zu leben bedeutet ein großes Ja. Ja zum Leben, Ja zum Sinn unseres Lebens, Ja zu uns selbst, Ja zum anderen. Dieses Ja ist in der Tiefe eines Menschen grundsätzlich immer da, aber häufig haben wir den Kontakt dazu verloren. Oder das Ja ist überschattet von vielen kleinen Neins und Zweifeln.

Dieses Ja beinhaltet auch, zu akzeptieren, daß wir Bedürfnisse haben. Das mag einfach klingen, ist jedoch nicht so selbstverständlich. Viele Menschen sagen zwar ja zu ihrer Existenz, aber nein zu ihren tiefen Bedürfnissen.

Wir bringen unsere Tiefe und unsere Bedürfnisse in eine Form, die wir Persönlichkeit nennen. Wie sehr trägt diese Persönlichkeit Früchte und wo wird sie zu einem *Charakter** (Begriffe mit * sind in den Worterklärungen S. 219ff. erläutert), der unsere Bedürfnisse und unsere tiefe Wahrheit verneint oder verkehrt?

Einige Menschen fühlen:»Das Leben ist ein ständiger Kampf, und ich bin froh, wenn es vorbei ist.« Andere: »Das Leben ist voller Enttäuschungen«, oder: »So habe ich mir das nicht vorgestellt«; wiederum andere: »Das Leben hat Höhen und Tiefen«. Sätze wie diese stecken den Rahmen ab, in dem wir leben, und häufig ist dieser Rahmen sehr eng.

Einige Menschen haben mit sich selbst eine Art Vertrag zum Leben geschlossen, der jedoch häufig ein Vertrag gegen das Leben ist; z.B.: »Ich bin von meinen Eltern in das Leben gesetzt worden und jetzt gezwungen, dieses Leben zu leben.« Auf diese Weise leiden sie nicht bewußt darunter, daß sie nicht wirklich ihr Leben ausfüllen. Aber wer sind sie dann, und um wessen Leben handelt es sich eigentlich? Und selbst wenn es so war, daß andere entschieden haben und wir dieses Leben leben müssen, was machen wir in der Zwischenzeit, bevor es uns wieder genommen wird?

Was auch immer existiert, es muß Gründe für seine Existenz haben. Uns Menschen sind die Gründe unserer Existenz häufig nicht bewußt, und wir werden oft erst in Krisen an sie erinnert. Genauso, wie wir in Krisen häufig erkennen, was wir ursprünglich leben wollten, aber nicht leben.

Ein Samenkorn wird von uns nur als ein kleines Stückchen Materie wahrgenommen, aber dahinter verbirgt sich eine eigene außergewöhnliche Welt. Wenn wir den Samen einer Pinie in die Erde pflanzen, stellen wir uns dabei vielleicht vor, daß sich aus ihm ein großer Baum entwickelt. Wir können uns die zukünftige Realität des Samenkorns vorstellen, aber wie sich das Samenkorn wirklich entwickelt, können wir nicht wissen. Mit Gewißheit hat dieses Samenkorn jedoch das Potential, eine ausgewachsene Pinie zu werden. Schon der Samen trägt als Potential einen ausgewachsenen Baum in sich, aber nicht nur den kompletten Baum, sondern auch all die Entwicklungsschritte auf dem Weg zu diesem Baum.

Wir Menschen sind grundsätzlich diesem Samen sehr ähnlich. Jeder Mensch hat von Beginn an in seinem Kern ein enormes Potential für seinen Lebensweg. Diese innere Vorstellung in der Tiefe des Menschen beinhaltet die fundamentalen Ziele und den Sinn seiner Existenz. Jeder Mensch trägt in sich ein tiefes Bild davon, wie er sich entwickeln kann. Und vielleicht wächst er in sein Potential, vielleicht bleibt er aber auch weit darunter.

Damit der Samen wachsen kann, müssen einige seiner grundlegenden Bedürfnisse befriedigt werden, wie gute Erde, das richtige Klima, Sonne und Regen. Ebenso wie es sehr unwahrscheinlich ist, daß der Piniensamen in einem völlig unpassenden Klima aufgeht, ist es nahezu unmöglich, daß Eltern ein Kind empfangen, ohne ihm von Anfang an einige seiner fundamentalen Bedürfnisse zu befriedigen. Der Uterus ist ein idealer physischer Mutterboden und hat gleichzeitig das Potential, auf die unterschiedlichsten Bedürfnisse des Kindes zu antworten.

Eltern wiederum haben das Potential, sich zu guten Eltern für das Kind zu entwickeln, genauso wie das Kind das Potential in sich trägt, erwachsen zu werden und später selbst Kinder zu bekommen. Das Kind braucht in dem Dialog zwischen seinem Potential und seiner Realität ein ausreichendes Maß an Verwirklichung seiner Möglichkeiten, um seine grundlegenden Bedürfnisse beizubehalten, sich in seinem Wachstum bestätigt zu sehen und sein Ja zum Leben weiterhin zu spüren.

Welchen Einfluß übt die Umgebung auf das Samenkorn aus? Der Samen ist in guter Erde gepflanzt, er bekommt Sonne und Regen, und er wächst zu einer kleinen Pflanze. Spätestens in dem Moment, wo diese durch die Erdoberfläche stößt, tritt sie in einen Dialog mit ihrer Umgebung. So ist sie etwa dem Wind ausgesetzt, sie reagiert auf ihn und bewegt sich. Die Pflanze wird immer mehr zu einem kleinen Baum. Dann wechselt die Jahreszeit. Es wird kälter, und der Baum zieht sich ein wenig nach innen zurück. Einige Monate später bekommt er wieder mehr Sonne, es wird wärmer, und er entwickelt neue Triebe und fängt an zu blühen.

Im Jahr darauf ist es sehr trocken, kein Regen fällt, es ist sehr heiß. Der Baum hat Mangel an Nahrung, fängt an auszutrocknen, seine Blüten fallen ab, er wird spröde, und wenn Wind aufkommt, verliert er den einen oder anderen Ast. Wenn dieser Baum ein Mensch wäre, würden wir sagen, daß er leidet. Er leidet, weil er sein Potential nicht erfüllen kann, das innere Design seines Lebens nicht mehr der Realität entspricht. Gleiches ist mehr oder weniger jedem Menschen in seiner Entwicklung widerfahren. Einige Bäume erholen sich wieder vollständig von der Trockenheit und treiben im nächsten Jahr wieder Blüten, während andere nur einige kleine Blüten hervorbringen und manche gar abgestorben sind.

Es gibt viele Umstände, die dem Baum Schwierigkeiten in seinem Wachstum bereiten können. Man kann sogar sagen, daß es völlig normal ist, daß er nicht in sein ganzes Potential wächst. Seine Antworten auf die Einflüsse durch seine Umgebung bedeuten, daß er mit dieser in einem Dialog ist. Er ist nicht allein auf der Welt, er koexistiert. Und dies hat zur Folge, daß ein Baum niemals kerzengerade wachsen wird, auch wenn dies in seinem inneren Design so vorgesehen ist. Problematisch wird es jedoch, wenn die Umgebung zu stark ist und zu großen Einfluß nimmt, wenn der Dialog zu einseitig wird.

Es ist möglich, daß unser Baum, der versucht, sein Potential zu erfüllen, von einem anderen Baum, der größer ist und vielleicht schon vorher da war, daran gehindert wird, in die vorgesehene Richtung zu wachsen. Statt im Winkel von 80 oder gar 90 Grad zur Erde nach oben zu wachsen, muß er nun eine Krümmung machen. Wenn die Krümmung so groß ist, daß er parallel zum Boden wächst, würden wir diesen Baum nicht länger Baum, sondern eher Busch nennen. Wenn es sich dabei um einen Menschen handelt, würde er darunter leiden, daß er zu weit entfernt von sich selbst lebt.

Emotionaler Schmerz entsteht genau an der Stelle, wo wir in uns das Bild unseres Potentials und das Bild dessen, was wir geworden sind, vergleichen, und diese beiden Bilder zu weit voneinander abweichen. Die Vorstellung unseres Potentials ist meist unbewußt. Aber wir tragen den tiefen Wunsch, es zu erfüllen, in bewußte Projekte und Wünsche, die zu neuen Bedürfnissen werden. Das Scheitern dieser Projekte kann sehr schmerzhaft sein. Aber es kann genauso schmerzhaft sein, im Erfolg zu erkennen, daß es nicht wirklich das war, was wir wollten.

Es ist eines der tiefsten Bedürfnisse des Menschen, sein Potential zu realisieren. Wenn wir erkennen, daß unser Potential und unsere Realität weit auseinanderklaffen, können wir spüren, daß Teile in uns dagegen rebellieren. Diese Rebellion kann völlig unbewußt sein, wir fühlen nur, daß etwas nicht stimmt, aber wir wissen nicht, was es ist. Oder sie ist teilweise bewußt, und wir merken, daß wir uns weit von uns selbst entfernt haben. Mit dieser inneren Rebellion versuchen wir, den Zustand wiederherzustellen, wie wir hätten sein sollen. Hören wir auf diesen inneren Aufruhr und finden unsere verlorenen tiefen Wünsche wieder? Oder unterdücken wir den Aufruhr, und er wird zu einem stillen Schrei, der sich in körperlichen und/oder psychischen Symptomen manifestiert?

Zurück zum Baum. Er wächst nach oben, zum Leben, zur Sonne, und muß eine Biegung machen. Gut daran ist, daß er weiter existieren kann. Aber nicht gut ist, daß er nicht so existiert, wie er dies wollte. Seine Art zu existieren ist nicht die Antwort auf sein Potential. Wir Menschen leben häufig auf diese Weise.

Zu existieren bedeutet, Bedürfnisse zu haben. Was sind unsere Bedürfnisse, und was machen wir mit ihnen? Im Gegensatz zum Baum haben wir als Menschen die Fähigkeit, unsere Bedürfnisse auszudrücken, Realität zu verändern, ja wir können sogar woanders hingehen, wenn wir merken, daß wir im falschen Garten stehen. Wir können auf die Umgebung antworten, sie verändern und uns bis zu einem gewissen Grad vor ihr schützen. Wie aktiv sind wir, unsere Bedürfnisse zu befriedigen? Wie sehr lassen wir unsere Umgebung uns beinflussen und antworten nur noch auf die Bedürfnisse unserer Umgebung?

Wie stark sind die Einflüsse in der Kindheit? Wie sehr ist ein Mensch beeindruckt und geprägt von äußeren Faktoren, welche auch immer dies sein mögen, wie Unfälle, Zufälle, Erfahrungen? Was begegnet einer Person auf ihrem Weg durch das Leben? Wie drückt ein Mensch seine Bedürfnisse durch seine spezifische Persönlichkeit aus? Wie entwickelt er seine Persönlichkeit? Ist meine Persönlichkeit für mich oder gegen mich? Wer werde ich durch die verschiedenen Schritte in meinem Leben? Kann ich dabei meine Gesundheit behalten, oder werde ich körperlich krank oder neurotisch, weit entfernt von mir selbst?

Es gibt verschiedene Theorien, die *Neurosen** ursächlich als biochemische, physiologische oder ererbte Störung verstehen. Aber es scheint wenig glaubhaft zu sein, daß alle Faktoren, die eine Persönlichkeit kreieren, nur biochemische Funktionen oder Fehlfunktionen sind.

Wie hätte sich eine Person entwickelt, wenn sie eine andere Umgebung gehabt hätte, oder völlig andere Eltern? Was wäre aus ihr geworden, wenn sie in ihrem Leben anderen Situationen begegnet wäre? Viele Menschen sind lebende Beispiele dafür, wie sehr eine neue Umgebung radikale Veränderungen nach sich ziehen kann. In unserer Kindheit haben uns manche Menschen mehr stimuliert als andere. Die Bedeutung dieser äußeren Einflüsse, äußerer Unterstützung und Ermutigung, aber auch Einschränkung, können wir nicht ignorieren.

Wenn wir in unserem Leben zurückblicken, was hat es uns gekostet, der zu werden, der wir heute sind? Denken wir an all die Türen, die wir geöffnet haben, all die Durchgänge und Passagen, all die Hindernisse, die wir überwunden haben, um dahin zu kommen, wo wir heute sind. Wir haben viele Entscheidungen getroffen und manche davon waren schmerzhaft, weil wir einen wichtigen Teil von uns ausgeschlossen oder verloren haben.

Was immer wir tun, ist gleichzeitig auch eine Entscheidung, etwas anderes nicht zu tun, da wir immer aus einer Vielzahl von Möglichkeiten auswählen. Offensichtlich gibt es in jedem Menschen einen grundlegenden Drang, der eine Balance zwischen der bewußten oder unbewußten Wahl auf der einen Seite und den nicht gewählten Möglichkeiten auf der anderen Seite herstellt. Dies führt zu einer inneren Pulsation, die ein wesentlicher Grund dafür zu sein scheint, daß unser Leben nicht gerade verläuft, sondern Zick-Zack. Häufig denken wir, wir gehen den geraden Weg, da wir Entscheidungen treffen, die uns klar und eindeutig erscheinen, aber wenn wir in unserem Leben zurückschauen, wird der Zick-Zack-Kurs oft sehr deutlich.

Wenn wir auf unserem Lebensweg durch eine Türe gegangen sind, einen neuen Gedanken denken, ein neues Projekt beginnen, uns für neue Erfahrungen öffnen, so ist dies wie eine Geburt. Manche Menschen bleiben jedoch auch jahrelang auf der Türschwelle stehen, als würden sie sagen: »Ja, aber …« Und haben deshalb große Schwierigkeiten, der Welt mit einem neuen Projekt zu begegnen. Ein depressiver Mensch hält schmerzhaft an einem Engpaß auf seinem Lebensweg fest, den er nie durchschritten hat. Ein rigider Mensch hingegen fixiert sich häufig auf ein Ziel, das weit entfernt in der Zukunft liegt, und er befindet sich ständig auf dem Weg dorthin.

Sehen wir die einzelnen Schritte auf unserem Lebensweg als voneinander getrennt, als Bruchstücke, oder als eine kontinuierliche Entwicklung, als Passagen unseres Lebens, die miteinander verbunden sind?

Die meisten Menschen gehen durch ähnliche Passagen in ihrem Leben, auch wenn diese auf den ersten Blick völlig verschieden

erscheinen. Aber wie jeder einzelne Mensch auf diese Herausforderungen, Konflikte und Hindernisse antwortet, ist individuell sehr
unterschiedlich. Der Mensch muß aus seinem Potential auswählen,
welche Teile er realisieren will. Welche Teile seines Potentials wählt
er? Und welche sind die ungewählten Teile, die nicht verwirklicht
werden, aber weiterhin in uns, in unserem Körper, als Sehnsüchte
und Wünsche vibrieren? Welche Vorstellungen und Phantasien
entwickelt ein Mensch in der Begegnung seines Potentials mit seiner
Erfahrung der Realität? Und wie sehr lauscht er dabei auf die
verschiedenen Teile von sich selbst?

Was sind die notwendigen Bedürfnisse, um mein Potential erfüllen
zu können? Und was mache ich, um meine Bedürfnisse zu vermeiden? Wer bin ich geworden, wie lebe ich und wie weit habe ich mich
in meinem Leben von meinen essentiellen Teilen entfernt? Wie
enttäuscht bin ich von mir selbst? Und wie trage ich meine Enttäuschungen in die Zukunft? Welchen Teilen von mir gebe ich heute
Leben? Wie antworte ich auf jede neue Situation? Und von wo aus
antworte ich? Antworte ich aus dem authentischen, echten Teil in
mir, oder aus einem Teil, den ich entwickelt habe, um mich vor
Verletzungen zu schützen? Wie sehr benutzen wir in unserem Leben
Scham und Schuld, um unsere tiefen Wünsche und Sehnsüchte zu
umgehen?

Hoffe ich, daß andere Menschen mich an meine verlorenen Teile
erinnern, und warte und warte und warte …? Vielleicht sage ich
nicht, wer ich in diesem Moment bin, und hoffe, daß der andere den
Teil in mir sieht, den ich tief in mir fühle, mich sieht, wie ich
eigentlich bin. Mit welchen Teilen von mir identifiziere ich mich,
von wem spreche ich, wenn ich von mir spreche?

Kapitel 2
Ungelebte Möglichkeiten

Ich bin, was ich geworden bin,
und ich bin viel mehr

Karin erinnert sich während einer Therapie-Sitzung an eine Passage in ihrem Leben, die sie viele Jahre vergessen hatte.

Als 9jähriges Mädchen entwickelt sie eine große Leidenschaft zu tanzen. Sie nimmt Ballettunterricht und genießt dabei die volle Unterstützung ihrer Eltern. Ein paar Jahre später, im Alter von 14 oder 15 Jahren, muß sie sich entscheiden, ob sie professionelle Balletttänzerin werden oder einen anderen Beruf erlernen möchte.

Karin spricht mit ihrem Vater und fragt ihn um Rat. Sein Standpunkt ist, daß Tanzen keine sichere Arbeit sei und man zudem in diesem Beruf nur arbeiten könne, solange man jung ist. Die Tochter ist verzweifelt, sie möchte so gerne tanzen, wie soll sie sich bloß entscheiden?

Ein Freund ihres Vaters ist Lehrer an einer Buchhalterschule, und der Vater schlägt ihr deshalb vor, Buchhalterin zu werden, ein sicherer und solider Beruf.

In dieser Zeit träumt Karin viel vom Tanzen und manchmal wacht sie nachts weinend auf. Sie möchte gerne Tänzerin werden, auf der anderen Seite leuchten ihr auch die Argumente des Vaters ein, und sie hat großes Vertrauen zu ihm. Aber letztendlich läßt sie sich von den Argumenten des Vaters überzeugen. Auf diese Weise trifft der Vater die Entscheidung für sie, und sie trifft die Entscheidung, seiner Entscheidung zuzustimmen, nun doch auf die Buchhalterschule zu gehen.

Einige Jahre später fühlt Karin sich sehr eingeschränkt, gelangweilt und manchmal auch gequält von ihrer Ausbildung. Sie ist nicht sehr lebensfroh, nicht sehr glücklich, aber sie fühlt sich sicher. Sie bekommt viel Anerkennung von ihrem Vater.

Wenn sie spazierengeht, läuft sie manchmal in die Gegend, in der die Ballettschule liegt, die sie früher besuchte, aber sie hat Angst, dorthin zu gehen. Sie bekommt mehr und mehr Angst, daß sie den Vertrag mit dem Vater brechen muß und ihre Ausbildung abbricht. Um dieser Angst zu entgehen, stürzt sie sich mit aller Kraft in ihre Arbeit. Allen Lernschwierigkeiten zum Trotz macht sie weiter.

Obwohl sie die erste Zeit immer wieder von ihren Freunden eingeladen wird, ins Kino oder zum Tanzen zu gehen, einfach zusammen Spaß zu haben, zieht sie es vor, zu Hause zu bleiben. Sie hat Angst, auszugehen, und vielleicht hat sie auch gar nicht die Zeit dazu. Sie zieht sich mehr und mehr von ihren Freunden zurück.

15 Jahre später ist Karin verheiratet, Buchhalterin, ein wenig grauer, ein wenig dicker, und sie lebt ihr Leben. Es geht ihr nicht besonders gut, es geht ihr nicht besonders schlecht. Manchmal hat sie eine unheimliche Wut, das Gefühl, irgend etwas sei wahnsinnig unfair gewesen. Und manchmal träumt sie davon, einen Prinzen zu treffen, der es ihr ermöglicht, nur noch durchs Leben zu tanzen, keine Verantwortung zu haben, frei wie ein Vogel zu sein.

Der Kontrast zwischen ihrem Beruf als Buchhalterin auf der einen und der Freiheit eines Vogels auf der anderen Seite bereitet ihr Schmerzen. Karin geht in Therapie und sucht dort Hilfe und Unterstützung, da sie sich immer ängstlicher und nervöser fühlt. Sie hat kein spezielles Symptom, aber sie fühlt, daß sie irgendwie nicht das Leben lebt, das sie möchte. Aber sie weiß nicht, wie das Leben aussieht, das sie leben möchte.

Karin ist wie jeder von uns. In einem Moment unseres Lebens haben wir in uns selbst einen heimlichen Vertrag mit jemand anderem geschlossen, daß wir auf eine bestimmte Art und Weise leben sollten. Aber was geschieht mit dem anderen Teil von ihr, den sie nicht leben konnte? Wie wäre Karins Leben verlaufen, wenn sie Tänzerin geworden wäre? Oder wie wären heute ihre Beziehungen zu anderen Menschen, wenn sie ihr Bedürfnis zu tanzen in eine andere Form umgewandelt hätte, die es ermöglicht, den grundlegenden Schwung des Tanzens zu behalten?

Als Karin dies während der Therapie-Sitzung erkennt, fängt sie an zu weinen. Sie ist ratlos, hat das Gefühl, es sei zu spät und sie habe einen wesentlichen Teil ihres Lebens verpaßt. Natürlich ist es für Karin heute keine sinnvolle Lösung, den Beruf aufzugeben, um mit 35 oder 40 Jahren Berufstänzerin zu werden oder sich auf die Suche nach dem Prinzen zu machen.

Karin hat einen Teil ihres Lebens gelebt, und es gibt einen anderen Teil, der sie immer wieder an ihre ungelebte Erfahrung erinnert. Wir nennen diesen Teil *Konsequenzenergie**.

In unseren Träumen, Wünschen und Phantasien sind wichtige Elemente enthalten, die Konsequenzen für unser Leben haben. Diese alten, neuen Möglichkeiten wachen in uns auf, kommen an die Oberfläche. Wenn wir mit ihnen in Kontakt sind, haben wir die Wahl, sie nun in unser Leben einzubeziehen oder uns genauso zu entscheiden wie damals, indem wir sie weiterhin ungelebt lassen. Wir können diese Konsequenzenergie heute in eine neue Form bringen, ihr Realität geben und damit unser Leben bereichern: Ich bin, was ich war, und ich werde mehr sein als ich bin.

Menschen, die mit ihrer Konsequenzenergie in Kontakt sind, sind in Kontakt mit ihrem ungelebten Teil und haben ein größeres Potential an Entscheidungsmöglichkeiten. Sie verfügen über ein reiches Innenleben, selbst wenn sie vieles davon nicht realisieren.

Für Karin war es nicht schmerzhaft, als Buchhalterin zu arbeiten. Sie hatte Freude an ihrem Beruf, an der Sicherheit und an ihrer Familie. Schmerzhaft war, daß sie versucht hatte, ihren Traum zu vergessen, der nach wie vor in ihr weiterlebte. Nachdem sie diesen wiedergefunden hatte, fühlte sie sich freier. Sie konnte den Teil der Tänzerin in ihr Leben integrieren, und konsequenterweise begann sie, mehr Freude in ihr Leben einzulassen und trotzdem in ihrer Realität verwurzelt zu bleiben.

Wir müssen in unserem Leben eine Vielzahl von Entscheidungen treffen, und jedes Kind beginnt sein Leben mit einer riesengroßen Anzahl von Träumen und Sehnsüchten und muß in bestimmten Momenten auswählen. In dieser Wahl liegen viele Verträge, mit den Eltern, der ganzen Familie, der Umgebung und der Gesellschaft und natürlich auch mit sich selbst.

Die wesentliche Frage ist, was ist der Wunsch hinter diesem Vertrag? Wenn wir zu diesem Wunsch zurückfinden, finden wir auch unsere Sehnsucht wieder, wir sehen, was wir suchen. Und wir finden auch unsere Libido wieder, unsere Freude am Leben, und können diese Freude selbst dann spüren, wenn wir mit Enttäuschungen konfrontiert werden.

Wir haben alle unsere Entscheidungen getroffen und werden dennoch immer an den Teil erinnert, den wir hätten wählen können, aber nicht gewählt haben.

Karin wollte Tänzerin werden. Sie trat in einen Dialog mit ihrem Vater. Solange sie in diesem Dialog blieb, hatte sie die Hoffnung, daß ihr Wunsch realisierbar sei. Dann spürte sie die Stärke ihres Vaters und konnte ihren Wunsch ihm gegenüber nicht mehr aufrechterhalten. Sie zog sich in einen inneren Dialog zurück, d.h. sie verinnerlichte diesen Dialog. Es war, als würde sie mit sich selbst Tennis spielen. In diesem Dialog mit sich selbst erkannte sie, daß sie im Kontakt mit ihrem Vater nicht zu dem stehen konnte, was sie wirklich wollte. Und die Verletzung entstand genau an dem Punkt, wo sie nicht sagte, was sie wollte.

Daß sie mit sich in diesem inneren Dialog bleibt und keinen wirklichen Dialog mit ihrem Vater führt, wirkt auf einer tieferen Ebene als ein Verneinen des Selbst. Und den Schmerz darüber, nicht echt zu sich selbst gewesen zu sein, versucht sie zu vergessen. Sie hat die Hoffnung, daß es eine Lösung geben wird, wenn sie ihr Ja zu ihrem Vater akzeptiert. Auf diese Weise bekommt sie die Liebe und Unterstützung ihres Vaters, und das gibt ihr Sicherheit. Und sie versucht zu vergessen, daß es auch einen Teil gibt, der Nein sagt. Die Konsequenzenergie ist nicht das Ja zu ihrem Vater, sondern das ungelebte Ja zu ihrem ursprünglichen Vorhaben. Und noch mehr als das. Was wären die Konsequenzen in ihrem Leben, wäre sie ihrem Wunsch gefolgt?

Das Bewußtsein ist nicht bereit, den Schmerz, der in dem Verneinen des Selbst liegt, zu akzeptieren, und unterdrückt ihn. Karin versucht, wie jedes Kind, ihre traumatische Erfahrung zu vergessen, um morgen weiterleben zu können. Als Erwachsene machen wir es genauso, aber viel automatischer, da wir daran gewöhnt sind, zu vergessen, was weh tut. Aber dennoch wirkt das Vergessene weiter. Die Unterdrückung des Schmerzes hat auch konstruktive Elemente. Sie bewahrt uns davor, unsere alten Wunden ständig zu spüren. Dennoch, die Wunden leben in uns, da sie Teil unserer wirklichen Erfahrung sind. Und unsere Erfahrung besteht sowohl aus dem Wunsch als auch dem Nichterfülltwerden dieses Wunsches. Und in dieser Nichterfüllung liegt auch die Begegnung mit dem anderen, in diesem Fall mit dem Vater. Das Problem war: es war zu viel vom anderen und zu wenig vom Selbst.

Natürlich werden andere Menschen unseren Bedürfnissen nicht immer zustimmen. Durch die Ablehnung unseres Wunsches bringt der andere uns dazu, uns selbst zustimmen zu müssen. Wenn wir nein zu unserem Wunsch und damit auch nein zu uns selbst sagen, entsteht Spannung, Ladung, Energie. Diese Energie möchte sich verwirklichen. Wenn wir uns die Erlaubnis geben können, zu dem zu stehen und an das zu glauben, was wir als echten Wunsch ausgedrückt haben, so wird zwar möglicherweise unser Wunsch immer noch nicht befriedigt, aber wir geben ihm Realität, und auch der Dialog mit dem anderen ist real. D.h. die Person existiert als Ich, Selbst, in der Beziehung zum anderen. Die Tatsache an sich, sein Bedürfnis zu spüren, sich mit ihm zu identifizieren und dies auszudrücken, beinhaltet immer ein gewisses Maß an Befriedigung.

Als Kinder haben wir Verträge geschlossen, wie wir Situationen erfahren oder nicht erfahren wollen. Dies führt dazu, daß sich unsere Erfahrungen häufig wiederholen. Diese Verträge sind mit vergessenen Situationen in Beziehungen zu anderen verbunden, und wir leben sie als Erwachsene als Lebenssätze. Z.B.: »Warum passiert ausgerechnet mir das immer«, oder: »Ich mache so viel und bekomme trotzdem nie, was ich brauche«.

Kapitel 3
Lebensverträge

In uns sind wir niemals allein,
aber wir wissen oft nicht,
mit wem wir sind

»Komm, Mama komm, Mama, ich brauche Dich!« Starke Gefühle brechen aus der Klientin heraus, sie weint und zittert.

Der Therapeut fragt: »Wo bist Du?«

»In meinem Bett, ganz allein.«

Therapeut: »Wie alt bist Du?«

»Vielleicht drei Jahre alt… Mama komm, ich brauche Dich!«

Therapeut: »Wo ist die Mama?«

»Sie ist nicht da, es ist dunkel.«

Therapeut: »Wie fühlst Du Dich?«

»Ich habe Angst, ich sehe Schatten an der Wand, dunkle Schatten, ich habe solche Angst«, bricht es aus ihr heraus. Ihr Körper drückt den Schmerz und die Angst in ihrem Wunsch aus, von der Mutter gehalten und beschützt zu werden.

»Mama, ich sterbe, wenn Du nicht kommst!«

Therapeut: »Was passiert?«

»Ich weiß es nicht mehr.«

Therapeut: »Was siehst Du?«

»Ich sehe nichts.« Ihr Körper beruhigt sich. »Ich will nicht mehr nach ihr rufen, ich muß auf mich selbst aufpassen.«

Therapeut: »Beschreibe einfach, was passiert.«

»Meine Mutter ist so klein, so hilflos, ich muß auf sie aufpassen, sie hat so viel Angst. Ich muß auf sie aufpassen und allein für mich sorgen, so ist es immer gewesen.«

Therapeut nach einiger Zeit: »Was passiert jetzt?«

»Ich bin so wütend, aber sie kommt nur, wenn ich nett bin, wenn sie fühlt, daß ich zufrieden bin, wenn sie fühlt, daß sie eine gute Mutter war. Ich bin sicher, daß sie sich sehr schuldig fühlt, weil sie mich so viel alleingelassen hat. Ich muß selbst für mich sorgen, und ich muß ihr helfen.«

Therapeut: »Was siehst Du jetzt?«

»Ich sehe meine Mutter auf einem Stuhl sitzen und weinen, und ich gehe zu ihr, um sie zu trösten.«

Therapeut: »Wie alt bist Du da?«

»Sechs oder sieben Jahre.«

Dies ist nur ein kleiner Teil einer Therapie-Sitzung. Marion, eine 32jährige Frau, war in ihren Bedürfnissen zutiefst unerfüllt, sie bekam nicht, was sie wirklich brauchte. Sie kam wieder dahin zurück, wo sie schon viele Male in ihrem Leben gewesen war, nämlich daß sie sich um andere Menschen kümmern muß. Sie hatte einen tiefen, existentiellen Vertrag in sich selbst geschlossen, um sich vor ihrer Angst, aber auch dem Gefühl, nicht erwünscht zu sein, nicht geliebt zu werden, zu schützen. Dieser Teil wurde zugedeckt durch: »Ich muß mich um andere kümmern, ich muß mich um meine Mutter kümmern«.

Dies ist ein existentieller Vertrag, der in Momenten geschlossen wird, wo ein Mensch ein starkes Bedürfnis verspürt und vom Schmerz des Mangels in seiner Einsamkeit überschwemmt wird. Dieser Vertrag beinhaltet zwei Elemente: die schmerzhafte Erfahrung, die real war und real erfahren wurde, und die Absicht, nie wieder in diese Situation zu kommen. Deshalb machen wir einen Vertrag, um die Angst vor der Angst, es könnte wieder so sein, zu vermeiden. In diesem Beispiel entstand der Vertrag: »Ich tue es für Dich.« Mit diesem Vertrag wird sowohl vermieden, ein Bedürfnis zu haben, als auch in die Situation zu kommen, dieses Bedürfnis auszudrücken, zu zeigen, daß ich Hilfe brauche. Ein Vertrag wie dieser entstand immer bewußt, da er bewußt erfahren wurde. Er wird jedoch unbewußt, um uns davor zu schützen, den Schmerz unserer Verletzung immer wieder zu spüren.

Diese Verträge bleiben insofern unbewußt, als der Mensch sich nicht an ihre Tiefe erinnert. Dennoch werden sie tief gefühlt. Deshalb sind sie, mehr oder weniger versteckt, in normalen, akzeptierten Verträgen enthalten, z.B.: »Ich möchte mit anderen zusammen sein«, und, als zusätzlicher Vertrag: »Ich werde mich um Dich kümmern, was kann ich für Dich tun?« Unter diesen Verträgen wird jedoch die Schwere gespürt, nicht zu bekommen, was ich brauche, nicht das Recht zu haben, zu fragen.

Einige Menschen leben immer in Hoffnung. Was immer sie auch ausdrücken, es beinhaltet die Hoffnung, daß etwas Gutes geschehen wird. Und selbst wenn etwas eher Schlechtes passiert, werden sie immer noch den Vertrag haben, daß es gut sein wird. Andere Menschen leben in der Enttäuschung, daß es so gut hätte sein können, aber nie so gut sein wird. Dieser Vertrag schützt und verdeckt vielleicht einen tieferen Vertrag, wie: »Niemand liebt mich, ich habe kein Recht, etwas zu bekommen«.

Marion erkannte in der Therapie-Sitzung, daß sie ihr Leben auf eine Art gestaltet hatte, die keinen Raum für ihre Bedürfnisse ließ. Sie hatte viel Raum, aber nicht für ihre Bedürfnisse. Sie wußte, daß sie ständig überarbeitet war; sie wußte auch, daß sie trotzdem immer versuchte, anderen Menschen zu helfen. Aber sie wußte nicht, warum sie weiterhin so vielen Menschen half, obwohl sie mehrfach zu Hause unter der Last zusammengebrochen war, sich dann in ihr Zimmer zurückzog, Weinkrämpfe hatte und sich wie ein alleingelassenes Kind fühlte. Und sie schämte sich so sehr, daß jemand sehen könnte, wie schwach sie in diesen Momenten war, daß sie ihre Tür absperrte. Sobald sie sich wieder beruhigt hatte, öffnete sie die Türe und ging sofort wieder auf die anderen zu: »Was kann ich für euch tun?«

Ihre Zusammenbrüche waren der Grund, eine Therapie zu beginnen. Daß sie ständig für andere da war, erlebte sie hingegen als völlig normal. In der Therapie wachte der andere Teil in ihr auf, der Teil, der durch das ständige Geben hoffnungslos überfordert war, und sie spürte den Wunsch, diese Haltung aufzugeben. Aber dies machte ihr Angst, und es entwickelte sich ein innerer Konflikt zwischen: »Ich darf den anderen nicht zeigen, daß ich dabei bin, aufzugeben, ich muß weitermachen«, und dem Gefühl: »Ich kann nicht mehr«. Sie fühlte körperlich den Schmerz, wenn jemand etwas brauchte, sie brauchte. Sie war für jeden anderen eine gute Mutter geworden, aber auch eine überarbeitete, müde Mutter, die sich nicht gegenüber den Bedürfnissen anderer abgrenzen konnte. Und sie war für sich selbst eine ausgesprochen schlechte Mutter geworden, die für ihre eigenen Bedürfnisse nie Zeit hatte.

In der Therapie-Sitzung erkennt Marion, daß dies ein grundlegender Vertrag ist. In ihrer Phantasie sieht sie ihre Mutter und wie sie sich um ihre Mutter kümmert, und plötzlich wird sie ganz ruhig und passiv, als ob sie einschlafen würde. Dann bricht aus ihrem Körper starkes Schluchzen und Weinen heraus.

Der Therapeut: »Was passiert?«

Keine Antwort. Sie schluchzt und weint; der Therapeut gibt ihr ein bißchen Zeit, bevor er nochmals fragt: »Möchtest Du etwas von Deiner Traurigkeit mitteilen?«

»Ich muß gut zu mir selbst sein, ich muß es allein machen.« Und einige Momente später: »Ich bin ein Kind, aber ich kann nicht Kind sein, ich existiere nicht als Kind.« An dieser Stelle kommt ein Schwall von Emotionen, Traurigkeit, aber auch Schmerz. »Ich darf nicht Kind sein, ich habe nicht das Recht, Kind zu sein.«

Auf diese Weise ist ihr Vertrag, den sie tagtäglich lebt, Mutter für andere zu sein, ein Weg, um sich vor dem Schmerz zu schützen, der sie jetzt überwältigt. Dieser Vertrag ermöglicht ihr, die tiefen Emotionen nicht zu spüren, die früheren Erfahrungen zu verdrängen und zu symbolisieren und in ihrem Alltag zu funktionieren. Gleichzeitig ist sie jedoch immer in der Position, in der sie hofft, es könnte irgendwann einmal umgekehrt sein. Ihr Vertrag, dem anderen zu helfen, gibt ihr die Möglichkeit, Kontakt mit anderen zu haben. Es ist ein erster Schritt, aber kann sie zu dem Punkt kommen, wo sie sagt: »Ich habe Dir geholfen, jetzt hilf Du mir«?

In ihrem Zwiespalt wird sie plötzlich sehr ärgerlich und beginnt in ihrer Phantasie zu ihrer Mutter zu sprechen: »Aber ich bin das Kind, Du hast für mich da zu sein.«

Der Therapeut: »Nimm Dir Zeit, wie antwortet sie? Wie antwortet Deine Mutter in Deiner Vorstellung?«

»Sie schaut überrascht.«

Therapeut: »Wie fühlst Du Dich?«

»Ich weiß es nicht.«

Therapeut: »Beschreibe, was Du siehst.«

»Sie schaut mich an.«

Therapeut: »Was sagt sie?«

»Sie sagt: ›Du läßt es nicht zu, daß ich mich um Dich kümmern kann, und ich wußte nicht, daß Du dies gebraucht hättest‹.« Dann ist einige Momente Stille.

Therapeut: »Wie fühlst Du dich?«

»Ich fühle den Kontakt mit ihr, ich fühle, daß sie mich sieht.«

In der folgenden Stille hat sie Kontakt mit ihrer Mutter, und es ist, als würde sich eine neue Sprache zwischen Mutter und Tochter entwickeln.

Therapeut: »Was passiert jetzt?«

»Ich dachte immer, ich muß so stark sein, um auf sie aufzupassen. Aber ich lasse sie nicht in meine Nähe kommen.«

Marion wird ruhiger, und durch den Kontakt und den Dialog mit ihrer Mutter macht sie die Brücke wieder begehbar, von der sie gefühlt hat, daß diese vor vielen Jahren zerbrochen ist. Dies ist der Beginn eines Dialogs, der auf tiefen Momenten basiert, welche die beiden miteinander geteilt haben und die lange vergessen waren. Diese kostbaren Momente werden jedesmal dann ausgeschaltet, wenn die Angst und der Schmerz wieder aufbrechen. Und häufig erinnern wir uns eher an das, was nicht gut war.

Marion begibt sich in eine ruhige, empfangende, kindliche Körperhaltung, und es ist offensichtlich, daß hier ein neuer Dialog zwischen Tochter und Mutter stattfindet. Marion entdeckt etwas Wertvolles wieder, das sie vergessen und verloren hat. Es kommt zu einer Versöhnung bzw. einer Vertöchterung mit ihrer Mutter, in der die Mutter die Mutter ist und Marion es akzeptieren kann, das Kind zu sein.

Gegen Ende der Sitzung, nachdem sie einige Minuten allein im Therapieraum gelegen ist, erzählt Marion, daß sie viele Bilder gesehen hat, in denen sie mit ihrer Mutter zusammen war, und sie fühlt sich sehr gefüllt und gewärmt von diesen Bildern.

Marion öffnete sich in dieser Sitzung für neue Verträge, für einen neuen Dialog, der in den folgenden Sitzungen fortgesetzt wurde. Natürlich war ein wesentlicher Teil der nächsten Sitzungen auch von dem Thema geprägt, wie diese tiefen Erfahrungen und neuen Verträge in den Alltag integriert werden können. Und dabei gab es neue Probleme, da ihre Familie und ihre soziale Umgebung sich weiterhin auf ihren alten Vertrag bezogen.

Was diese Sitzung beschreibt, kann man als das chronische Mißverständnis bezeichnen: das Kind, das seine Enttäuschung nicht ausdrücken kann, da seine Enttäuschung nicht angenommen wird. Es hält seine Enttäuschung in sich fest und zieht sich zurück. Die Mutter fühlt sich verloren, da das Kind sich zurückzieht, und sie fühlt sich schuldig, da sie in einigen Momenten möglicherweise Fehler gemacht hat, oder einfach nicht da sein konnte. Aber sie kann nicht immer fehlerlos sein, da sie glücklicherweise auch nur ein Mensch ist. Und in der Folge ziehen sich beide immer mehr zurück, und wenn sie einander begegnen, so begegnen sie einander als zurückgezogene Menschen. Beide etablieren auf diese Weise einen unausgesprochenen Vertrag über ihre Nichtbegegnung, und die Brücke zwischen beiden wird immer unbegehbarer. In dem Moment, wo beide erkennen können, daß sie auseinandergewachsen sind, haben sie die Möglichkeit, einen neuen Vertrag zu schließen, der den Zugang zueinander wieder möglich macht.

Der Mensch ist ein fühlendes Wesen, ein denkendes Wesen, kreativ, selbstbeschützend, agierend und reagierend. Die Verträge, die wir mit uns selbst geschlossen haben, wirken gleichzeitig auf all diesen Ebenen. Sie haben Einfluß auf unsere Gefühle, auf unser Denken, auf unsere Erwartungen, unsere Wahrnehmung und auf unser Handeln. Verträge schützen uns vor bestimmten Gefühlen und schaffen die Möglichkeit für andere, die weniger schmerzhaft sind. Gleichzeitig liefern sie auch ein Resümee, eine Zusammenfassung einer oder mehrerer Erfahrungen. Liebe, Schmerz, Hoffnung, Scham und Stolz sind oft darin enthalten.

Indem diese Verträge statisch oder chronisch werden, stecken sie den Rahmen ab für unser zukünftiges Fühlen, Handeln und Denken. Sie geben uns eine Orientierung, eine Richtung, die uns Halt gibt. Gleichzeitig hindern sie uns jedoch daran, andere Teile von uns zu leben.

Wir können in diesem Zusammenhang von drei aufeinanderfolgenden Stadien sprechen, der *Hoffnung*, dem *Glauben* und dem *Wissen*. Jeder Mensch hofft in seiner Tiefe auf die Erfüllung seiner Wünsche, egal ob diese Wünsche sehr existentiell sind oder eher funktional, die Qualität der Erfahrung betreffen oder sich auf der Ebene eines Vorhabens bewegen. In dieser Hoffnung liegt ein Antrieb, eine Bewegung auf andere Menschen zu.

Wenn diese Hoffnung zum Glauben wird, bewegt sie sich auf die reale Begegnung mit dem anderen zu. In diesem Stadium des Übergangs zum Glauben kann es zu vielen Einflüssen auf die Hoffnung kommen. »Ich hoffe, daß Du kommst,« ist etwas völlig anderes, als: »Ich glaube, daß Du kommst«. Die Frage in der Realität ist: »Wirst Du kommen, oder wirst Du nicht kommen?« Wenn es mein Bedürfnis ist, werde ich immer hoffen, daß der andere kommt, selbst wenn ich weiß, daß der andere so weit entfernt ist, daß die Möglichkeit gar nicht besteht. Wenn der andere jedoch im Nebenzimmer ist, und ich sitze da und hoffe, weiß er deswegen noch lange nicht, daß ich auf ihn warte. In dem Moment, wo ich den anderen rufe, glaube ich, daß er kommen wird. Ich werde vermutlich dann auch sagen: »Ich möchte, daß Du kommst«, statt: »Ich hoffe, daß Du kommst«. Im Glauben akzeptiere ich eine Sprache, die ich in die äußere Realität bringe, die ich ausdrücke.

Im dritten Schritt bekomme ich das Wissen, ob der andere wirklich kommt, oder nicht. Ich hoffe, daß der andere kommt, ich glaube, daß der andere kommt, deshalb drücke ich meine Hoffnung durch meinen Glauben aus, und nun bekomme ich das Wissen, ob der andere kommt oder nicht. Wenn der andere nicht kommt, bleibe ich bei der Hoffnung, daß er kommt? Wahrscheinlich. Glaube ich weiterhin, daß der andere kommt? Das ist nicht so sicher. Wenn ich glaube, daß der andere kommt, werde ich ihn nochmal rufen, vielleicht ein bißchen lauter. Was ist das Wissen, das ich dann bekomme?

Wenn der andere kommt, findet eine Begegnung statt, ich habe meinen Wunsch in die äußere Realität gebracht. Aber warum möchte ich, daß der andere kommt? Auf welcher Ebene möchte ich dem anderen begegnen? Drücke ich nun meine innere Hoffnung und meinen inneren Glauben aus?

Ein depressiver Mensch z.B. hofft, aber er glaubt nicht. Er hofft, daß der andere kommen wird, aber er glaubt nicht, daß der andere kommen wird. Und er bekommt das Wissen, daß der andere nicht kommt, da er ihn gar nicht erst gefragt hat, da er eh nicht daran glaubt, daß der andere kommt. Sein Muster ist: »Ich hoffe, daß Du kommst, ich drücke aus, daß ich nicht glaube, daß Du kommst, und ich bekomme das Wissen, daß Du nicht kommen wirst, ich bin allein.« Möglicherweise geht ein depressiver Mensch an dieser Stelle in seine innere Welt und isoliert sich in seiner Hoffnung: »Ich hoffe, daß Du kommen wirst, ohne daß ich dies ausdrücken muß«. Oder ein eher aggressiver depressiver Charakter: »Du sollst kommen, ohne daß ich dies ausdrücken muß«.

Der depressive Mensch kreiert: »Ich hoffe, daß Du kommst, ich möchte, daß Du kommst, und ich weiß, daß niemand kommt«. Wie lange kann ein Mensch seinen Wunsch behalten und diesen ausdrükken, wenn er nicht erfüllt wird? Der Depressive hört sehr schnell auf, seinen Wunsch auszudrücken, und schützt sich davor, den Schmerz zu fühlen, daß niemand kommt, indem er in sich einen Vertrag schließt.

Ich möchte, ich glaube und ich bekomme Wissen von dem, was ich möchte. Ein Mensch, der nicht bekommt, was er möchte, bekommt in Wirklichkeit etwas anderes: das Wissen, daß er nichts bekommt. Seine Realität ist: er bekommt, daß er nichts bekommt, und das ist es, was er jetzt hat.

Die drei Teile, Hoffnung, Glauben und Wissen könnten folgendermaßen in einem Satz zusammenkommen: »Ich möchte, daß Du kommst, aber ich bin überzeugt, daß Du zu beschäftigt bist, deshalb ist es vielleicht besser, wir treffen uns ein andermal«. »Ich möchte« ist die Hoffnung, »ich bin überzeugt, daß Du zu beschäftigt bist« ist der Glaube, daß der andere nicht verfügbar ist. Ich bekomme zwar in meiner Vorstellung in der Zukunft, was ich möchte. Aber im Hier und Jetzt bekomme ich die Gewißheit, daß ich *Nichts* bekomme.

Kapitel 4
Getarnte Wünsche

Errate,
was ich wirklich brauche

Lisa, ein 4jähriges Mädchen, sitzt in der Küche auf dem Fußboden und spielt mit einem Teddy. Ihre Mutter wäscht Geschirr ab, und das kleine Mädchen fängt an, sich mit dem Teddy zu langweilen. Nach einiger Zeit ruft es die Mama. Es möchte, daß die Mutter sich um es kümmert und mit ihm spielt. Die Mutter reagiert nicht und wäscht weiterhin Geschirr ab. Das kleine Mädchen ruft noch einmal: »Mama, Mama!« Die Mutter dreht sich nach dem Mädchen um und sagt: »Siehst Du denn nicht, daß ich gerade beschäftigt bin?«

Lisa sieht das und akzeptiert dies als Vertrag. Die nächsten fünf Minuten ruft sie nicht nach ihrer Mutter. Sie spielt weiter mit dem Teddy, fühlt sich dabei aber nicht sehr wohl. Der Teddy interessiert sie im Moment nicht so sehr. Das Mädchen kneift ihn in den Arm und zieht an seinen Haaren. Es wendet sich wieder seiner Mutter zu und sagt: »Mama, komm doch mal her! Schau!« Die Mutter ist jetzt ein wenig genervt und sagt: »Stör mich jetzt nicht, Du sieht doch, ich bin am Abwaschen«.

Lisa ist jetzt ruhig, spürt aber, daß irgend etwas nicht fair ist. Sie ist die Tochter und hat eine Mama, und eine Mama ist jemand, der da sein, ihr Aufmerksamkeit geben und mit ihr spielen sollte. Und dafür sorgen sollte, daß es ihr gut geht. Da sie die Tochter ist, und sie weiß dies, sucht sie nach etwas, was Mama tun sollte, das wichtiger ist als der Abwasch.

»Mama, ich hab Durst!« Die Mutter antwortet: »Geh an den Kühlschrank und hol dir was zu trinken.« – »Mama, ich will einen Orangensaft!« – »Komm, hol ihn Dir selbst, Du bist alt genug.« – »Nein, ich bin nicht alt genug, ich bin erst vier.« – »Alle anderen Mädchen können sich mit vier Jahren selbst was zu trinken holen.« – »Ich kann das nicht, ich bin noch zu klein!«

Ein Teil der Mutter fühlt das schlechte Gewissen, sich vorhin nicht um die Tochter gekümmert zu haben. Sie liebt ihre Tochter sehr.

Sie geht zum Kühlschrank, nimmt die Orangensaftflasche und gießt den Saft in ein Glas. »Mit Eiswürfeln, Mama«, sagt die Tochter. Die Tochter trinkt den Saft mit enormer Freude und Libido und spürt ihre Mutter überall, während sie das Glas leertrinkt. Sie trinkt das Glas auf einmal aus. Die Mutter lächelt und wendet sich wieder ihrer Arbeit zu. Das Mädchen spielt wieder mit dem Teddy. Irgendwie ist Lisa immer noch nicht glücklich. Sie schaut den Teddy an und findet ihn immer noch langweilig. Sie will mehr. Nach zwei Minuten fühlt sie, sie will mehr Saft. »Mama, ich will noch ein Glas!« Die Mutter dreht sich um und ist überrascht. »Du hattest doch gerade ein großes Glas!« – »Ich habe unheimlichen Durst heute!« Die Mutter geht zum Kühlschrank und gießt nochmal Orangensaft in das Glas. »Und zwei Eiswürfel«, sagt das Mädchen. Es trinkt den Saft, fühlt seine Mutter überall und fühlt sich gut, aber es hält nicht lange an. Irgend etwas bewegt sich in ihm, aber es spielt mit seinem Teddy.

Am nächsten Tag hat das Mädchen einen Weg gefunden, Aufmerksamkeit von seiner Mutter zu bekommen, es ist durstig. Es sagt zur Mutter: »Ich habe Durst«, und langsam entwickelt es zur Mutter eine Art »Durstbeziehung«. Es weiß, so bekommt es die Mutter. Körperlich fühlt das Mädchen jedesmal den Kontakt mit der Mutter, wenn es trinkt.

20 Jahre später lebt Lisa mit ihrem Freund zusammen. Er sitzt an seiner Schreibmaschine, während sie ein Buch liest. Sie langweilt sich. Sie würde lieber etwas mit ihrem Freund machen. »Wie lange arbeitest Du heute noch?« – »Warte einen Moment«, sagt er, »ich muß gerade noch den Satz zu Ende schreiben.« Zwei Minuten später fragt er sie, in Gedanken schon beim nächsten Satz: »Was hast Du gesagt?« – »Holst Du mir einen Orangensaft?«

Lisa bekommt ihren Saft, er arbeitet weiter. Sie hat nicht wirklich bekommen, was sie wollte; sie hat bekommen, um was sie ihren Freund gebeten hat. Das ausgedrückte Bedürfnis bezeichnen wir als *Signal**, das, was sie wirklich wollte, als *Beweggrund**. Manchmal streiten sie sich, und dann sagt sie zu ihm: »Ich bekomme nie, was ich will.« Er weist das entrüstet zurück und sagt: »Ich habe Dir noch nie einen Wunsch abgeschlagen.«

Das Signal ist eine Botschaft, die wir durch Sprache, Körper oder in Form bestimmter Objekte ausdrücken. Ein klares Signal ist eine

Ampel. Wir können von diesem Signal frustriert sein, wenn es rot ist, oder uns freuen, wenn es grün ist, aber es ist immer noch ein Signal. Der eigentliche Beweggrund für dieses Signal ist jedoch, daß wir uns bewegen können, ohne uns oder andere zu verletzen bzw. zu gefährden.

Eigentlich wollte Lisa in ihrer Existenz von der Mutter anerkannt werden. Dies drückte sich in ihrem Wunsch aus, bei der Mutter zu sein und mit ihr zu spielen. – »Mama, schau!«, was das Mädchen als erstes sagte, war ganz eindeutig der Beweggrund, der Wunsch, und es hat ihn deutlich ausgesprochen. Es war ein klarer Beweggrund und das Signal, das Lisa ausdrückte, beinhaltete den ganzen Beweggrund. Vielleicht war das Mädchen in diesem Moment zu ernst, zu offen, zu naiv oder zu spontan.

Durch die Antwort der Mutter, dies sei der falsche Moment, fühlte Lisa nicht nur, daß die Mutter keine Zeit für sie hat, sondern gleichzeitig wurde auch ihr tiefer Wunsch, in ihrer Existenz anerkannt zu werden, abgelehnt. Tief in ihrem Inneren hatte das Mädchen in diesem Moment die Mutter verloren. Sie konnte nicht wie eine Erwachsene reagieren, sie war noch ein Kind. Deshalb konnte sie auch nicht akzeptieren, daß ihre Mutter beschäftigt war. Das Kind brauchte den Kontakt. Nun variierte es seinen Beweggrund in verschiedene Formen, in denen der Kontakt vielleicht möglich wäre. Lisa fand eine Lösung. Da sie ein Kind war, konnte sie zumindest verlangen, daß sie von ihrer Mutter Nahrung bekommt. Es gab den alten Vertrag, ihre Mutter solle sie ernähren. Sie wählte ein Getränk. Sie sandte dieses Signal in der Hoffnung, die Mutter würde den Beweggrund sehen. In diesem Moment war Lisa bewußt, daß sie eine Form, ein Signal wählte, das ihren wirklichen Wunsch transparent machen sollte. Die Mutter reagierte auf dieses Signal wie zu einer Erwachsenen, genau das, was das Mädchen nicht wollte: »Du kannst es selbst machen«. Nun kamen Lisas tiefe Kräfte sehr deutlich hoch: »Nein, ich bin noch zu klein!« Sie regredierte, um sicherzustellen, daß sie genährt wird. Was sie wirklich meinte, ist: »Ich bin im Moment zu klein, um allein in dieser Welt zu stehen«. Sie hofft nun, daß sie den tiefen Teil der Mutter berühren kann, wo diese voller Liebe für ihre Tochter ist, und daß dies der Beweggrund der

Mutter ist. Lisa ist bereit, ein Signal zu akzeptieren, in dem sie die Liebe der Mutter zu spüren glaubt.

Als die Mutter ihr den Saft eingießt, akzeptiert Lisa dieses Signal, da sie darin den erhofften Beweggrund ihrer Mutter fühlen kann. Während sie trinkt, trinkt sie nicht wirklich Orangensaft, da dieser nur ein Signal ist. Lisa nimmt körperlich die Erfahrung in sich hinein, mit der Mutter zusammenzusein. So, wie es in ihrer frühen Kindheit war. Es war ihr Bedürfnis nach körperlichem Behütetsein in dieser großen Welt. Dieses Körpergefühl hält einige Zeit an, solange sie durch ihren eigenen Beweggrund mit dem möglichen Beweggrund der Mutter in Kontakt bleiben kann. Aber sobald die Mutter wieder zu ihrer Arbeit zurückkehrt, kann das Mädchen nicht länger bei der Vorstellung bleiben, daß seine Mutter ihm Aufmerksamkeit schenkt. Es fängt an zu zweifeln, ob die Mutter noch in Kontakt mit ihrem Beweggrund ist. Und mittlerweile spürt Lisa auch das Signal, den Orangensaft, nicht mehr, und möchte wieder nach der Mutter rufen.

Aber sie hat jetzt einen Vertrag, die Mutter nicht zu stören, da sie Angst hat, statt eines positiven Signals in Form von Orangensaft ein negatives Signal in Form von Zurückweisung zu bekommen, was noch schlimmer wäre. Nun entwickelt sie eine innere Spannung, spürt die Furcht und auch den Ärger, daß die Mutter ihren Beweggrund nicht gesehen hat.

Sie richtet diese Aggression nicht gegen ihre Mutter, sondern gegen den Teddy, der sie gar nicht mehr interessiert. Zur selben Zeit spürt Lisa immer noch ihren Beweggrund und verwandelt diesen in eine höfliche, soziale Form. »Mama, ich habe immer noch Durst!« Der innere Dialog zwischen Beweggrund und Signal ist eine schmerzhafte Erfahrung für das Mädchen, da es seinen Beweggrund in ein Signal umwandeln muß. Um den Schmerz und den Zweifel, ob seine Mutter es wirklich liebt, nicht länger zu fühlen, wird es ein von der Mutter akzeptiertes Signal ausdrücken.

Am nächsten Tag sagt Lisa sofort: »Mama, ich möchte Orangensaft«, ohne noch länger den tiefen Beweggrund zu fühlen. Und vielleicht wird sie auch manchmal versuchen, das Bedürfnis ihrer Mutter zu befriedigen, indem sie sagt: »Mama, ich hole mir jetzt selbst den Orangensaft, ich bin jetzt ein großes Mädchen«. Und das Mädchen entwickelt auf einer bewußten Ebene mehr und mehr Libido, indem es seine Mutter befriedigt, damit auch sein eigener Beweggrund befriedigt wird. Auf diese Weise sind beide eng miteinander verbunden, aber sie gehen durch ein Wechselbad aus Zweifeln und Vertrauen. Und das Signal bestimmt die Kommunikation.

Als Erwachsene erzählen wir einander häufig Witze und Signale, die tiefe Beweggründe beinhalten, um nicht die ganze Wahrheit mitteilen zu müssen, die vielleicht zu tiefe Bedürfnisse in uns berührt. Deshalb reden wir um den heißen Brei herum, und irgendwie wissen wir, worüber wir reden, oder glauben es zumindest. Diese Entscheidung, Teile unserer Bedürfnisse zu verstecken, ist relativ bewußt. Tragisch wird es, wenn diese Entscheidung unbewußt stattfindet und wir nicht wissen, daß wir nur ein Signal ausdrücken. Und davon überzeugt sind, daß es das Signal ist, was wir wirklich wollen.

In jeder Kommunikation gibt es Beweggründe und Signale. Häufig stimmen diese jedoch nicht überein. Wir können nicht mit anderen Menschen kommunizieren, ohne daß unsere Grundverträge einfließen, weil sie Teil unserer Persönlichkeit geworden sind. Da sich diese Verträge meistens auf alte Erfahrungen beziehen, tragen wir diese Erfahrungen aus der Vergangenheit in die Gegenwart. Aus diesem Grund vermischen sich gegenwärtige und vergangene Erfahrungen im Hier und Jetzt. Die Person lebt nicht in der Vergangenheit, sondern erfährt bewußt und unbewußt Teile ihrer Vergangenheit.

Wir bezeichnen die Erfahrung der Vergangenheit als *vertikale**, die Erfahrung des Hier und Jetzt als *horizontale Erfahrung**. Wir nehmen beide jedoch gleichzeitig in der Gegenwart wahr.

Der Beweggrund wird immer vertikale Erfahrungen in uns berühren, da die grundlegenden Fragen unserer Existenz immer gegenwärtig sind, wie etwa unser Sein oder Nichtsein, das Bedürfnis, anerkannt zu werden, Kontakt, Liebe, Sexualität, Gefühle, Spiritualität, Sinn und Ziel unseres Lebens. Wir wissen meistens nicht, wie horizontal oder vertikal wir in einer neuen Situation sind. Wenn wir Hunger haben, werden wir immer an unsere Nichtexistenz erinnert, aber auch an die Möglichkeit, ein gutes Steak zu bekommen.

Wir haben die Tendenz, uns vor so grundlegenden vertikalen Erfahrungen zu fürchten, deshalb machen wir häufig einen Sprung und eine Trennung, wenn wir uns vom Beweggrund zum Signal bewegen. Dabei verneinen wir den Kontakt mit einem tiefen Teil von uns, und diese Selbstverneinung bereitet uns Schmerzen, an die wir nicht erinnert werden wollen. Deshalb gehen wir eher zu einem Signal, zu einer horizontalen Erfahrung, statt zu unseren vertikalen Erfahrungen, die häufig schmerzhaft sind.

Wären wir auf der anderen Seite nur vertikal, würden wir ständig mit der Frage von Leben und Tod konfrontiert, und das wäre viel zu mächtig. Die Frage ist nicht, ob wir horizontal oder vertikal sind, sondern wie sehr wir horizontal und wie sehr wir vertikal sind. Wie sehr bin ich hier und vermeide den Kontakt mit der Vergangenheit? Und wie sehr bin ich in der Vergangenheit und vermeide es, in der Gegenwart zu leben? Und wie sehr projiziere ich positive und negative Möglichkeiten in die Zukunft, um weder in der Vergangenheit noch in der Gegenwart zu leben?

Kapitel 5
Zwischen menschlichen und sozialen Verträgen

Die Zweige deines Baumes
machen Schatten
in meinem Garten

Die Diskrepanz zwischen Signal und Beweggrund kann massive Probleme in der Beziehung zu anderen Menschen verursachen, aber auch in der Beziehung zu uns selbst. Häufig verlieren wir den Kontakt mit unseren Beweggründen, während unsere Signale meist bewußter sind und kommuniziert werden. Unsere Signale beinhalten viele vertikale Erfahrungen und gleichzeitig eine Vielzahl von Wünschen nach zukünftigen Erfahrungen. Deshalb versuchen wir, mit unseren Signalen häufig sehr viel mehr auszudrücken, als für uns oder andere Menschen erkennbar ist. Und gleichzeitig sagen wir oft viel weniger, als wir eigentlich möchten, oder gar etwas völlig anderes.

Was wir möchten und was wir dann wirklich ausdrücken, ist oft sehr verschieden. »Ich hasse Dich« ist möglicherweise ein Signal für »Ich fühle, daß Du mich verletzt hast«, und ein tieferer Beweggrund ist vielleicht »Ich möchte, daß Du mich verstehst«. Wir werden in jeder Kommunikation, in jedem Gedanken tiefere, grundlegende Aspekte finden, die Schlüsselsätze der Person sind, *persönliche Verträge**.

Wir können grundsätzlich zwei Arten von persönlichen Verträgen unterscheiden: Lebensverträge, auf die wir bereits im dritten Kapitel eingegangen sind, und situationsspezifische Verträge. Ein situationsspezifischer Vertrag liegt z.B. vor, wenn ein Mensch immer dann den Raum verläßt, wenn andere sich streiten. Es ist ein für ihn typisches Verhaltensmuster in einer bestimmten Situation. Dieses Muster ist als ein Teil des persönlichen Charakters für Freunde und Bekannte deutlich wahrnehmbar.

Lebensverträge sind wesentlich fundamentaler und in der Kommunikation kaum zu erkennen. Sie kommen in jeder Situation zum Tragen, in die sich der Mensch begibt. Lebensverträge wurden in Momenten großer Verzweiflung geschlossen, in Situationen, die für den Menschen in seiner Erfahrung existentiell waren. Dies ist etwa der Fall, wenn der Mensch in seiner Kindheit in tiefen Konflikten isoliert war und eine grundlegende Wahl treffen mußte, um sich zu schützen.

Jeder Vertrag stellt ursprünglich eine Antwort auf eine Situation der Umgebung dar. Wenn dieser Vertrag statisch wird, wird er zu einer Art Regel oder Gesetz. Und jeder neue Vertrag wird auf der Grundlage bereits geltender Gesetze geschlossen. Deshalb sind die Gesetze aus unserer frühen Kindheit im Erwachsenenalter so wichtig. Ähnlich wie Grundgesetze sind sie implizit in nahezu allen später folgenden Verträgen und Gesetzen enthalten.

Über unsere Verträge und Gesetze nehmen wir starken Einfluß darauf, wie wir die Welt erfahren und wie die Qualität unserer Erfahrung ist. Wir können die unterschiedlichen Gesetze, die unsere Erfahrung beeinflussen, in verschiedene Gruppen unterteilen: spirituelle Gesetze, menschliche Gesetze, persönliche Gesetze, soziale Gesetze und legale Gesetze. Die folgende Geschichte illustriert einige dieser Gesetze.

In einem Straßencafé in Spanien sitzt eine Familie, Vater, Mutter und zwei Kinder. Die Sonne scheint, die Atmosphäre ist sehr friedlich. Ein Hund läuft zwischen den Tischen umher und schnüffelt. Dazu hat er in diesem Land ein legales Recht, da die Tische draußen stehen. Aber er hat ein persönliches Gesetz, seine Aktivitäten nur auf das Schnüffeln zu beschränken. Er weiß, wenn er von den Tischen etwas ißt, wird er verscheucht und vielleicht gar geschlagen.

Das eine Kind, ein 7jähriges Mädchen, hat ein persönliches Gesetz: »Hunde sind unberechenbar und gefährlich«. Als der Hund sich ihrem Tisch nähert und schnüffeln will, bekommt sie es mit der Angst zu tun und fängt laut an zu schreien. Ihre Mutter hat ein soziales Gesetz: »Man schreit nicht in einem Restaurant«, und sie schlägt ihre Tochter. Das Mädchen hat bei seiner Mutter das menschliche Gesetz gesucht: »Verstehe, daß ich Angst habe, und hilf mir«. Statt dessen antwortet die Mutter mit einem sozialen Gesetz.

Die andere Tochter, die ein bißchen jünger ist, hat ein persönliches Gesetz: »Ich will nicht darin verwickelt sein«, tut so, als wäre nichts passiert, und ißt weiter ihr Eis. Der Vater hat ein persönliches Gesetz: »Ich stelle mich nicht gegen meine Frau«. Als er jedoch seine Tochter anschaut, fühlt er sein menschliches Gesetz: »Aber meine Tochter weint«. Der Hund denkt, daß durch sein Schnüffeln genug Probleme entstanden sind, und sein persönliches Gesetz sagt: »Ich haue ab«. Die anderen Gäste beobachten aufmerksam die Situation, aber ihr soziales Gesetz ist: »Man mischt sich nicht in die Probleme anderer Leute ein«.

Der Vater hält den Impuls zurück, seine Tochter zu trösten, bleibt steif auf seinem Stuhl sitzen und versucht dadurch seiner Frau zu zeigen, daß er mit ihr übereinstimmt. Und er bekommt Bauchschmerzen. Gleichzeitig sieht er seine Tochter an, die in seinen Augen die menschlichen Gesetze sucht. Da sie diese in seinem Blick auch findet, steht sie auf und setzt sich auf seinen Schoß.

Nun hat der Vater ein Problem. Sein persönliches Gesetz, nicht gegen seine Frau zu handeln, steht im Widerspruch zu seinem menschlichen Gesetz. Er versucht, dieses Problem zu lösen, indem er Kontakt mit seiner Frau macht und das Kind, das auf seinem Schoß sitzt, nicht beachtet. Auf diese Weise zeigt er seiner Frau, daß er mit ihr übereinstimmt, gleichzeitig lebt er körperlich sein menschliches Gesetz mit der Tochter.

Welchen Sinn und welche Bedeutung haben diese unterschiedlichen Ebenen von Gesetzen in der menschlichen Erfahrung?
Spirituelle Gesetze beziehen sich auf das Ja zum Leben, auf das Ja zu unserer Existenz und auf das Ja zum Sinn unseres Daseins. Durch die Tatsache, daß wir leben, bestätigen wir, daß unsere Existenz einen Sinn hat. Es wäre gegen ein spirituelles Gesetz, unsere Existenz, die Inkarnation unserer Spiritualität, zu verneinen.

Es gibt viele verschiedene Religionen, die unseren spirituellen Sinn symbolisieren. Das Konzept von Gott und Göttlichkeit ist Bestandteil der meisten Religionen. Wir können unsere Spiritualität, den tiefen Sinn unserer Existenz, durch Religion erfahren, aber auch durch die Reflexion dessen, was und wie wir leben.

Ein Bauer, der auf seinem Feld arbeitet, erfährt möglicherweise mehr seiner Spiritualität durch seine Arbeit als ein anderer Mensch, der jeden Sonntag in die Kirche geht. Vielleicht erfährt er sich als Teil des Universums und ist auf diese Weise sehr nahe bei Gott. Die spirituellen Gesetze sind der fundamentale Drang des Menschen, in seiner Inkarnation seinen tiefen Sinn und Zweck zu leben. Deshalb gehen diese Gesetze über den Menschen hinaus, und der Mensch erkennt, daß er Teil eines größeren Ganzen ist. In dem Moment, wo er dies nicht länger fühlen kann, entsteht Schmerz.

Menschliche Gesetze haben mit dem Recht zu tun, zu sein, wie auch immer wir sind, in unserer Freude oder in unserem Schmerz. Genaugenommen existiert immer beides gleichzeitig. Wenn ein Mensch an einem anderen vorbeiläuft, der Hunger oder Schmerzen hat, so fühlt er den Hunger und den Schmerz des anderen. Beide leiden, da sie in ihrem Menschsein gleich sind. Das menschliche Gesetz wäre, daß sie in ihrer Gleichheit als menschliche Wesen den Schmerz, aber auch die Lösung des Problems teilen. Der eine Mensch würde dem anderen helfen.

Es kann jedoch auch sein, daß ein persönliches Gesetz in den Vordergrund tritt: »Dies ist nicht meine Aufgabe«, oder: »Ich glaube nicht, daß der andere wirklich Hunger hat«, oder: »Warum arbeitet er nicht?« So baut dieser Mensch durch sein persönliches Gesetz eine Mauer auf, die verhindert, daß er das menschliche Teilen von Existenz weiterhin fühlt. Unsere Gesellschaft ist voll von Beispielen, in denen Menschen, die leiden oder krank sind, abgeschoben werden, damit sie uns nicht länger Schmerz bereiten.

Ein menschliches Gesetz verbietet, andere Menschen zu töten, aber im Krieg sagen persönliche und soziale Gesetze häufig das Gegenteil. Wie kann ein Mensch essen, wenn er sieht, wie sein Nachbar hungert? Dies ist nur möglich, wenn persönliche Gesetze wie: »Das ist mein Essen, ich habe hart dafür gearbeitet« verhindern, in Kontakt mit den menschlichen Gesetzen zu sein. Die Beziehung zwischen menschlichen Gesetzen und sozialen Gesetzen drückt sich häufig in persönlichen Gesetzen aus.

Persönliche Gesetze sind eine erweiterte Form von menschlichen Gesetzen. Aber häufig sind sie weit von diesen entfernt oder sagen sogar das Gegenteil, da sie auf der persönlichen Anpassung an soziale Situationen basieren. Ein persönliches Gesetz kann z.B. folgende Form annehmen: »Ich bin verletzt, ich möchte nie wieder verletzt werden, ich werde mich in Zukunft als unverwundbar zeigen«. Dieses persönliche Gesetz beinhaltet ebenso eine starke Selbstverneinung wie: »Ich möchte, daß Du mich liebst, aber ich fühle, daß ich nicht liebenswert bin«. Dieser Mensch begegnet dem anderen mit seiner alten fixierten Antwort auf seine chronische Frage. Oder: »Wenn Du nicht mit mir übereinstimmst, fühle ich mich abgelehnt, ich fühle, daß ich für Dich nicht existiere«. Diese Person reagiert mit Depression. Es werden Verhaltensmuster gebildet, die häufig Begrenzungen für den einzelnen Menschen darstellen.

Soziale Gesetze verhindern, daß ein Mensch mit seinen persönlichen Gesetzen andere überschwemmt. Z.B. gilt es als unhöflich, als antisozial, wenn zwei Menschen gleichzeitig sprechen oder einer ständig schreit, um die anderen zu übertönen. Die sozialen Gesetze sorgen dafür, daß wir nicht zu persönlich werden und die persönlichen Gesetze zuviel Wichtigkeit bekommen.

Ein soziales Gesetz ist eine allgemeine Vereinbarung darüber, wie die Gesellschaft koexistiert. »Niese nicht in das Gesicht anderer Menschen«, oder »Kleide Dich entsprechend des Anlasses«. Die sozialen Gesetze sind häufig auch Ausdruck eines bestimmten sozialen Status. Kindern wird häufig gesagt, sie sollen in sozialen Situationen nett, höflich und ehrlich sein. Gleichzeitig sollen sie aber auch nicht immer die ganze Wahrheit sagen, da sonst die Familie möglicherweise ihr Gesicht verliert.

Legale Gesetze werden geschaffen, um zu verhindern, daß wir bestimmte soziale und menschliche Gesetze anderer Menschen ablehnen und deren spirituelle Gesetze verneinen. Durch die Drohung rechtlicher Konsequenzen begrenzen legale Gesetze die Erweiterung persönlicher Gesetze, z.B. wenn ein Mensch ein persönliches Gesetz hat: »Wenn ich Hunger habe, so darf ich mein Essen im Laden stehlen«. Das ist ebenso illegal, wie das Verneinen der Existenz des anderen, indem ich ihn absichtlich töte. Wenn ich einen Menschen unbeabsichtigt durch einen Unfall töte und nicht auf der

Basis eines persönlichen Gesetzes, so ist dies möglicherweise nicht illegal.

Wir sind ständig mit uns selbst in einem inneren Dialog, in neuen Vertragsverhandlungen, an denen unterschiedliche Gesetze beteiligt sind. Manche dieser Gesetze sind einander sehr ähnlich, andere sehr gegensätzlich. Auf diese Weise treffen wir Entscheidungen. Manche dieser Entscheidungen sind unbewußt, da sie in einem Dialog zwischen unseren bewußten und unbewußten Verträgen und Gesetzen entstanden sind.

Psychotherapeuten haben in ihrer Arbeit hauptsächlich mit menschlichen, persönlichen und sozialen Gesetzen zu tun. Persönliche Gesetze entstehen in der Interaktion zwischen menschlichen und sozialen Gesetzen. Viele dieser persönlichen Gesetze wurden in der Kindheit geschlossen, und die sozialen Gesetze, mit denen das Kind konfrontiert wurde, waren häufig die persönlichen Gesetze seiner Eltern. Häufig werden dabei die menschlichen Gesetze unterdrückt, um den sozialen Gesetzen etwas entgegenstellen zu können. Dadurch werden die persönlichen Gesetze oft aggressiv oder selbstdestruktiv. Und die menschlichen Gesetze eines Menschen werden manchmal zu reaktiven persönlichen Gesetzen. Als Folge kommt es häufig zu Verhaltensmustern, die im Widerspruch zu den menschlichen Gesetzen stehen.

Diese alten persönlichen Verträge werden in neue Situationen gebracht und haben meist wenig mit dieser neuen Situation zu tun. Und verhindern damit einen wirklichen Dialog mit unserem Gegenüber. Da diese Verträge großen Einfluß auf unsere individuelle Wahl von Erfahrungen haben, sind sie auch ein Schlüsselfaktor für die Entstehung von Charakteren.

Jeder Mensch entwickelt seinen eigenen Charakter, der ihm Struktur, Halt und Orientierung gibt. Manchmal nimmt der Charakter jedoch die Form eines chronischen Verhaltens an, das uns daran hindert, zu leben, was wir tief in uns wirklich möchten.

Das Kind entwickelt seine persönlichen Gesetze und Lebensverträge vor allem in seiner Familie. Diese Verträge sind nicht nur die Antwort auf eine bestimmte aktuelle Situation, sondern auch eine Antwort auf die Verträge und Gesetze der anderen Familienmitglieder. Indem das Kind auf diese Verträge antwortet oder sich mit ihnen identifiziert, verinnerlicht es wesentliche Teile der Verträge der einzelnen Familienmitglieder. Ähnlich wie zuvor in der Familie, sind diese Verträge nun in uns in einem ständigen Dialog. Auf diese Weise tragen wir auch als Erwachsene unsere Familie in uns.

Die Werte und Begrenzungen der Familienverträge unterstützen das Wachstum in unser Potential, gleichzeitig behindern sie es auch. Jeder Vertrag hat seine Schattenseite, genauso wie jede Familienrealität ihre Schattenseite hat. In diesem Schatten gibt es ein großes Potential, alles das, was in einer Familie nicht gelebt wird. Können wir genügend Licht in den Schatten unserer Familienrealität bringen, damit sich unsere Persönlichkeit über die Begrenzungen unserer Familie hinaus entwickeln kann? Andererseits ist die Begrenzung durch die Familienrealität etwas Kostbares. Sie ist der Boden unseres Wachstums, mit dem wir durch Liebe und Hoffnung verwurzelt sind.

Kapitel 6
Familienverträge

Mein Platz
in unserem Garten

Johannes ist ein 30jähriger Philosophiestudent. Er kommt in Einzeltherapie, weil er »befriedigt leben und arbeiten« will. Es gibt keine Freude in seinem Leben. Johannes fühlt sich abgeschnitten von seinem Körper und von seinen Emotionen. »Ich kann Gefühle nicht tief empfinden, sondern nur dumpf, weit weg, als hätte ich nichts damit zu tun.« Er bezeichnet sich selbst als Kopfmenschen.

Johannes hat einen hohen Perfektionsanspruch an sich selbst. Aber sein Kopf macht nicht mehr so mit, wie er soll. »Mir fehlt die Wachheit, mein Verstand ist wie gelähmt. Er sträubt sich, Gedanken aufzunehmen, und ich kann nicht mehr kreativ denken. Wenn ich mich dazu zwingen will, verstärkt sich dieser Zustand.«

Er fühlt sich von seiner Familie mit seinem Studium nicht ernstgenommen. Seinen Ärger darüber hält er zurück. Diese Situation ist nicht neu für Johannes. »Während meiner Schulzeit versuchte ich, Zuwendung und Liebe von meinen Eltern durch Leistungen zu erkaufen. Ich kam dann immer voller Hoffnung nach Hause, habe aber nichts von dem bekommen. Ich war unglaublich enttäuscht.« Trotzdem gab ihm die Schule weiterhin Halt und Hoffnung. »Wenn ich einen intellektuellen Beruf habe, werde ich glücklich sein, so dachte ich. Ich hatte viele Erfolge, aber ich habe nichts bekommen, trotz des mühevollen Aufwands.« Er zieht sich immer mehr von anderen Menschen zurück.

Johannes ist sich selbst gegenüber sehr mißtrauisch, ob er alles richtig gemacht hat. Dies geht so weit, daß er bis zu zehnmal nachschaut, ob er Strom und Licht ausgeschaltet hat, wenn er seine Wohnung verläßt. Und dennoch ist er danach oft in Panik, er könne es vergessen haben. Auch bei seiner Examensarbeit mußte er mehrfach überprüfen, ob er einen bestimmten Abschnitt wirklich geschrieben hat.

Während einer Therapie-Sitzung hat Johannes die Phantasie, er laufe durch eine Wohnung, deren Zimmer die bisherigen Abschnitte seines Lebens darstellen. Dabei stößt er auf eine Türe, die verschlossen ist. Als er die Türe öffnet, bekommt er Panik, in diesen Raum hineinzugehen. Auf die Frage, was er in diesem Raum sieht, beschreibt er ein riesiges schwarzes Monster. Aber es ist ihm nicht möglich zu akzeptieren, daß dieses Monster ein Teil von ihm sein könne. Für ihn ist dieses Monster ein Feind, der ihn vernichten will. Und er hat Angst, daß dieses Monster ihn besiegen wird.

Im Verlauf der Therapie beschreibt er die Lebensverträge seiner Familie, so wie er sie als 3- bis 5jähriges Kind wahrgenommen hat:

Eigener Satz:	Aus mir muß was werden (als Kind).
Mutter:	Es genügt nicht.
Vater:	Ich habe etwas erreicht.
Großmutter/M:	Ich bin klein, ordnungsliebend und duldsam.
Großvater/M:	Ich habe Zeit und ich laß es mir gutgehen.
Großmutter/V:	Man muß etwas werden.
Großvater/V:	Ich gebe gerne, und mir geht es gut dabei.

Diese Sätze wurden zum Großteil in der Familie nie verbal ausgesprochen, aber von dem Kind gespürt. Es müssen nicht wirklich die Lebensverträge der einzelnen Familienmitglieder gewesen sein. Was für Johannes jedoch Konsequenzen hat, sind die Verträge, so wie er sie wahrgenommen hat.

Sicherlich gibt es unter diesen Sätzen noch weitere Verträge, die möglicherweise noch tiefer und stärker sind. Diese Sätze waren bewußt geworden. Aber was sie wirklich bedeuten, die große Welt von Erfahrungen, die sie beinhalten, war zu diesem Zeitpunkt unbewußt.

Sein Vertrag aus der Kindheit: »Aus mir muß was werden«, ist zu seinem Lebensmuster geworden. Johannes unternimmt einen Selbstmordversuch. Er weiß nicht, wie er leben will. Das einzige, was er weiß, ist: so nicht!

Was steckt in diesen fünf Worten? Als Therapeuten nehmen wir jedes einzelne Wort wichtig, denn jedes Wort hat eine Bedeutung für Johannes. Andernfalls hätte er es nicht gesagt. Dieser Vertrag »Aus mir muß was werden« ist seine Antwort zum Thema Leben oder Überleben.

Bewußt meint er, er muß etwas in seinem Leben erreichen, etwas darstellen. Und er sagt deutlich, daß, wie er ist, nicht gut genug ist.

Weniger bewußt ist ihm vielleicht, daß es in seinem Satz kein klares Projekt gibt. Als wäre es egal, was es ist, solange es nur irgend etwas ist. Es gibt keine Wünsche, keine Freude in diesem Satz. Er möchte nicht etwas erreichen, sondern er muß. Was wird geschehen, wenn er nicht schafft, was er schaffen muß? Er verlangt in diesem Satz nichts für sich, sondern dieser Satz verlangt etwas von ihm. Dies ist ein unwahrscheinlich anstrengender Satz, ohne bewußtes Projekt und ohne Freude.

Wenn wir diesen Satz genauer anschauen, ergeben sich viele Fragen. Über die Antworten können wir nur Vermutungen anstellen, wir können sie nicht wissen.

»Aus mir muß was …«. »Was«? Nimmt er sich die Zeit, zuerst dieses »was« zu finden, bevor er versucht, dies zu werden? Er kann es niemals erreichen, wenn das »was« ein »was« bleibt. Oder sieht er ein »was«, das er nicht werden möchte? Ist dieses »was« etwas, das er selbst möchte oder braucht, oder kommt es von jemand anderem? Wem stellt er die Frage nach dem »was«? Soll ihm jemand anderer sagen, was dieses »was« ist? Bewußt hat er keine Antwort auf diese Fragen. Dennoch bedeutet dieses »was« etwas für ihn, sonst würde es nicht in seinem Vorbewußtsein existieren. Dieses »was« ist wichtig für ihn. Aber nimmt er es auch wichtig?

»Aus mir muß …« Das »muß« hört sich sehr anstrengend an. Es ist eine Pflicht. Wer hat ihm diese Pflicht auferlegt? Gibt es einen anderen Menschen, der dies von ihm verlangt? Oder spaltet er sich selbst in zwei Teile, die in seinem Inneren kämpfen? In einen Teil, der möchte, und einen anderen, der nicht möchte, oder nicht kann, nicht darf, sondern muß. Ist es so schmerzhaft, steht er so stark unter innerem Druck, daß er etwas loswerden muß, etwas »aus« ihm heraus muß?

»Aus mir …«. Wir wissen nicht, ob es gut oder schlecht ist, aber wie es in ihm ist, ist nicht so, wie es sein sollte. »Aus mir« beinhaltet Bewegung, Ausdruck. Aber es ist eine passive Form des Ausdrucks. Es kommt »aus mir«, nicht »ich möchte«. Er benützt das Wort »mir«. Es gibt kein Ich, keine Ich-Stärke in diesem Satz. Er reagiert durch das »mir«, aber er handelt nicht durch das Ich. In diesem Schlüsselsatz fehlt das Ich, fehlt ein Objekt, ein Ziel und ein konstruktives, positives Verb, das Freude oder Sinn beinhaltet. Was in diesem Satz übrigbleibt, ist ein passiv abwartendes »mir«, ein stressiges Verb »muß«, ein undefinierbares Ziel »was«, und ein Leben in der Zukunft, durch das »werden« ausgedrückt.

»Aus …« Wie lange kann ein Mensch in der Zukunft leben, wenn es in der Gegenwart nichts gibt, wofür es sich zu leben lohnt? Johannes allererste Antwort in seinem Lebensvertrag ist das Wort »Aus«. Wir haben gesagt, daß das Wort »aus« Bewegung beinhaltet. Könnte es nicht auch »aus«, vorbei, Schluß bedeuten? Und wenn ja, wozu sagt er Schluß? Sagt er nein zu seinem Leben? Oder sagt er nein zum Leben in der Zukunft und damit ja zum Leben in der Gegenwart?

Die Bedeutung jedes einzelnen Wortes ist vielleicht nicht sofort offensichtlich. Wir werden in einem späteren Kapitel ausführlich darauf eingehen, wodurch die Worte diese Wichtigkeit bekommen: durch ihre Beziehung zum Unbewußten und zur körperlichen Erfahrung.

Der Vertrag von Johannes ist wie mit Windmühlen kämpfen. Ständig unter dem Streß zu stehen, daß sich etwas verändern muß, und gleichzeitig nicht zu wissen, was, wie und warum

Welche Botschaften hat Johannes als Kind von seiner Familie bekommen? Die Familiengesetze, die Johannes in der Therapie-Sitzung gefunden hat, beschreiben seinen subjektiven Eindruck der Familienatmosphäre. Die Botschaften seiner Familie leben zu einem großen Teil auch heute noch in ihm. Sie sind Teile eines inneren Dialogs geworden, der in Johannes stattfindet.

Johannes Lebensvertrag ist »Aus mir muß was werden«. Was immer er auch macht, was immer er auch erreicht, er spürt die Botschaft seiner Mutter: »Es genügt nicht«. Und die Botschaft seines Vaters: »Ich habe etwas erreicht«.

Als Kind hat er folgenden unausgesprochenen Dialog zwischen seinen Eltern gehört. Der Vater sagt zu seiner Frau: »Ich habe etwas erreicht«. Und die Mutter von Johannes antwortet: »Es genügt nicht«. Vielleicht hat er als Kind den Schmerz seiner Eltern in diesem Dialog gespürt und sich vorgenommen, es besser zu machen. Möchte er größer und besser als sein Vater sein, um von der Mutter anerkannt zu werden? Oder möchte die Mutter, daß er besser wird als sein Vater, damit zumindest ihr Sohn ihr geben kann, was sie wirklich braucht?

Aber Johannes ist ein kleines Kind. Er braucht jemand, der sich um ihn kümmert, der ihn nährt und für seine Bedürfnisse da ist. Und mit ihrem Satz: »das genügt nicht«, fordert die Mutter Nahrung für sich. Fordert von ihrem Sohn, daß er für sie eine Elternposition einnimmt und für sie sorgt.

Diese Forderung, genährt zu werden, hat Wurzeln in ihrer eigenen Geschichte. Als kleines Mädchen hatte sie eine Mutter, deren Lebensvertrag war: »Ich bin klein, ordungsliebend und duldsam«. Natürlich reichte es ihr nicht, eine kleine Mutter zu haben. Genauso wenig, wie es genügte, einen Vater zu haben, der sagt: »Ich habe Zeit und lasse es mir gutgehen«. Ihr Vater hatte etwas erreicht, von wo aus er es sich gutgehen lassen konnte. Aber hatte die Tochter auch das Gefühl, daß er dafür sorgt, daß es ihr gutgeht? Offensichtlich nicht, denn ihr Satz ist: »Das genügt nicht«.

Johannes andere Großmutter, die Mutter seines Vaters, sagt: »Man muß etwas werden«. Dieser Satz ist fast identisch mit dem Satz von Johannes: »Aus mir muß was werden«. Als der Vater von Johannes ein kleiner Junge war, hat er diesen Satz seiner Mutter gespürt. Und vielleicht ist sein Satz, »Ich habe etwas erreicht«, eine Antwort auf das Verlangen seiner Mutter. Der Satz seines Vaters, des Großvaters von Johannes ist: »Ich gebe gerne und mir geht es gut dabei«. Er hat etwas erreicht, von wo aus er etwas geben kann. Und er bekommt weiterhin etwas, es geht ihm gut dabei.

Diese Dialoge hat Johannes mehr oder weniger verinnerlicht, und sie finden heute in ihm, als Erwachsenem, statt. Manche dieser Schlüsselsätze haben mehr Gewicht, mehr Bedeutung für ihn als andere. Und manche haben in seinem Bewußtsein Formen angenommen, aus denen er nicht erkennen kann, daß sie tief in seinem Inneren Bedeutung für ihn haben.

Jeder dieser Schlüsselsätze stellt ursprünglich eine bewußte Wahl der persönlichen Erfahrung dar. Indem eine Möglichkeit gewählt wird, werden andere Möglichkeiten ausgeschlossen. Diese nicht gewählten Möglichkeiten existieren weiterhin im Schatten der Lebensverträge. Wir haben diese nichtgewählten Möglichkeiten an früherer Stelle Konsequenzenergie genannt.

Deshalb transportieren die Familienverträge nicht nur Begrenzungen, sondern auch ein darunterliegendes Potential. Was steckt als Potential in den Familienverträgen von Johannes? Wir bekommen eine Ahnung davon, wenn wir schauen, was möglich wäre, wenn die Verträge nicht länger gelten würden.

Was verhindert Johannes Lebensvertrag: »Aus mir muß was werden«? Er verhindert Entspannung, Zufriedenheit, Freude an dem, was ist. »Ich bin o.k., so wie ich bin«, »Ich bin liebenswert, so wie ich bin«. Oder »Ich darf so sein, wie ich bin«. Und er verhindert ein Leben in der Gegenwart und die Entwicklung seiner Wünsche, anstelle dessen, was er muß.

All diese Sätze beinhalten gleichzeitig immer einen Vergleich mit dem, was auch sein könnte, mit den ungelebten Möglichkeiten. Wenn die Mutter sagt: »Das genügt nicht«, so trägt sie in sich ein Bild, eine Vorstellung davon, wie sie möchte, daß es ist. Aber vielleicht ist dieses Bild unbewußt geworden. Ähnlich wie bei Johannes Satz: »Aus mir muß was werden«. Auch in seinem Unbewußten muß es Bilder davon geben, wie er ist und wie er gerne sein möchte. Der Satz seiner Mutter verhindert ähnliches wie sein eigener Satz: Zufriedenheit, Freude an dem, was ist, »Ich habe, was ich brauche«. Aber auch die Möglichkeit, Bedürfnisse zu haben und diese auszudrücken. Sie sagt, was sie nicht will, aber darunter liegt das Potential, auszudrücken, was sie möchte. Und das Potential zu spüren: »Ich genüge«, »Ich bin gut genug« und auch »Du bist gut genug«.

Oder der Satz seines Vaters: »Ich habe etwas erreicht«. Auch im Schatten dieses Satzes sind Bedürfnisse verborgen. Sein Satz ist statisch, es ist erreicht, ein angestrebter Status Quo hat sich etabliert. Als gäbe es keine neuen Bedürfnisse, keine weiteren Ziele. Und kein Interesse an Beziehungen: »Ich für mich allein habe es geschafft«. Johannes hat sowohl die Botschaft der Verträge wahrgenommen als auch die Botschaft dessen, was ohne die Verträge alles möglich wäre. Ein wesentlicher Teil unserer therapeutischen Arbeit besteht darin, den Klienten zu unterstützen, mit den ungelebten Teilen in

Kontakt zu kommen. In den Familiensätzen gibt es viele Qualitäten, die entweder kommuniziert werden oder unterdrückt sind. Wer stimuliert die Freude? Wer stimuliert, daß Gefühle Platz haben können? Wer stimuliert Akzeptanz für das, was ist? Wer hält alle zusammen? Zu wem kann Johannes gehen, wenn er traurig ist? Wem kann er Geheimnisse anvertrauen?

Jeder Mensch hat seine eigenen Familienverträge, die er auch als Erwachsener in sich trägt. Wir symbolisieren als Kinder unsere Erfahrungen der Familie. In der Familientherapie wird häufig deutlich, wie die Familie, durch den Dialog der verschiedenen Lebensverträge, den einzelnen Mitgliedern Rollen zuweist. In diesen Rollen begegnet sich die Familie. Aber anders als Schauspieler können wir diese Rollen nicht einfach ablegen und in eine andere schlüpfen.

Die Personen sind real und leben Teile von sich selbst. Sie können ihr Manuskript nicht einfach so verändern. Diese Grundverträge sind zur Realität geworden, die in den Menschen körperlich weiterhin lebendig ist und es schwierig macht, ein anderes Potential zu leben. Im Kapitel über verkörperte Verträge wird deutlicher werden, wie stark diese Verträge sind: Wir können uns unserer Verträge bewußt sein und sie nicht länger behalten wollen. Und wir können sie bewußt verändern, aber dennoch gelten sie weiterhin, da sie körperlich und in unserem Unbewußten weiterleben.

Warum übernimmt ein Kind in seinem Wachstum überhaupt Teile der Familienverträge, aber auch die Schatten, die unter diesen Verträgen verborgen sind?

Durch die Abhängigkeit von seiner Familie sind deren Einflüsse auf das Kind sehr groß. Es sucht Halt und Sinn in seinem Leben, sucht Liebe und die Befriedigung seiner grundlegenden Bedürfnisse. Die Familienverträge sind für das Kind so wichtig, weil die Beziehungen zu diesen Menschen für das Kind so existentiell sind.

Das Kind agiert und reagiert in seiner Beziehung zu den Eltern und den übrigen Familienmitgliedern. Es sucht die Identifikation mit seinen Eltern, um sich mit ihnen verbunden zu fühlen. Aber auch, um ein Modell davon zu haben, wie es später als Erwachsener sein könnte. Das Kind identifiziert sich sowohl mit dem, was seine Eltern leben, als auch mit ihren ungelebten Teilen: unerfüllten Wünschen, ihrer Traurigkeit und auch der Tragödie, daß sie nicht geworden sind, was sie wirklich wollten. Häufig versucht das Kind, bewußt oder unbewußt, die ungelebten Wünsche seiner Eltern in seinem eigenen Leben zu realisieren.

Häufig bewegt sich das Kind in zwei verschiedene Richtungen. Es möchte erwachsen werden und sagt: »Ich möchte es selbst machen, ich bin groß genug«. Und gleichzeitig sagt es: »Mama, Papa, ich bin noch ein Kind, ich kann das noch nicht«. Beides scheint wichtig für das Wachstum des Kindes zu sein, für seine Realität als Kind und sein Potential als Erwachsener. Das Kind sucht die Sicherheit und Liebe seiner Eltern. Gleichzeitig versucht es aber auch, sich über die Sicherheit der Eltern hinauszuentwickeln, um seinen eigenen Weg, seine eigene Identität zu finden.

Auf der einen Seite wird das Kind deshalb die Wünsche der Eltern erfüllen wollen. Auf der anderen Seite rebelliert es jedoch dagegen, um zu beweisen, daß es nicht die Eltern, sondern ein eigenständiger Mensch ist. Auf diese Weise wird das Kind symbolisch größer als es dies im Moment real ist. Wenn das Kind sich darauf fixiert, entweder die Wünsche seiner Eltern zu befriedigen oder dagegen zu rebellieren, kann dies zu einer anstrengenden Lebensaufgabe werden.

In seinem Wachstum wird das Kind sowohl seine Sicherheit verlieren als auch zu einer früheren Kindheitsstufe regredieren, um die damalige Sicherheit wiederzufinden. Deshalb wächst ein 3- bis 4jähriges Kind über sein wirkliches Alter hinaus, macht eine Progression und, wenn es scheitert, eine Regression, um wieder zum Kind zu werden, das gehalten und beschützt sein möchte in seinen existentiellen Bedürfnissen.

Die Suche nach dem Selbst ist wie eine ständige Pulsation zwischen dem, was das Kind sein möchte, und dem, was seine Umgebung lebt. Ursprünglich war das Kind eins mit seiner Umgebung. Auf dem Weg der Selbstfindung bewegt es sich vom Einssein zum Getrenntsein, von Fusion zu Identität. Zwischen diesen beiden Polaritäten findet eine ständige Pulsation statt. Es ist wunderbar, Kinder zu beobachten, wie sie auf dem Schoß der Mutter sitzen, plötzlich aufspringen, nach draußen laufen und dann zwei Minuten später wieder auf ihrem Schoß sitzen. Und vielleicht hat es in den zwei Minuten, die es von der Mutter getrennt war, diese auch bekämpft: »Ich bin anders als Du«, um dann wieder mit ihr eins zu werden.

Um zwischen diesen beiden Polaritäten pulsieren zu können, identifiziert sich das Kind mit seinen Eltern. Es nimmt seine Eltern als Modelle für sein eigenes Leben. Dabei wählt es bestimmte Teile der Eltern und andere nicht, um sich bestätigen zu können, daß es so ist, oder so werden kann, wie seine Eltern, aber auch, daß es anders ist. Das Kind pulsiert dadurch auch von einem Elternteil zum anderen. »Ich bin wie Mama«, »Ich möchte nicht so sein wie Mama«; »Ich bin wie Papa«, »Ich möchte nicht so sein wie Papa«. Auf diese Weise findet es seinen eigenen Weg zwischen den Eltern. Und identifiziert sich mit vielen der gesprochenen und unausgesprochenen Verträge.

Mit welchen Teilen identifiziert sich das Kind und auf welche Teile reagiert es, um sich selbst zu finden? Häufig sind diese Teile sehr verschieden oder gar gegensätzlich. Ein Junge, der von seinem Vater geschlagen wird, reagiert darauf emotional, aber auch körperlich, indem er seine eigene Aggressivität zurückhält, da er viel schwächer ist. Und er zieht seine Schlußfolgerung aus der Situation, er schließt mit sich einen Vertrag, wie z.B.: »Ich möchte nie wieder in einer Situation sein, in der ich geschlagen werde«, und: »Wenn ich erwachsen bin, werde ich meine Kinder nie schlagen«. Und manchmal findet dieser Mensch 30 Jahre später heraus, daß er seine eigene Aggression ähnlich ausdrückt wie sein Vater es getan hat. Er hat sich unbewußt mit seinem Vater identifiziert, während er auf einer bewußten Ebene genau das Gegenteil leben wollte.

Wir können uns unserer alten Verträge bewußt sein und jahrelang darüber reden. Aber häufig sind sie so tief in uns verankert, verkörperlicht, organisch geworden, daß wir sie über unseren bewußten Willen nicht verändern können.

Kapitel 7
Verkörperte Verträge

Wenn der Körper erwacht

Rebekka, eine 33jährige Frau, hat bereits viele Jahre Gesprächstherapie hinter sich, als sie zu uns kommt. Alle ihre Probleme drehen sich um das Thema Mangel. Mangel an Freude, Mangel an Lust, Mangel an Interesse, Mangel an Energie. Gleichzeitig trägt sie eine starke Phantasiewelt in sich, Träume und Bilder, die sie jedoch nicht verstehen kann. Sie ist depressiv, aber sie fühlt ihre Depressionen nicht.

In der Therapie ist sie sehr ruhig und passiv. Sie sitzt auf der Matratze, mit dem Rücken an die Wand gelehnt, und spricht mit leiser Stimme von der Leere in ihrem Leben. Und davon, daß sie versucht, den Anforderungen des Alltags gerecht zu werden.

Sie stammt aus einem sehr reichen Elternhaus, das die Kinder überwiegend mit den Dienern allein ließ. Die Kinder mußten ihren Eltern gegenüber extrem höflich sein, diese z.B. per Sie anreden. Ihr Vater starb, als sie 8 Jahre alt war. Sie sprach von ihm, als hätte er nie existiert, als wäre er ein Fremder für sie. Der Therapeut fragt sie: »Wer waren Deine besten Freunde?« – »Mein Hund, ich hatte immer einen Hund. Mir sind Hunde viel lieber als Menschen, weil sie gut und treu sind.«

Mehrere Sitzungen lang spricht Rebekka mit leiser Stimme über ihr Leben, aber völlig ohne jedes Gefühl. Sie spricht so, als wäre sie nie in der Vergangenheit gewesen. Der Therapeut hat den Eindruck, als könne sie noch jahrelang so weiterreden. Er geht auf bestimmte Erinnerungen ein, die sie beschrieben hat. Aber diese Erinnerungen werden sofort von ihr banalisiert, als seien sie nicht wichtig. Es ist sehr deutlich, daß sie nicht erfahren will, worüber sie spricht.

Als sie wieder einmal darüber spricht, daß sie allein ist in ihrem Leben und nicht weiß, warum sie lebt, versucht der Therapeut, ihre Erfahrung zu unterstützen. »Wie fühlst Du Dich damit?« fragt er sie. »Ich weiß es nicht.« Nach einigen Minuten beginnt die Frage, wie es ihr damit geht, sie zu berühren. Ihre Atmung wird schneller, und sie zeigt körperlich erste Symptome von Angst. Ihr Körper versteift sich, und sie legt die Hände vor ihre Brust, als wolle sie sich schützen.

Der Therapeut ermutigte Rebekka, noch mehr zu atmen, und plötzlich kommt ein kleiner Ton aus ihr heraus. Sie erschrickt darüber, und ihre Stimme stoppt sofort. Der Therapeut fordert sie auf, den Ton wiederkommen zu lassen. Ihr Körper beginnt stark zu vibrieren, und auf einmal bricht ein lauter Schrei aus ihr heraus. Ihre Augen weiten sich, und sie schreit laut: »Nein, nein.« Sie ist total von Angst überschwemmt.

Und während sie Nein schreit, beginnt sie plötzlich, ihren Hinterkopf heftig immer wieder gegen die Wand zu schlagen. Aus dieser Frau, die niemals laut war, die niemals ärgerlich war, bricht plötzlich eine ungeheure Gewalt heraus. Der Therapeut versucht, sie daran zu hindern, sich selbst zu verletzen, aber diese zierliche Frau ist in diesem Moment viel zu stark für ihn. Ihm bleibt nichts anderes übrig, als sie samt der Matratze von der Wand wegzuziehen.

Als Rebekka sich wieder aufrichtet, ist sie völlig verkrampft, klein und sprachlos. Der Therapeut versucht, verbalen Kontakt mit ihr herzustellen, aber es ist nicht möglich. Daraufhin setzt er sich neben sie und sagt: »Ich bin da, wann immer Du mitteilen möchtest, was geschehen ist.« – »Ich weiß es nicht.«

Nach mehreren Minuten beginnt sie, sich wieder zu entspannen. Der Therapeut sagt: »Du hast darüber geklagt, daß Du keine Kraft, keine Energie hast. Aber was war dann das?« – »Ich weiß es nicht.« Sie ist geschockt darüber, daß etwas aus ihr herausgebrochen ist, das sich ihrer bewußten Kontrolle entzieht.

Dann erzählt Rebekka eine Erinnerung aus ihrer Kindheit. Aber sie beschreibt diese Erinnerung so, als hätte sie keinen Bezug zu dem, was eben geschehen ist. Sie war schon als Kind von ihren Eltern in ein Mädcheninternat gesteckt worden. »Alle Kinder mußten am Wochenende nach Hause fahren. Aber ich wollte nicht nach Hause. Ich habe mich versteckt, bis das Licht ausgemacht wurde, und verbrachte heimlich das Wochenende im Internat. Meine Eltern haben nie gewußt, daß ich als einzige im Internat geblieben war.« – »Warum?« fragt der Therapeut. »Ich wollte nicht nach Hause gehen.« – »Warum?« – »Ich wollte einfach nicht.«

In den folgenden Sitzungen beschreibt Rebekka, daß es für sie keinen Platz in der Familie gab. »Ich war wie eine Fliege an der Wand, der niemand

Beachtung schenkte.« Ihre einzige Möglichkeit, überhaupt Kontakt mit ihren Eltern zu haben, war nett zu sein und immer zu tun, was diese sagten. Sie hatte das Gefühl, nichts zu sein.

Rebekka hat Angst vor ihrem Körper, und sie mag ihn nicht. In ihrem Körper scheint eine große Welt zu liegen, die sie jedoch als ihren Feind erlebt. Wie kann sie anders mit diesem Feind in sich leben als lustlos, wunschlos und schwach? Sie hat sehr selbstzerstörerische Gedanken, bis zu dem Punkt, nicht mehr leben zu wollen. Jedesmal, wenn sie sich in den folgenden Sitzungen hinlegt und atmet, wiederholt sich das gleiche. Ihr Körper beginnt zu vibrieren und Kräfte freizusetzen, die sie gegen sich richtet. Sie schreit und ist offensichtlich sehr wütend. Aber auf die Frage des Therapeuten: »Was fühlst Du?« antwortet sie immer noch: »Ich weiß es nicht.« Sie kann nicht annehmen, daß sie wütend ist. Denn ihre Wut steht im Gegensatz zu ihrem Vertrag, immer nett und höflich zu sein.

Rebekka hat so viel Angst vor dem, was aus ihrem Körper kommt, daß sie den Therapeuten bittet, ihre Hand zu halten. Sie ist es zwar, die atmet, fühlt und ausdrückt, aber es kommt ihr so vor, als würde eine fremde Person in ihr etwas ausdrücken. Sie will damit nicht allein sein. Während sie durch die Hand des Therapeuten eine Brücke zu ihm spürt, freundet sie sich langsam mit dem an, was aus ihr kommt, tief in ihr lebt und sehr alt ist.

Eines Tages beschreibt sie einen Traum, den sie in der Nacht zuvor hatte. Sie träumte, daß sie auf dem Rücksitz eines Autos sitzt, das vom Therapeuten gelenkt wird. Sie will geradeaus fahren, aber die Straße macht eine Kurve, der das Auto folgen muß. Mitten in der Kurve wacht sie auf.

Während der Arbeit mit dem Traum erkennt Rebekka, daß sie einen Bogen von dem wegmachen muß, wo sie hinwill (Virage = franz. die Kurve. Die Sitzung fand auf französisch statt). Und in dieser Kurve liegt die Wut (rage = franz. die Wut). Ihr Vertrag als Kind war, die Eltern nicht zu stören, nicht zu zeigen, was sie wollte, und schon gar nicht zu zeigen, wenn sie mit ihnen nicht übereinstimmte. Ihr Selbst, ihr inneres Leben sollte versteckt sein.

Rebekka entwickelte eine eigene, isolierte innere Welt. Sie fühlte sich schwach und depressiv, ohne diese Depression jedoch zu fühlen. Denn wenn sie diese Depression fühlt, könnte etwas in ihr dagegen rebellieren. Und all ihre Gefühle, die sie jahrelang zurückgehalten hat, könnten aus ihr herausbrechen. Und das ist tabu in ihrer Familie.

Ihre Überlebensstrategie ist es, sich mit den Eltern zu identifizieren, die »nein« sagten zu dem Ausdruck ihrer Gefühle. Sie flüchtet in eine Phantasiewelt, die diese unterdrückten Gefühle nicht stimuliert. Aber darunter liegt ihr Körper, der nicht tot ist, sondern ganz das Gegenteil. Er brennt darauf, lebendig zu werden, zu fühlen und auszudrücken, Teil von ihr zu sein. Dieser Körper ist ihr Feind, da er gegen ihren Vertrag ist. Wenn er die Oberhand gewinnen würde, könnte sie sich nicht länger verstecken. Sie müßte die Familienverträge verändern. Und wie kann ein kleines Mädchen den Vertrag verändern, daß es nicht zählt?

In der Therapie kommen diese alten Kräfte wieder an die Oberfläche, die Energien ihres Körpers, die in Jahren von Unrecht keinen Raum und keinen Platz hatten. Aber Rebekkas Körper ist so ambivalent in seiner Kraft, daß sie diese anfangs immer gegen sich richtet. Ihr Vertrag war organisch, war körperlich geworden.

Ein verkörperter Vertrag wirkt auf verschiedenen Ebenen. Der körperliche Ausdruck eines Wunsches oder Bedürfnisses wird zurückgehalten. Ihr Impuls in Richtung Kontakt wurde zurückgehalten als Reaktion auf die Botschaften, die sie von ihrer Familie und ihrer sozialen Umgebung bekam. Auf die Frage des Therapeuten, wie der körperliche Kontakt mit ihrer Mutter war, antwortete sie: »Meine Mutter hat gesagt, sie mag keinen Körperkontakt.« – »Wie hast Du Dich als kleines Kind gefühlt, das von der Mutter körperlich nicht berührt wurde?« – »Ich hatte ja die Diener und den Hund.« – »Hat Dir das nicht gefehlt?« – »Ich kann mich nicht erinnern.«

Rebekka hatte ihr natürliches Bedürfnis nach Kontakt mit ihrer Mutter zurückgehalten und sich zurückgezogen. Und dieser Rückzug muß viel Energie gekostet haben. Ein verkörperter Vertrag hält den Impuls chronisch zurück. Nicht nur für Stunden und Tage, sondern für viele Jahre. Und er wird irgendwann nicht länger gefühlt. Er wird nicht mehr als Last empfunden. Es ist nicht, als ob man einen Stein trägt, dessen Gewicht man fühlt, sondern als ob man einen Stein verschluckt hat. Er ist Teil von uns geworden, er ist Teil unseres normalen Gewichts.

Das Zurückhalten eines Impulses führt zu einem Mangel. Dieser Mangel entsteht aus dem Vergleich dessen, was ich will, mit dem, was ich bekommen habe. In unserem Körper existiert ein tiefer Vertrag, den Mangel zu füllen. Dieser Vertrag stimuliert eine ständige Bewegung in unserem Körper. Und gleichzeitig versuchen wir diese Bewegung durch weitere Verträge zurückzuhalten, die ihrerseits wiederum verkörperlicht werden. Auf diese Weise neutralisieren sich die gegensätzlichen Kräfte zumindest vorübergehend, manchmal jedoch auch ein Leben lang. Indem sie aber weiterhin aktiv sind, entsteht an dieser Stelle körperliche Spannung.

Es war ein verkörperter Vertrag Rebekkas, ihren Ausdruck zu »kurven«, statt geradeheraus auszudrücken. Sie hatte ihre Bedürfnisse von ihren Eltern »weggekurvt« zum Personal und zu ihrem Hund. Und dann weg von ihrem Zuhause zu sich selbst in ihrer Isolation. Und sie hatte die Wut auf ihre Eltern und ihre Kraft gegen sich selbst gerichtet.

Rebekka mußte gegen ihre eigenen natürlichen Impulse kämpfen, emotionale Beziehungen und körperlichen Kontakt zu haben. Sie wollte die schmerzhaften Erfahrungen in ihrem Leben vergessen. Aber sie wollte auch vergessen, was sie ursprünglich wollte. Denn dies zu spüren würde sie wieder an all die Situationen erinnern, die für sie so traumatisch waren. Sie hatte Teile von sich vergessen, die im Schatten ihres Lebens waren. Sie hatte Angst, ihren Schatten anzuschauen, ihre Konsequenzenergie. Und sie war ein Schatten ihrer selbst geworden.

Ihre alten Kräfte, die viele Jahre lang zurückgehalten wurden, brachen in der Sitzung aus ihr heraus. Natürlich wollte sie sich nicht selbst schlagen. Ihre Lösung war es, keine oder so wenig wie möglich Energie zu haben, von niemandem stimuliert zu werden, möglichst allein zu sein. Die Impulse wurden in ihrem Körper zurückgehalten, die Erfahrung ins Unbewußte gebracht.

Die Erfahrung war nicht völlig vergessen. Aber vergessen war der Schmerz auf dem Weg zu dem, was sie ursprünglich wollte. Und vergessen war der Impuls, der sich weiterhin in ihr bewegte und den sie versuchte, durch körperliche Spannung zurückzuhalten. In ihr gab es viel Unausgedrücktes, mit enormer Energie. Ein völlig anderes Leben, das sie nicht leben konnte und darum auch nicht leben wollte. Sie hatte einen alten Vertrag, diese Energie nicht zu leben. Und sie hatte mehrere Schichten von neuen Verträgen in ihrem Alltag gemacht, die über ihrem alten Vertrag lagen, damit diese Energie nicht stimuliert wurde.

Kapitel 8
Die Befreiung alter Wahrheiten

Die Zeit stand still
... für Jahre

Was geschah in dieser Therapie-Sitzung mit Rebekka? Ihr Körper hatte eine Eigendynamik entwickelt. Und sie war plötzlich damit konfrontiert, daß ihr Körper etwas erinnerte, was sie versucht hatte zu vergessen. Aber ihr Körper hatte nicht vergessen, die Erinnerung lebte weiter. Wir nennen dies eine eingesperrte Erfahrung.

Diese eingesperrte Erfahrung ist nicht nur eine bloße Erinnerung der Situation, sondern auch eine eingesperrte Bewegung, die danach strebt, sich auszudrücken. Und es gibt darin eine große Welt von Gefühlen und Bedürfnissen. Diese Erfahrung ist wie eine Kraft, die an der Türe pocht, um ans Tageslicht zu kommen. Manchmal lauschen wir auf dieses Klopfen. Und manchmal versuchen wir, weit weg zu laufen, um es nicht mehr zu hören, da es nach Veränderungen ruft. Nach Veränderungen in uns und in unseren Beziehungen zu anderen Menschen. Unsere alten persönlichen Verträge werden wachgerüttelt.

Eines Tages kommt Frederic, ein 28jähriger Mann, in die Therapie. Er ist semiprofessioneller Boxer und entsprechend stark und muskulös. Er leidet darunter, daß andere Menschen Angst vor ihm haben, und kann das überhaupt nicht verstehen. Natürlich ist er auch manchmal ärgerlich. Ab und zu hat er Auseinandersetzungen mit seiner Frau. Keine körperlichen, aber sie hat sehr viel Angst, da er so stark ist. In der Therapie wird deutlich, warum er sich selbst so stark gemacht hat.

In einer Sitzung spürt er viel Ärger und drückt diesen aus, indem er heftig auf die Matratze schlägt. Als er mit Hilfe des Therapeuten die vertikale Situation wiederfindet, der dieser Ärger gilt, fühlt er sich wie ein kleiner

Junge von vier Jahren. Er liegt in seinem Bett, das Licht ist aus, und er hat Angst. Er ruft nach seiner Mutter. Aber sie kommt nicht. Statt dessen hört er, wie Mutter und Vater miteinander streiten. Dann kommt sein Vater in das Zimmer und schreit ihn wütend an, er solle still sein. Frederic kann sich gegen die Wut seines Vaters nicht wehren. Er hat nun noch mehr Angst als zuvor.

Sein Körper beginnt zu zittern, er fängt an zu weinen und hält die Hände vor seine Augen. Der Therapeut fragt: »Was passiert da?« »Ich bin wieder allein. Mein Vater hat die Tür zugeknallt ... Ich bin so wütend auf ihn. Es ist so ungerecht.« Während er dies sagt, ballt er seine Hände zu Fäusten. Der Therapeut fragt: »Was möchtest Du mit deinen Fäusten machen?« – »Ich möchte losschlagen.«

Frederic versucht wieder, auf die Matratze zu schlagen, aber er kann seinen Körper kaum bewegen. Er ist so schwach. Es ist ihm nicht möglich, der Ermunterung des Therapeuten nachzukommen und seinen Ärger durch Schlagen mit den Fäusten auszudrücken. Er spürt plötzlich einen tiefen Schmerz und starke Angst.

In dieser Sitzung wird die Erfahrung aus seiner Kindheit für ihn wieder spürbar, die die ganze Zeit in seinem Körper gelebt hat. Dieser mächtige, starke Mann, ein erfolgreicher Boxer, hat in diesem Moment keine Kraft mehr, sich zu bewegen.

Nach einigen Minuten sagt er: »Ich erinnere mich jetzt, wie ich als Junge von sechs Jahren angefangen habe, meinen Körper zu trainieren. Ich hab mir vorgenommen, so stark wie nur irgendwie möglich zu werden. Jetzt weiß ich, warum.«

Als er aus der Regression zurück ist, sich wieder als Erwachsener fühlt, hat er keine Schwierigkeiten mehr, sich zu bewegen. Er hatte damals aus seiner Schwäche heraus eine Entscheidung getroffen und mit sich den Vertrag geschlossen, den er vergessen hatte: stark und erfolgreich zu werden. Und dafür hat er fast 20 Jahre lang hart gearbeitet.

Aber auch als Erwachsener trägt er weiterhin in sich einen kleinen, verletzlichen Jungen mit seinen Bedürfnissen. Dieser Junge ist in ihm eingesperrt, bewacht und beschützt durch einen superstarken Mann.

Wir können dies auch einen »Bulldoggen-Effekt« nennen. Frederic selbst erfuhr sich manchmal als sehr verletzlich, aber was die Menschen in seiner Umgebung sahen, war die Bulldogge.

Es gibt viele Formen dieses Bulldoggen-Effekts, z.B. Verträge wie: »Ich kann alles selbst machen«, »Ich brauche niemanden, ich schaffe es allein.« Er kann aber auch eine körperliche Form annehmen, wie in dem eben erwähnten Beispiel. Der Mensch schafft einen Körper, der der Umwelt signalisiert, er sei absolut unverletzbar, und macht dadurch den anderen angst. Es gibt viele Bulldoggen in dieser Welt, und es gibt viele Menschen, die vor ihnen Angst haben.

In der Therapie-Sitzung war eine kleine, vergessene Welt wieder aufgetaucht, die hinter der Bulldogge versteckt war. Für das Kind war diese kleine Welt enorm groß. Zu groß, um sie bewußt annehmen und leben zu können. Aber dennoch war sie da. Ein Teil von ihm hatte diese versteckte Welt erinnert und seine innere Wahrheit in dieser Welt nie aufgegeben. Dort gab es Momente von starken Erfahrungen, Momente von Angst, Momente von Wünschen nach Liebe, gehalten, verstanden und anerkannt zu werden in seiner Existenz. Und auch Momente, in denen er gefühlt hat, nicht zu existieren, nicht zu leben. Aber dennoch lebte er weiter. Und auf seinem Weg zum Erwachsenen strukturierte er eine große Welt, die auf dem Fundament der kleinen Welt stand.

Was beinhaltete die eingesperrte Erfahrung? Was in der Sitzung wieder ans Tageslicht kam, waren Gefühle. Gefühle, vor denen er Angst hatte. Und Gefühle, die er damals nicht ausdrücken konnte. Aber auch seine Wünsche, die er damals ausgedrückt hatte. Und was auch wieder hochkam, war die Erfahrung, daß er nicht bekommen konnte, was er wollte; sondern etwas bekam, was er nicht wollte.

Sein ursprüngliches Bedürfnis war, sich wohlzufühlen. Seine Erfahrung, allein in seinem dunklen Zimmer zu sein, befriedigte dieses Bedürfnis nicht. Aber die Vorstellung dessen, was er wollte, stimulierte den Impuls in ihm, dies auszudrücken. Sein ursprünglicher Impuls, die Hände nach der Mutter auszustrecken, um von ihr gehalten, geliebt und beschützt zu werden, konnte sich nicht selbst erfüllen. Der Schmerz darüber stimulierte noch mehr Ausdruck, und er begann, die Mutter zu rufen.

Sein Vertrag war in diesem Moment, daß sie kommen würde, sonst hätte er nicht nach ihr gerufen. Sein Wunsch, sich gut zu fühlen, war für ihn auch ein natürlicher Weg aus seiner Angst und Einsamkeit in der Dunkelheit. Was er bekam, war genau das, was er nicht wollte.

Schlimmer noch, sein Vater machte ihm noch mehr angst als er schon hatte. Der Druck des Vaters auf ihn war so groß, daß er seinen Impuls, nach der Mutter zu rufen, stoppen mußte.

Er mußte sowohl seinen Wunsch zurückhalten als auch seinen Impuls, diesen Wunsch auszudrücken. Und er mußte seine Reaktion auf seinen Vater, seinen Ärger, zurückhalten. Dies war für ihn eine sehr schmerzhafte Erfahrung. Schmerzhafter als zuvor und weit entfernt von dem, was er ursprünglich wollte. Um sich vor diesem Schmerz zu schützen, versuchte er, diese Erfahrung zu vergessen, indem er sich von ihr abkapselte.

Aber damit sperrte er nicht nur die Erinnerung seiner Realitätserfahrung ein. Mit eingesperrt wurden sowohl seine Wünsche als auch sein Impuls, diese auszudrücken. Und auch seine Reaktion, sein Ärger auf den Vater. Sein Wunsch, sich wohlzufühlen, hatte sich dahingehend verändert, gar nichts mehr zu fühlen. Um diese unbefriedigende Situation zu lösen, projizierte er in die Zukunft, daß der Moment kommen wird, wo er so stark ist, daß er ausdrücken kann, was er in dieser Situation nicht ausdrücken konnte. Das Kind entwickelte in diesem kleinen Moment von Nichtausdruck eine Strategie, wie es in der Zukunft ausdrücken könnte. Aber das Problem ist, in der Zukunft ist er nicht länger das kleine Kind. Und was geschieht mit dem kleinen Kind, das zurückgelassen wurde?

Der neue Vertrag ist eine Zusammenfassung und Schlußfolgerung aus drei wichtigen Elementen: der Realitätserfahrung, so wie es war; der Konsequenzenergie, so wie es hätte sein können; und der Restenergie, dem zurückgehaltenen Ausdruck.

*Restenergie** ist die Kraft, die Energie, die im Körper übriggeblieben ist, der Teil, der nicht ausgedrückt werden konnte. Sie setzt sich zusammen aus der nichtausgedrückten Energie des Wunsches und der nichtausgedrückten Energie gegen das, was die Erfüllung des Wunsches verhindert hat. Wenn wir, warum auch immer, den Ausdruck dessen, was wir wollen, unterdrücken, entsteht Restenergie. Und die drückt. Wir tragen in uns viele alte Restenergien und schaffen neue in unserem Alltag.

Wie jede Energie hat auch die Restenergie den Impuls, sich zu bewegen. Um die Energie an der Bewegung zu hindern, braucht es eine Gegenenergie. Auf diese Weise entsteht Spannung im Körper. Um diesen Schmerz nicht zu spüren, versuchen wir, ihn zu vergessen, und er wird mit Hilfe eines Vertrages eingekapselt.

Mit der Restenergie wird gleichzeitig aber auch die Konsequenzenergie eingesperrt: das, was die Person ursprünglich wollte, und all die Konsequenzen, wenn sie dies bekommen hätte. Was wäre geschehen, wenn es zu einem befriedigenden Kontakt mit der Mutter gekommen wäre? Wahrscheinlich wäre der Junge friedlich und glücklich in seinem Bett eingeschlafen.

Die Konsequenzenergie ist auch Teil der eingesperrten Erfahrung und damit ruhiggestellt. Denn würde sie erwachen, wäre sofort die Energie stimuliert, dafür zu kämpfen, den Wunsch zu realisieren. Die Restenergie ist wie ein Deckel, der den Zugang zur Konsequenzenergie verhindert. Wir können keine Liebe und Zärtlichkeit annehmen, wenn wir ärgerlich sind. Sie würde an dem Deckel wie an einem Schild abprallen. Zuerst müssen wir unseren Ärger ausdrücken. Und vielleicht erinnern wir auch erst dann, was wir wirklich wollen.

All diese Elemente werden unter dem Vertrag verborgen. Sie sind Teil unserer verkörperten Erfahrung. Und sie sind Teil unserer Geschichte und auch Teil unserer Wahrheit. Häufig wünschen wir uns, genau an der Stelle geliebt zu werden, wo wir allein waren und nicht leben konnten, was wir leben wollten. Und gleichzeitig verhindern wir durch unsere verkörperlichten Verträge häufig, daß ein Mensch uns heute so nahe kommen kann, daß unsere tiefen Wünsche Wirklichkeit werden könnten. Denn heute zu bekommen, was uns viele Jahre verwehrt war, stimuliert oft als erstes die alte, eingesperrte Erfahrung. Und damit auch unsere alte Restenergie. Und erst dann die darunterliegenden Bedürfnisse.

Restenergie ist ursächlich mit einem bestimmten Zeitpunkt, einer spezifischen Situation verbunden. Deshalb bezieht sie sich immer auf die Vergangenheit, die im Körper gespeichert und nach wie vor lebendig ist. Manchmal erinnern wir uns an diese alten Situationen, und manchmal haben wir sie vergessen, d.h. sie sind Teil unseres Unbewußten geworden. Aber egal ob diese Situationen für uns bewußt oder unbewußt sind, unsere Restenergie wartet die ganze

Zeit darauf, ähnliche Situationen zu finden, um sich ausdrücken zu können. Deshalb sind wir häufig überrascht, wie heftig wir in einer aktuellen Situation reagieren, da wir die alte Situation vergessen haben.

Günter, ein bekannter Psychiater, kommt mit einem speziellen Problem in die Therapie: Wenn er Streit mit seiner Frau hat, wird er manchmal so blind vor Wut, daß er auf sie einschlägt. Er leidet genauso unter dieser Situation wie seine Frau und versucht schon seit langem zu klären, warum er so reagiert.

Im Verlauf der Therapie wird deutlich, daß Günter sich immer dann von seiner Frau unverstanden und abgewiesen fühlt, wenn diese sich verschließt und nicht mehr sprechen kann, vermutlich deshalb, weil sie Angst hat. Er kann ihr Schweigen nicht aushalten, es ist für ihn unerträglich. Nachdem er dies erkannt hat, ist er sehr erleichtert und erwartet, daß damit das Problem ein für allemal aus der Welt sei.

Aber einige Wochen später passiert es wieder, und wieder. Es tut Günter schrecklich leid, und er versucht alles, um sich zurückzuhalten. Und er versucht, ihr mitzuteilen, wie abgelehnt und isoliert er sich durch ihr Schweigen fühlt. Aber sie hat, nur allzu verständlich, Angst vor ihm und verschließt sich, was ihn noch verzweifelter und ärgerlicher macht. Er reagiert in diesen Auseinandersetzungen durch Reflexmechanismen, die seinem Wesen völlig fremd sind.

Günter beschreibt, wie schlimm es für ihn ist, daß er seiner Frau gegenüber weiterhin so gewalttätig ist. Und wie unverstanden und alleingelassen er sich durch ihr Schweigen und ihre Verschlossenheit fühlt. Der Durchbruch in der Therapie findet statt, als er wieder mit Situationen aus seiner Kindheit in Kontakt kommt, in denen er vor seiner Mutter stand, und ihr etwas Wichtiges mitteilen wollte. Aber seine Mutter, eine kalte und harte Frau, ignorierte ihn völlig und schickte ihn auf sein Zimmer. Er war so verletzt, weil sie so ungerecht war. Er hatte nichts Falsches getan, aber sie wollte nicht weiter mit ihm sprechen. Ihr abweisender Blick machte ihm angst, und er wurde in sein Zimmer eingesperrt.

Nur dort konnte Günter sagen und schreien, was er seiner Mutter nicht sagen konnte. Er wütete in seinem Zimmer herum, zerstörte Möbel und einige seiner Lieblingsspielsachen. Und rief immer wieder nach seiner Mutter, die jedoch niemals kam. Er wurde durch Schweigen bestraft, ein mächtiges Instrument. Und es ist das gleiche Instrument, das auch seine

Frau benutzt. Es ist ihr Schutz, wenn sie Angst hat, aber er erlebt das Schweigen seiner Frau als Aggression. Die Distanz und das Schweigen sind unerträglich für ihn.

Die Mutter sperrte die Zimmertüre erst Stunden später wieder auf, nachdem Günter zusammengebrochen und eingeschlafen war. Er versprach dann jedesmal, sein Zimmer aufzuräumen und wieder nett zu sein. Und er strengte sich unglaublich an, nett zu sein.

Günter ist als Psychiater immer ausgesprochen gut und verständnisvoll zu seinen Klienten. Und gibt ihnen damit, wonach er sich selbst in seinem Innersten zutiefst sehnt. Bei seiner Frau spürt er, daß er dieses Verständnis bekommen könnte, und er prallt dann mit seinem Wunsch an ihrem Schweigen ab, genau wie bei seiner Mutter.

Nach dieser Therapie-Sitzung, die von starken Gefühlsausbrüchen begleitet ist, verändert sich die Beziehung zu seiner Frau. In den folgenden Sitzungen kann er seine tiefen Gefühle darüber, daß er so ungerecht behandelt worden ist, dorthin ausdrücken, wo sie hingehören: zu seiner Mutter. Er kann seine alte Restenergie befreien, die jahrzehntelang in seinem Körper eingesperrt war. Und mit der Mutter für seine eigene Wahrheit kämpfen.

Wenn seine Frau sich nun in Schweigen hüllt, um sich zu schützen, ist Günter weniger geladen. Er kann sie jetzt horizontaler sehen, kann sehen, daß sie ängstlich und unsicher ist, wie sie sich verhalten soll. Er beginnt ihr mehr Raum zu lassen und den Dialog genau an dem Punkt wieder möglich zu machen, wo er sie zuvor aus seinem Gefühl der Abgewiesenheit heraus geschlagen hat.

Das Problem ist jetzt, wie Dialog und Verständnis entstehen können, wenn seine Frau sich aus ihrer Angst heraus verschließt. Aber indem er ihr mehr Zeit läßt und ihr versichert, daß er sie verstehen möchte, kann seine Frau sich langsam wieder öffnen, und sie können zum erstenmal darüber reden. Dies verändert ihr Leben, denn diese Situation hat jahrelang die Kräfte beider überstiegen.

Günter kann seine Reflexmechanismen verändern und einen neuen Vertrag entwickeln, der sich auf die horizontale Situation bezieht und nicht länger auf eine alte, vertikale Erfahrung.

In unserer therapeutischen Arbeit können wir immer wieder feststellen, daß Restenergie und Konsequenzenergie die Schlüsselfaktoren für persönliches Wachstum sind. Die Restenergie ruft danach, befreit zu werden, damit der Mensch die Freiheit hat, kreieren zu können. Aber häufig sucht sie ihre Befreiung in der völlig falschen Situation.

Manche Menschen beantworten die Frage, wie sie leben möchten, indem sie dies sehr lebendig beschreiben; trotz aller Schwierigkeiten, dies in die Tat umzusetzen. Andere Menschen hingegen beschreiben, wie sie in ihrer Realität gefangen sind. Und ihre Stimme und ihr Körper läßt den Schmerz und die Frustration ahnen, sich viele Jahre zurückgehalten zu haben. Als ob die Zeit für Jahre stillgestanden wäre. Wie in dem folgenden Beispiel:

Klaus, ein 45jähriger Unternehmer, kommt in Therapie und erzählt: »Ich habe eigentlich alles, was ich möchte. Ich habe Frau und Familie, ich habe eine Fabrik, ich bin sehr reich, ich habe alles erreicht, was ich mir gewünscht habe. Aber ich kann das nicht fühlen, es bedeutet mir alles nichts. Als ich jünger war, dachte ich, es würde mir alles bedeuten, und jetzt bedeutet es mir gar nichts.«

Als Klaus sich in der Sitzung hinlegt und entspannt, richtet er seine Aufmerksamkeit auf Assoziationen, die langsam auftauchen. Er geht mehr und mehr in seiner Geschichte zurück und beginnt, von »harten Zeiten« zu sprechen. Aber auch dazu hat er keine Gefühle. Er erzählt vom Krieg, aber er weiß gar nicht, warum er davon spricht. Es ist ja schon so lange her. Plötzlich verkrampft sich sein Körper, als würde er gleich anfangen zu weinen. Aber er hat diesen Impuls sofort unter Kontrolle und spricht sehr nüchtern davon, wie hart die Zeit war. Er hatte im Krieg einen Teil seiner Familie und viele Freunde verloren. Sein Körper verkrampft sich wieder, und er sieht plötzlich, wie Blitzlichter, Bilder davon, wie sein Bruder erschossen wurde. Und als er diese Bilder sieht, brechen plötzlich seine Tränen aus ihm heraus.

Klaus hat dies immer gewußt, aber sich nie erlaubt, es zu fühlen. Und durch die Erlaubnis, seinen Schmerz zu fühlen, bekommt er wieder Kontakt mit seinem Bruder. Es ist für ihn wie eine religiöse Erfahrung, seine Liebe zu seinem Bruder wiederzufinden, und auch den Schmerz, seinen Bruder zu verlieren. Sein Bruder scheint in diesem Moment lebendig zu sein, direkt vor ihm. Er hat 35 Jahre nicht geweint, und er erinnert sich daran, daß ein starker Junge niemals weint. Er hat diesen Vertrag gemacht und sich niemals erlaubt zu weinen, sich damit gleichzeitig aber auch niemals erlaubt zu fühlen. Er fühlt nichts mehr, und unter dem Nichts fühlt er so viel. Er berührt die Tränen um seine Augen, als wären es seine besten Freunde.

Mehrere Minuten lang ist Klaus in Kontakt mit seinen tiefen Gefühlen, mit seinem Schmerz und seiner Lebenslust. Als er am Ende der Sitzung aufsteht, kann man deutlich die Ambivalenz zwischen seinen tiefen Gefühlen und der sozialen Situation sehen. Er versucht, seinen Dank auszudrücken. Und er wird mehr und mehr wie er zuvor gewesen ist. Aber gleichzeitig kann man in seinem Gesicht ein kleines Lächeln sehen, den Beginn einer Freundschaft mit seinen Gefühlen.

Kapitel 9
Der chronische Kreislauf
der Unzufriedenheit

Alles, was ich tue,
um doch nicht zu bekommen,
was ich wirklich möchte

In den bisherigen Kapiteln ist deutlich geworden, daß wir Grundverträge geschlossen haben, um uns in Momenten von großer Wichtigkeit zu schützen. Diese Verträge sorgen dafür, daß unsere eingesperrten Erfahrungen auch weiterhin eingesperrt bleiben. Vielleicht
ahnen wir, daß da irgend etwas in uns ist, aber wir wollen es nicht
spüren. Oder wir fallen immer wieder in unsere alten Emotionen
hinein und versuchen, davor wegzulaufen.

Wir wollen häufig die Schmerzen und Kompromisse nicht sehen,
die wir versucht haben zu vergessen. Und dennoch scheinen sie uns
jahrzehntelang zu folgen. Unsere alten persönlichen Grundverträge
waren in bestimmten Momenten unserer Geschichte sehr wertvoll
für uns. Aber es ist überhaupt nicht selbstverständlich, daß sie dies
heute noch sind.

Es ist völlig normal, Verträge zu haben. Wir alle haben gelernt,
bestimmte Probleme und Konflikte zu vermeiden und uns vor Verletzungen zu schützen. Neurotisch wird es an der Stelle, wo wir
unsere alten Verträge benutzen, um zu vermeiden, die äußere Realität zu sehen. Und jede Situation verwenden, um unsere alten
Verträge zu rechtfertigen, und damit vermeiden, zu realisieren, was
wir wirklich brauchen.

Wenn wir von Charakteren sprechen, meinen wir damit eine bestimmte Form, die eine Person eingenommen hat. Diese Form ist

erkennbar und basiert auf spezifischen, tiefen Grundverträgen. Ein Charakter ist ein statisches Verhalten und beinhaltet eine vorgefaßte Sprache, die sich in einer bestimmten Form immer wiederholt.

Wenn wir Charaktere als statisch betrachten, können wir sagen, dies ist ein depressiver Mensch, jener ein rigider usw. Viel interessanter erscheint uns jedoch die Dynamik eines Charakters, die Art, wie sich ein Mensch in seinem Charakter von einem Grundvertrag zum nächsten bewegt und mit dieser Bewegung einen Kreislauf von Erfahrungen und Beziehungen kreiert. In der Darstellung der einzelnen Charakterkreisläufe haben wir einige typische Grundverträge *kursiv* hervorgehoben. Diese alten fixierten Grundverträge aus der Kindheit kommen in jeder wichtigen Situation im Erwachsenenleben zum Tragen, in der Liebe, Sexualität, im Beruf und in der Freizeit. Deshalb werden wir uns bei der Beschreibung der einzelnen neurotischen Kreisläufe nicht auf bestimmte Situationen beziehen. Sie können tief sein, sie können leicht sein, aber in jedem Fall sind sie wichtig.

Viele Menschen werden sich in verschiedenen Charakteren wiedererkennen. Wir alle tragen verschiedene Aspekte einzelner Charaktere in uns; abhängig von der Situation, in der wir uns befinden, werden sie mehr oder weniger zum Vorschein kommen. Dennoch bilden diese einzelnen Teile als Summe häufig eine allgemeine Struktur. Wir beziehen uns bei den im folgenden dargestellten Charakteren auf die Terminologie von Sigmund Freud, Wilhelm Reich und Alexander Lowen.

Wir haben uns bisher viel mit dem Kind und seinen Bedürfnissen beschäftigt. Aber auch als Erwachsene haben wir eine Vielzahl von Bedürfnissen, Wünschen und Vorhaben, die auf andere Menschen gerichtet sind. Wie es auch geartet sein mag, wir haben immer ein Bedürfnis. Wir tun viel in unserem Leben, um unsere Bedürfnisse zu befriedigen, und manchmal bekommen wir damit auch, was wir uns wünschen.

Auf diese Weise befinden wir uns in einem ständigen Kreislauf, der im Idealfall folgendermaßen aussieht:

Ich möchte etwas,
ich tue etwas, um zu bekommen, was ich möchte,
ich bekomme, was ich möchte,
und jetzt habe ich, was ich möchte.

Alles scheint gut zu sein, wenn ich ein Bedürfnis habe, und ich möchte, ich tue und ich bekomme. Es ist wie eine Spirale, ich fühle mich gut. Ich möchte mich besser fühlen, deshalb brauche ich etwas mehr davon. Ich möchte etwas mehr, tue etwas mehr und bekomme etwas mehr – oder vielleicht etwas weniger. Oder vielleicht habe ich diesmal gar nichts bekommen? Was ist passiert? Und was ist meine Erfahrung?

Der depressive Charakter

Der depressive Charakter spürt grundsätzlich einen Mangel an Energie, fühlt sich unbefriedigt und ständig enttäuscht, er erwartet häufig sogar, enttäuscht zu werden. Wenn er in die Depression geht, fühlt er diese entweder, indem er sich schlecht fühlt, oder er schützt sich davor, die Depression zu fühlen, fühlt gar nichts und spürt nur einen Mangel an Energie. Manche depressive Menschen bewegen sich zwischen diesen beiden Polaritäten hin und her.

Ich habe ein Bedürfnis,
ich möchte,
ich tue,
und ich bekomme nichts.

Ich habe, daß ich nichts bekomme,
ich möchte auch nichts dafür tun,
ich tue nichts,
und ich bekomme nichts.

Ich habe, *daß ich nichts bin,*
ich möchte jemand sein,
ich frage Dich, wie ich sein sollte,
und ich bekomme, daß Du mir sagst, wie ich sein sollte.

Ich habe, *daß Du weißt, wie ich sein sollte*, ich weiß es nicht,
ich möchte tun, was Du mir sagst,
ich mache, was Du mir sagst,
und ich bekomme, *daß Du mich magst, wenn ich nett bin.*

Ich habe, daß Du mich liebst, wenn ich nett bin, und gleichzeitig
habe ich immer noch ein unbefriedigtes Bedürfnis,
ich möchte gerne nett sein, und ich möchte mein Bedürfnis zeigen,
ich verhalte mich so nett, wie Du es möchtest, und gleichzeitig zeige
ich versteckt mein Bedürfnis,
und ich bekomme, daß Du mir sagst, ich bin unklar.

Ich habe, daß ich doof bin,
ich möchte, daß Du mir sagst, wie ich es ausdrücken soll,
ich tue so, als ob Du es weißt,
und ich bekomme, daß Du es weißt, Du bist großartig.

Ich habe, daß Du großartig bist, Du weißt es, ich nicht,
ich möchte mehr so wie Du sein,
ich verhalte mich so, wie Du es tust,
und ich bekomme, daß ich Dir in dem folge, was Du tust.

Ich habe, daß es sehr ermüdend ist, so zu sein wie Du, und ich habe
immer noch mein unbefriedigtes Bedürfnis,
ich möchte mein Bedürfnis ausdrücken, aber nicht enttäuscht werden,
deshalb *verstecke ich mein Bedürfnis* und hoffe, daß Du es siehst,
und ich bekomme, daß Du mein Bedürfnis nicht sehen willst.

Ich habe, daß ich nun wirklich anfange, ärgerlich zu sein,
ich möchte etwas gegen Dich tun,
ich tue es,
und ich bekomme, daß Du mir sagst, daß es so nicht geht.

Ich habe, *daß ich nicht o.k. bin*, das wußte ich schon vorher,
aber es ist immer noch besser, als niemand zu sein,
ich möchte jemand sein, ich will nicht sein, wie ich bin,
ich frage Dich, wie ich wirklich sein soll,
und ich bekomme, daß Du mir sagst, natürlich soll ich nett sein…

Der rigide Charakter

Der rigide Charakter fühlt, daß er viel tun muß, macht entsprechend viel und gibt kaum jemals auf, sondern kämpft immer weiter. Der Preis, den er dafür bezahlt, ist möglicherweise der Verlust seiner Gefühle, ganz sicher jedoch seiner guten Gefühle. Statt auch mal zu nehmen, wird er ein chronischer Geber.

Ich habe ein Bedürfnis,
ich möchte,
ich tue,
und ich bekomme nichts.

Ich habe, daß ich nichts bekomme,
ich möchte es wirklich,
ich tue noch mehr, um es zu bekommen,
und ich bekomme es immer noch nicht.

Ich habe, daß ich es immer noch nicht bekommen habe,
ich mochte sogar noch mehr tun,
ich tue ganz viel dafür,
und ich bekomme, daß ich tun kann.

Ich habe, daß ich tun kann,
ich möchte mehr tun,
ich tue noch mehr,
und ich bekomme, daß Du mich liebst, wenn ich alles selbst
machen kann.

Ich habe, daß Du mich liebst, wenn ich es tun kann,
ich möchte, daß Du mich noch mehr liebst,
ich tue so viel für dich,
und ich bekomme, daß du mir sagst, ich sei großartig.

Ich habe, daß Du mich liebst, wenn ich so viel tun kann, und ich habe immer noch mein kleines Bedürfnis,
ich möchte ein bißchen weniger tun,
um zu meinem Bedürfnis zu kommen,
ich tue weniger,
und ich bekomme, daß Du mir sagst, ich sei längst nicht mehr so phantastisch, wie ich es vorher war.

Ich habe, daß Du mich nicht magst, wenn ich weniger tue, und *werde*
ärgerlich, daß Du nicht verstehst, daß ich auch etwas brauche,
ich möchte Dir meinen Ärger zeigen,
ich drücke meinen Ärger aus,
und ich bekomme, daß Du verletzt bist.

Nun habe ich, daß Du ein Bedürfnis hast,
aber ich möchte bei meinem Bedürfnis bleiben,
deshalb drücke ich meinen Ärger noch stärker aus,
und ich bekomme, daß Du mir sagst, ich zerstöre Dich.

Ich habe, daß Du nun wirklich ein Bedürfnis hast, daß mein Bedürfnis gefährlich und unerwünscht ist,
natürlich möchte ich Dir helfen,
ich helfe Dir,
und ich bekomme, daß Du mir sagst, jetzt sei ich wieder gut.

Ich habe, daß Du mich liebst, wenn ich etwas für Dich tue,
natürlich möchte ich noch mehr geliebt werden,
ich tue mehr für Dich,
und ich bekomme, daß Du mir sagst, ich sei phantastisch.

Ich habe, daß ich phantastisch für Dich bin,
ich möchte Dir zeigen, wie phantastisch ich wirklich sein kann,
ich frage Dich, was ich für Dich tun kann …

Der schizoide Charakter

Der schizoide Charakter macht, ebenso wie der rigide, viel für die anderen. Er identifiziert sich damit, erfolgreich zu sein und den anderen zu helfen. Aber tief in seinem Inneren fühlt er seine Bedürfnisse und kollabiert in sie, aber er schämt sich dafür und muß sie verstecken. Er ist ein Mensch, der in seiner Einsamkeit allein in seinem Zimmer weint, um dann nach draußen zu gehen und seine Freunde zu fragen, was er für sie tun kann. In diesem Sinne hat er sowohl etwas Rigides als auch etwas Depressives in sich.

Ich habe ein Bedürfnis,
ich möchte,
ich tue,
und ich bekomme nichts.

Ich habe, daß ich nichts bekomme,
ich möchte nichts dafür tun,
ich tue nichts,
und ich bekomme nichts.

Ich habe, daß ich immer noch nichts bekommen habe,
ich möchte es,
ich tue es selbst,
und ich bekomme, daß Du mich liebst, wenn ich es selbst tun kann.

Ich habe, daß Du mich liebst, wenn ich es selbst tue,
ich möchte mehr geliebt werden,
ich tue mehr,
und ich bekomme, daß Du mich liebst, wenn ich es tun kann.

Ich habe, daß Du mich liebst, wenn ich es tun kann, und ich habe Angst, daß Du mich nicht lieben wirst, wenn ich nicht mehr kann,
ich möchte zu meinem Bedürfnis kommen, und dazu muß ich mich verstecken,
ich verstecke mich,
und ich bekomme, daß ich in meinem Bedürfnis allein bin.

Ich habe, daß niemand für mich da sein kann, wenn ich es brauche,
ich möchte es so sehr, ich brauche Dich,
ich gehe nach draußen und begegne Dir wieder,
und ich bekomme, daß Du erwartest, daß ich wieder phantastisch
bin.

Ich habe, daß ich Angst habe, Dir zu zeigen, daß ich etwas brauche,
ich möchte Dir meine starke Seite zeigen,
ich tue es wieder für Dich und frage Dich, wie ich Dir helfen kann,
und ich bekomme, daß Du mich liebst, wenn ich Dir helfe.

Ich habe, daß es sehr anstrengend ist, immer für Dich zu sorgen,
ich möchte mich ein klein wenig um mich kümmern,
ich gehe und verstecke mich wieder,
und ich bekomme, daß ich zusammenbreche, wenn ich allein bin.

Ich habe, daß dies sehr schmerzhaft ist,
ich weiß nicht mehr, was ich machen kann,
ich tue viel in der Zwischenzeit,
und ich bekomme, daß ich nicht an mein Bedürfnis denke.

Ich habe, daß mein Bedürfnis gefährlich ist,
ich möchte Dein Bedürfnis finden,
ich gehe zu Dir und zeige Dir, wie stark und fähig ich bin …

Der orale Charakter

Dieser Charakter erwartet, daß er von anderen genährt wird und
macht deshalb nicht sehr viel. Er träumt viel und setzt wenig davon
um. Dieser Charakter kann z.B. entstehen, wenn das Kind auf sein
Schreien hin nichts bekommt, sondern die Eltern erst kommen, wenn
das Kind aufgehört hat zu schreien, und ihm nur dann geben. Kinder
sollten nicht fragen, wenn sie etwas brauchen, sondern ihnen wird
gegeben, wenn die Eltern es für den passenden Moment halten. Nette
Kinder fragen nicht, sie warten.

Ich habe ein Bedürfnis,
ich möchte,
ich tue,
und ich bekomme nichts.

Ich habe, daß ich nichts bekomme,
ich möchte nichts dafür tun,
ich tue nichts,
und wow, ich bekomme.

Ich habe, daß ich manchmal bekomme und manchmal nicht,
ich möchte nichts dafür tun,
ich warte und schaue, was diesmal passiert,
und diesmal bekomme ich nichts.

Ich habe, daß dies nicht so schlimm ist, da ich ja manchmal
auch etwas bekomme,
ich möchte wieder schauen, ob ich diesmal bekomme,
ich tue nichts,
und diesmal bekomme ich wieder.

Ich habe, daß ich manchmal bekomme und manchmal nicht,
ich möchte gerne immer bekommen,
ich träume von all den Zeiten, wo ich es bekommen habe,
und *ich bekomme, daß ich es in meiner Vorstellung immer
bekommen kann.*

Ich habe, daß es in meinen Träumen so schön ist,
ich möchte mehr träumen,
ich träume mehr,
und ich bekomme, daß es in meinem Traum phantastisch ist.

Ich habe, daß ich in meinem Traum habe, was ich brauche,
ich möchte es auch gerne in der Realität haben,
ich warte nun und schaue, ob ich es bekomme,
und diesmal bekomme ich es.

Ich habe, daß ich diesmal bekommen habe, aber manchmal auch nicht bekommen werde, in meinen Träumen kann ich es immer haben,
ich möchte nochmal sehen, ob ich es bekommen kann,
ich schaue und warte,
und diesmal bekomme ich es nicht.

Ich habe, daß es besser ist, es immer im Traum zu haben, als nur manchmal in der Realität,
ich möchte träumen,
ich träume,
und ich bekomme, daß es in meinem Traum wunderschön ist.

Ich habe es in meinem Traum,
ich möchte schauen, ob es auch in der Realität klappt,
ich schaue,
und ich bekomme es nicht.

Ich habe, daß die Realität nicht so gut ist wie mein Traum,
ich ziehe meinen Traum vor,
ich träume,
und ich bekomme, daß Du, die Realität, meinen Traum störst.

Ich habe, daß Du meinen Traum störst,
ich ziehe es vor, von Dir zu träumen, dort kann ich Dich immer haben,
ich träume von Dir,
und ich bekomme im Traum, was ich brauche.

Ich habe, daß ich es in meinem Traum habe,
ich möchte es im Traum und in der Realität haben,
ich setze mich neben Dich und träume (von Dir!),
und ich bekomme, daß es schön ist, dort zu sitzen, und manchmal schaue ich, ob Du zu meinem Traum paßt.

Ich habe, daß Du diesmal nicht zu meinem Traum paßt,
ich möchte weggehen und mich an all die Zeiten erinnern, wo Du zu meinem Traum gepaßt hast,
ich verstecke mich in meinem Traum …

Der hysterische Charakter

Wir verwenden den Begriff des hysterischen Charakters wie er von Sigmund Freud benutzt wurde. Freud, als Mann, bezog diesen Charakter ausschließlich auf Frauen. Die wesentlichen Elemente dieses weiblichen Charakters sind, daß eine Frau sich als Frau abgelehnt fühlt und daß sie ihre Aktionen und Emotionen bis zu dem Punkt verströmt, wo sie sich verloren fühlt mit ihren Wünschen, und sie hat viele davon. Bewußt oder unbewußt fragt sie den Mann, wie sie für ihn sein sollte. Der hysterische Charakter hat eine starke Beziehung zum realen oder imaginären Vater.

Ich habe ein Bedürfnis,
ich möchte,
ich tue,
und ich bekomme.

Ich habe, daß dies gut ist,
ich möchte mehr,
ich tue mehr,
und ich bekomme noch mehr.

Ich habe, daß dies so gut, so aufregend ist,
ich möchte noch mehr,
ich tue noch mehr,
und ich bekomme, daß Du es mir gibst.

Ich habe, daß dies phantastisch ist,
ich möchte natürlich noch mehr davon,
ich tue noch mehr mit Dir,
und ich bekomme, daß Du plötzlich sagst, Stop!

Ich habe, daß ich es vorher gehabt habe,
ich möchte, was ich hatte,
ich tue so viel dafür,
und was ich bekomme, ist schlecht.

Ich habe, daß Du nicht gut genug bist im Vergleich zu dem,
was ich hatte, *ich war die Königin,*
ich möchte meinen Ärger gegen Dich richten,
ich drücke meinen Ärger gegen Dich aus,
und ich bekomme, daß Du nicht gut genug bist.

Ich habe, daß ich phantastisch bin, aber Du siehst es nicht,
ich möchte, daß Du es siehst,
ich zeige Dir soviel Ärger, daß du dies nicht siehst,
und alles, was ich bekomme, ist, daß du mir sagst, ich sei hysterisch.

Ich habe, daß Du wirklich nicht gut bist,
ich möchte Dich überhaupt nicht,
ich drücke meinen Ärger und meinen Schmerz bis zum Extrem aus,
und ich bekomme, daß Du nicht gut bist.

Ich habe, daß Du nicht gut bist und ich großartig bin,
ich möchte, daß Du siehst, wie gut ich bin, und ich bin ärgerlich,
daß Du es nicht siehst,
ich tue so viel,
und ich bekomme nichts.

Ich habe, daß ich verloren bin,
ich möchte etwas,
ich zeige es Dir ein bißchen,
und ich bekomme, daß Du mich fragst, ob Du etwas für mich
tun kannst.

Ich habe, daß Du mehr mit mir tun möchtest,
ich möchte mehr davon,
ich mache mehr mit Dir,
und ich bekomme, daß es jetzt wirklich gut ist.

Ich habe, daß dies wirklich gut ist,
ich möchte mehr davon,
ich mache mehr mit Dir,
und ich bekomme, daß es großartig ist.

Ich habe, daß es großartig ist,
ich möchte noch mehr,
ich mache noch mehr mit Dir,
und ich bekomme, daß Du zu mir sagst, Stop!

Der passiv-feminine Charakter

Das männliche Gegenstück zum hysterischen Charakter ist der
passiv-feminine Charakter. Wir verwenden diese Terminologie von
Wilhelm Reich und Alexander Lowen, obwohl wir der Meinung
sind, daß der Begriff des passiv-maskulinen Charakters eher passen
würde. Dieser Mann beraubt sich selbst seiner Maskulinität, er wird
passiv. Die grundlegenden Elemente dieses Charakters sind die
intensive fusionelle Beziehung zur realen oder imaginären Mutter
oder der Versuch, der ideale Mannn für seine Mutter zu werden, und
sein verführerisches Verhalten, um Aggressionen und Selbständig-
keit zu vermeiden.

Ich habe ein Bedürfnis,
ich möchte,
ich tue,
und ich bekomme nichts.

Ich habe, daß ich nichts bekomme,
ich möchte immer noch,
ich tue,
und ich bekomme immer noch nichts.

Ich habe, daß ich nichts bekommen habe,
ich möchte alles tun, was Du mir sagst, um es zu bekommen,
ich mache es so, wie Du es mir sagst,
und ich bekomme, daß Du es mir gibst, wenn ich es genauso mache,
wie Du es mir sagst.

Ich habe, daß wir zusammen sind, wenn ich mich selbst aufgebe,
ich möchte mit Dir zusammen sein,
ich lasse mich in Dich fallen,
und ich bekomme, daß ich Du werde.

Wir haben, daß wir zusammen sind,
wir wollen mehr,
wir tun mehr,
und wir bekommen, daß wir zusammen wunderbar sind.

Wir haben, daß ich ein Bedürfnis habe,
wir möchten eine Lösung dafür finden,
wir tun zusammen,
und wir bekommen, daß wir zusammen sind.

Wir haben, daß mein Bedürfnis ein Teil von uns ist,
ich möchte einiges von dem, was ich brauche, einbringen,
ich bringe es ein,
und ich bekomme, daß Du so mächtig bist.

Ich habe, daß Du alles für mich bist,
ich möchte immer mit Dir zusammen bleiben,
ich tue, als ob ich Dich heiraten würde,
und ich bekomme, daß wir zusammen sind.

Wir haben, daß wir im Paradies sind,
wir möchten nicht, daß jemand dieses Paradies stört,
wir machen alles zusammen,
und bekommen, daß die anderen störend sind.

Wir haben, daß wir o.k. sind, die anderen nicht,
wir wollen nicht, daß jemand kommt und unser Paradies zerstört,
ich mache, was Du denkst, was am besten für uns ist,
und ich bekomme, daß wir einander haben.

Wir haben einander, aber ich suche immer noch mich,
aber *wir wollen nicht, daß ich uns störe,*
ich mache es, wie Du willst,
und ich bekomme, daß wir immer zusammen sind.

Ich habe, daß ich das Wir verliere, wenn ich mich von Dir trenne,
ich möchte uns nicht verlieren,
ich halte fest an Dir,
und ich bekomme, daß wir einander lieben.

Ich habe, daß ich der wunderbarste Mann für Dich bin,
ich möchte diesen Eindruck nicht stören,
ich bin nett zu Dir,
und ich bekomme, daß Du mich liebst, wenn ich es für uns tue.

Ich habe, daß dies wunderbar ist,
ich möchte etwas mit Dir tun,
ich frage Dich, ob Du einverstanden bist,
und ich bekomme, daß Du zustimmst.

Ich habe, daß wir zusammen sind, aber ich habe auch, daß ein Teil
von mir sich von Dir trennen will,
ich möchte Dir nicht zeigen, daß ich vielleicht ärgerlich bin,
ich lache Dich an,
und ich bekomme, daß Du mein Lachen magst.

Ich habe, daß wir zusammen sind und daß mein Bedürfnis
gefährlich ist,
wir wollen das Paradies nicht zerstören, …

Der anale Charakter

Es gibt zwei Ausprägungen des analen Charakters. Gemeinsam ist
beiden Formen, daß sie an etwas festhalten. Der Unterschied besteht
darin, daß der eine an etwas festhält, um es zu beschützen, aus Angst,
jemand könnte es ihm wegnehmen; während der andere an etwas
festhält, da es das einzige ist, was er hat. Wir fassen beide in dem
folgenden Kreislauf zusammen.

Ich habe ein Bedürfnis,
ich möchte,
ich tue,
und ich bekomme nichts.

Ich habe, daß ich nichts bekomme,
ich möchte etwas,
ich tue mehr,
und ich bekomme immer noch nichts.

Ich habe, daß ich nichts bekomme,
ich möchte zumindest irgend etwas haben (ein Objekt,
einen Gedanken),
ich halte an etwas fest, .
und ich bekomme, daß ich zumindest irgend etwas habe.

Ich habe, daß ich etwas habe, aber nicht das, was ich
wirklich brauche,
*ich möchte es nicht loslassen, da ich sonst vielleicht
gar nichts mehr habe,*
ich halte fest,
und ich bekomme, daß ich nichts bekomme.

Ich habe, daß ich festhalte, und ich habe Angst, es zu verlieren,
ich möchte es noch fester halten,
ich halte es fester,
und ich bekomme, daß ich an mir selbst festhalte.

Ich habe ein Bedürfnis, aber auch Angst, es nicht zu bekommen,
ich möchte dieses Bedürfnis nicht haben, sondern lieber das,
was ich festhalte,
ich halte fest,
und ich bekomme, daß ich mein Etwas habe.

Ich habe, daß ich mein Etwas habe, aber es ist so schwer,
daß ich es nicht länger festhalten kann,

ich möchte, daß Du kommst, um mir zu helfen,
ich bitte Dich zu kommen,
und ich bekomme, daß Du zu mir kommst.

Ich habe nun mein Etwas, und ich habe Dich, der/die Du kommst,
ich bin nicht sicher, ob ich bereit bin, mein Etwas loszulassen,
ich verstecke mein Etwas,
und ich bekomme, daß Du versuchst, mir mein Etwas wegzunehmen.

Ich habe mein Etwas und daß Du versuchst, es mir wegzunehmen,
ich möchte keine Angst haben,
deshalb verstecke ich mein Etwas,
und ich bekomme, daß Du mich verläßt, da mir mein Etwas wichtiger ist.

Ich habe nun mein Etwas wieder, aber ich habe Dich nicht mehr,
ich möchte gerne beides,
deshalb zeige ich Dir ein klein bißchen, daß ich etwas habe, was wichtig ist,
und ich bekomme, daß Du interessiert bist, wiederzukommen.

Ich habe, daß dies gut ist, mein Etwas und daß Du kommst,
ich möchte nicht, daß Du zu nahe kommst,
ich verstecke mein Etwas wieder,
und ich bekomme, daß Du weggehst.

Ich habe, daß Dein ständiges Kommen und Gehen für mich ideal ist,
ich habe mein Etwas immer noch, aber es ist auch schwer, daran festzuhalten,
ich möchte verstecken, was ich wirklich brauche,
ich verstecke, was ich wirklich brauche,
und ich bekomme, daß ich keine Angst habe.

Ich habe, daß mein Etwas zu verstecken und daran festzuhalten schmerzhaft ist,
ich ziehe den Schmerz jedoch der Angst vor,
ich halte daran fest ...

Der masochistische Charakter

Dieser Charakter spürt, daß er kein Recht hat, Bedürfnisse zu haben. Er richtet seine Aggression darüber in Form von Gedanken oder körperlich gegen sich selbst, um sein Gegenüber zu beschützen. Da sein Bedürfnis in seinem Schmerz versteckt ist, hofft er, daß der andere dieses Bedürfnis sieht, wenn er den Schmerz fühlt.

Ich habe ein Bedürfnis,
ich möchte,
ich tue,
und ich bekomme nichts.

Ich habe, daß ich nichts bekomme,
ich möchte immer noch,
ich tue,
und ich bekomme immer noch nichts.

Ich habe, daß ich nie bekomme,
ich möchte gerne bekommen, und ich bin sehr ärgerlich auf Dich,
ich drücke meinen Ärger gegen Dich aus,
und ich bekomme, daß Du immer noch nicht kommst.

Ich habe, daß Du nicht siehst, daß ich etwas brauche,
ich möchte, daß Du es siehst,
ich richte meinen Ärger gegen mich,
und ich bekomme, daß ich Schmerzen habe, die Du sehen kannst.

Ich habe, daß ich Schmerzen habe, nun habe ich das Recht, ein Bedürfnis zu haben,
ich möchte, daß Du kommst, wenn es mir so schlecht geht,
ich bereite mir noch mehr Schmerzen,
und ich bekomme, daß Du kommst, wenn ich so sehr leide.

Ich habe, daß Du mich nur verstehst, wenn ich Schmerzen habe,
ich möchte, daß Du fühlst, welch große Schmerzen ich habe,
ich lasse es Dich fühlen,
und ich bekomme, daß Du versuchst, für mich zu sorgen.

Ich habe, daß Du Dich um mich kümmerst, wenn ich
Schmerzen habe,
aber ich habe immer noch das Bedürfnis, mich mit Dir
wohlzufühlen,
ich möchte mich mit Dir wohlfühlen,
ich stoppe den Schmerz,
und ich bekomme, daß Du weggehst.

Ich habe, daß ich sehr ärgerlich bin,
ich möchte Dir meinen Ärger zeigen,
ich zeige Dir meinen Ärger,
und ich bekomme, daß Du nun erst recht weggehst.

Ich habe, daß Du mich allein läßt, wenn ich ärgerlich bin,
ich möchte, daß Du meinen Schmerz fühlst,
ich richte meinen Ärger gegen mich,
und ich bekomme, daß Du Dich gut fühlst, daß ich
nicht länger ärgerlich auf Dich bin.

*Ich habe, daß Du Dich um mich kümmerst, wenn ich sehr
verletzt bin,*
ich möchte mich verletzen …

Der psychopathische Charakter

Der psychopathische Charakter mißbraucht häufig die Liebe, die
ihm entgegengebracht wird. In Beziehungen ist er vordergründig
häufig spontan, lebendig und aufgeschlossen. Versteckt, hinter den
Kulissen ist er jedoch sehr verletzend, manipulativ und destruktiv.
Ähnlich dem hysterischen Charakter trägt er in sich eine tiefe
Wunde, die er jedoch nicht sehen und fühlen will, weil sie zu
schmerzhaft ist.

Ich habe ein Bedürfnis
ich möchte,
ich tue,
und ich bekomme.

Ich habe, daß das prima ist,
ich möchte mehr davon,
ich tue mehr,
und ich bekomme es nicht.

Ich habe, daß ich es nicht mehr bekomme,
ich brauche es,
ich kann nichts tun, weil ich mich so klein und hilflos fühle,
und ich bekomme, daß Du es mir so gibst, wie Du möchtest,
daß ich es habe.

Ich habe, daß Du so mächtig bist und ich habe den Schmerz,
es nicht zu bekommen,
ich will diesen Schmerz nicht,
ich versuche zu machen, was Du möchtest,
und ich bekomme, daß Du mich so magst.

Ich habe, daß es wunderbar ist, von Dir geliebt zu werden,
ich habe Dich, aber ich habe mich verloren,
ich möchte noch mehr Liebe von Dir,
ich mache alles, was ich kann, um Dir Freude zu bereiten,
ich tue es für Dich,
und ich bekomme, daß Du mich liebst, wenn ich nicht
ich selbst bin.

Ich habe, daß dies mich alles von mir kostet,
ich brauche Dich, um zu fühlen, daß ich lebe, ich gehöre Dir,
alles was ich tue, ist für Dich, und damit habe ich mir
doch nun wirklich Deine Liebe verdient,
und ich bekomme, daß ich das Recht habe, geliebt zu werden.

Ich habe, daß Du mich so lieben solltest, wie ich bin,
ich brauche mehr von Deiner Liebe, um ganz sicher zu sein,
ich teste Deine Liebe,
und ich bekomme, daß ich sehr ärgerlich werde, wenn Du
mich nicht liebst.

Ich habe, daß Du mich nicht so liebst, wie Du solltest,
ich möchte sichergehen, daß Du siehst, wie liebenswert ich bin,
ich arrangiere oder manipuliere, daß Du mich brauchst,
und ich bekomme, daß Du mich brauchst.

Ich habe, daß Du mich brauchst, und ich habe meinen alten Schmerz,
ich möchte, daß Du meinen Schmerz fühlst,
ich verletze Dich,
und ich bekomme, daß Du brauchst, daß ich Dir helfe.

Ich habe, daß ich immer noch nicht sicher bin, ob Du mich
wirklich liebst,
ich möchte, daß Du den Schmerz, den ich in meiner Liebe habe,
mit mir teilst,
ich sorge dafür, daß Du fühlst, daß wir beide den Schmerz haben,
und ich bekomme, daß wir den Schmerz gemeinsam haben.

Ich habe, daß mein Schmerz so schmerzhaft ist,
ich möchte meinen tiefen Schmerz und meine Angst nicht zeigen,
weil ich dann ein Nichts werde,
ich sorge dafür, daß Du mehr Schmerz und Angst hast als ich,
und ich bekomme, daß Du einen Teil von mir lebst, den ich
nicht leben möchte.

Ich habe, daß wir in Schmerz und Liebe zusammen sind,
ich möchte, daß uns nichts trennt,
ich gebe Dir, was ich mir gegeben hätte,
und ich bekomme, daß ich für Dich der Großartigste bin.

Ich habe, daß ich brauche, daß Du brauchst, daß ich der Großartigste
bin, aber ich bin nicht sicher, ob ich das immer sein kann,
deshalb möchte ich, daß Du fühlst, wie schwer und schlimm das
Leben sein kann,
ich tue alles, was ich kann, für Dich (für uns), um Dir zu helfen,
und ich bekomme, daß ich Dein Retter bin.

Ich habe, daß ich durch Dich groß bin,
ich möchte, daß Du die totale Liebe für mich zeigst,
ich verstecke, daß ich klein und ängstlich bin,
und ich bekomme, daß Du im Unrecht bist, wenn Du mich
nicht so groß siehst.

Ich habe das Bedürfnis, gebraucht zu werden,
ich möchte, daß Dein Bedürfnis ist, mich zu brauchen,
und tue alles für Dich, was ich kann,
und ich bekomme, daß Du sehen solltest, was ich alles Gutes
für Dich mache.

Ich habe, daß ich liebenswert bin,
ich möchte, daß Du es brauchst, mich zu lieben,
ich tue alles für Dich, was ich kann, damit Du mich brauchst…

Teil II
Die Wahl unserer Erfahrung

Kapitel 10
Die unbewußte Wahl

Was hab ich damit zu tun?

Jemand tritt Ihnen auf den Fuß und Sie schreien »Au!« Es ist Ihre persönliche Wahl. Jemand anderer sagt vielleicht nichts und beißt sich auf die Lippen; es ist seine persönliche Wahl. Und wiederum jemand anderer entschuldigt sich dafür, daß er so ungeschickt war, seinen Fuß darunter zu halten; auch das ist seine individuelle Wahl. Auf diese Weise wählen wir unsere Erfahrung.

Für viele Menschen ist es schwierig zu akzeptieren, daß sie ihre eigene Erfahrung wählen, da wir unsere Erfahrungen häufig auf äußere Situationen beziehen. Auf Situationen um uns herum, die wir selbst nicht geschaffen haben und für die wir nicht verantwortlich sind. Wer hält schon freiwillig seinen Fuß hin, damit ihm jemand anderer draufsteigt?

Es ist zweifelsohne richtig, daß unsere Umgebung uns Probleme macht, die wir nicht wollen. Aber wie wir dieses Problem erfahren und was wir damit machen, ist unsere Wahl. Wir alle haben Verträge mit uns geschlossen, wie wir in bestimmten Situationen agieren und reagieren. Und wir sind sehr loyal zu unseren eigenen persönlichen Verträgen. Bei einem Menschen wird in dieser Situation vielleicht der Vertrag stimuliert: »Niemand mag mich, alle sind gegen mich«, bei einem anderen Menschen: »Am besten ist es, allein zu sein«.

Welche äußere Situation wir auch immer anschauen, wir wählen tief in uns, ob wir aktiv oder passiv sind, ob wir uns gut oder schlecht fühlen, ob wir etwas sagen oder nicht sagen. Wir reagieren auf die äußere Welt und addieren unsere innere Welt. Wir geben jeder äußeren Situation eine körperliche Resonanz in uns und dadurch eine Qualität der Erfahrung. Manche dieser Situationen sind uns bewußt sehr vertraut. Aber wir erkennen auch unbewußt viele Situationen wieder oder kreieren, daß sie in unserer Erfahrung sehr ähnlich werden wie alte Erfahrungen, die wir auf einer bewußten Ebene vergessen haben.

Viele Menschen sehen sich selbst als Opfer äußerer Umstände. Zu erkennen, daß wir selbst unsere Erfahrung in jeder gegebenen Situation kreieren, kann unser Leben radikal verändern. Viel zu häufig schauen wir nach außen, um zu rechtfertigen, warum wir eine bestimmte Erfahrung machen. Und viel zu selten schauen wir nach innen.

Manche empfindlichen Teile von uns, eingesperrte und vielleicht längst vergessene Erfahrungen, warten darauf, provoziert oder stimuliert zu werden. Und wir wählen in der äußeren Situation gerade den Teil, der z.B. unsere Angst, alleingelassen zu werden, stimuliert. Und nutzen auf diese Weise einen Teil der Situation als Signal für das, was wir tief in uns als unsere Wahrheit spüren. Und bringen so die äußere Situation an einen Ort in uns, in dem viele Jahre von Verletzungen und Einsamkeit festgehalten sind, die in den Startlöchern sitzen, um unsere eigene Wahrheit zu manifestieren. Und häufig vergessen wir dabei, daß es nur ein Teil unserer Wahrheit ist und zudem noch eine vergangene Wahrheit.

Wie sehr kann dann ein Lächeln eines Menschen, der uns sehr nahesteht, heilenden Einfluß auf unsere Wunde, nicht geliebt worden zu sein, haben?

Wir sprechen von Erfahrungen, aber häufig sind es Wiederholungserfahrungen. Welchen Wert haben diese bekannten Erfahrungen für uns? Unsere alte Wahrheit ist ein Bezugspunkt, eine Orientierung für unsere Wahl von Erfahrungen geworden. Gleichzeitig sucht unsere unbefriedigte alte Erfahrung Anerkennung und Erfüllung. Möglicherweise haben wir Angst vor unserer eigenen Existenz und suchen eine Orientierung, um uns daran festhalten zu können. Und wir halten oft lieber an etwas fest, das zwar nicht gut, aber wenigstens sicher ist, als uns auf etwas Neues, Unsicheres einzulassen. Wie ein Mensch, der sich sicherer damit fühlt, in dem Glauben zu bleiben, ungeliebt zu sein, statt die Unsicherheit zu fühlen, geliebt zu werden. Denn wo mag das hinführen? Möglicherweise bedeutet dies nicht nur einen Vertrag zu verändern, sondern vielleicht zehn oder gar das ganze Leben. Deshalb mag es für diesen Menschen der erstrebenswertere Weg sein, die Liebe des anderen in der eigenen Erfahrung zu minimieren. Und auch das ist eine Wahl.

In einer Ausbildungsgruppe für Psychotherapeuten wird mit dem Thema gearbeitet, den Sinn der Geburtserfahrung, das eigene tiefe Ja zum Leben wiederzufinden. Und damit, einen möglichen Mangel an Kontakt mit der Mutter symbolisch wieder zu füllen. Am Anfang des Workshops wird eine Reihenfolge festgelegt, wann die einzelnen Teilnehmer drankommen. Jede Person hat für diese Arbeit etwa zwei Stunden Zeit in der Gruppe und wählt als erstes ein Gruppenmitglied, das sie in der Mutterrolle nach der Geburt empfängt. Diese Arbeit verlangt, daß die Mutter und das Kind anschließend für längere Zeit zusammenbleiben, während die Gruppe mit der nächsten Geburt weitermacht.

Als Susanne nach ihrer Geburtserfahrung in die Arme der zuvor gewählten Mutter gelegt wird, taucht ein Problem auf. Sie hat eine Teilnehmerin als Mutter gewählt, die als nächste an der Reihe ist. Auf die Frage, wie es ihr damit geht, sagt sie: »Das ist o.k., dann wähle ich eine andere Mutter, die bei mir bleibt.« Der Therapeut bietet ihr an, die Struktur zu verändern, so daß sie bei der zuerst gewählten Mutter bleiben kann. Aber sie beharrt darauf, daß es ihr nichts ausmache, jemand anderen zu wählen.

Der Therapeut fragt nach, ob sie sicher sei, daß es das ist, was sie wirklich will. Susanne erschrickt und fängt an zu weinen. Sie erkennt, daß dies die genau gleiche Situation ist wie bei ihrer realen Geburt. Kurz nach ihrer realen Geburt kam sie zu einer Ersatzmutter und sah ihre eigene Mutter nie wieder. Und 30 Jahre später, Hier und Jetzt, wählte sie genau die gleiche Erfahrung aufs neue. Sie hat die alte Situation selbst wiederkreiert mit dem Gefühl, es mache ihr nichts aus. Als sie dies erkennt, ist sie frei zu wählen, was sie wirklich will, nämlich mit der Mutter zu bleiben, die sie ursprünglich gewählt hat.

Unsere Verträge darüber, wie wir unsere Erfahrungen wählen, betreffen offensichtlich nicht nur die Vergangenheit und die Gegenwart, sondern häufig auch die Zukunft, d.h. wir erwarten eine bestimmte Erfahrung. Und manchmal kreieren wir sogar aktiv in der Zukunft eine Erfahrung aus der Vergangenheit, um sicherzugehen, daß es auch wirklich dazu kommt. Und wenn es nicht exakt die gleiche Situation ist, werden wir zumindest häufig das gleiche Gefühl wählen wie in der alten Situation. Und erfahren dann die neue Situation, als wäre es die alte. Dies ist eine unbewußte Regression.

Wir wählen unsere Erfahrungen durch die Art, wie wir auf innere und äußere Situationen reagieren. Aber genaugenommen agieren wir viel mehr, als daß wir reagieren. Häufig suchen wir so starke Einflüsse von außen, als müßten wir uns beweisen, daß wir gar keine Wahl haben. Situationen, die so stark für uns sind, daß wir fühlen können, daß wir existieren. Aber wir fühlen uns nicht gut.

Jemand wartet seit fünf Minuten auf einen Freund, mit dem er verabredet ist. Und er fühlt sich gut, weil er erwartet, daß sein Freund kommen wird und er sich darauf freut. Nach weiteren zehn Minuten fühlt er sich nicht mehr so gut und fängt an, sich zu verspannen. Er beginnt zu zweifeln, ob der Freund kommt. Vielleicht hat der Freund die Verabredung vergessen oder hatte gar einen Unfall. Er beginnt, eine innere Geschichte zu kreieren, imaginäre Situationen zu schaffen, und fängt an, Angst zu spüren. Die Qualität seiner Erfahrung hat sich in diesen zehn Minuten völlig verändert, obwohl die Realitätssituation die gleiche ist wie vor zehn Minuten. Er wartet auf seinen Freund, der sich verspätet hat.

Und wenn der Freund dann nach weiteren zehn Minuten endlich kommt, welche Wahl trifft er dann? Mit dem Freund kommt die Realität in den Raum und stellt sich der persönlichen subjektiven Erfahrung in der Phantasie, die der andere gewählt hat, entgegen. Fühlt er sich erleichtert, daß der Freund jetzt da ist? Oder ist er so gefangen in seinen inneren Situationen, daß er nicht wirklich sehen kann, daß sein Freund nun da ist? Oder ist er nun sauer auf seinen Freund, daß dieser ihm so schlechte Gefühle gemacht hat?

Die Wahl der Erfahrung beinhaltet die Qualität der Erfahrung, unsere Gefühle. Aber sie beinhaltet auch ein Ziel, eine Aktion. Vielleicht wollte er mit seinem Freund essen gehen oder ins Kino oder über das Leben reden. Deshalb sitzt er nicht nur passiv da und wartet, sondern es gibt eine Aktion, die zurückgehalten wird. Das Zurückhalten dieses Impulses kreiert innere Ladung. Welche Mög-

lichkeiten hat dieser Mensch, mit seiner Ladung umzugehen? Und welches sind die vergangenen geladenen Situationen, die dadurch berührt werden?
Durch die Wahl der Erfahrung stehen wir in jedem Moment unseres Lebens an einer Wegkreuzung. Manche dieser Wege sind ausgefahren, manche nahezu unberührt.

Christa geht in eine Therapiegruppe. Sie hat Angst, und lange bevor sie da ist, hat sie die Vorstellung, daß sie von den anderen Teilnehmern abgelehnt wird. Sie hat viele Erfahrungen in diese Richtung, und jahrelang Indizien und Beweise gesammelt, die ihre Befürchtung untermauern. Aber Christa kennt die anderen Teilnehmer der Gruppe nicht, und diese kennen sie nicht. Es ist eine neue Situation und die Möglichkeit, eine neue Erfahrung zu wählen. Sie möchte von den anderen gemocht werden.
Sie geht in die Gruppe, und da sie Angst hat, von den anderen abgelehnt zu werden, entscheidet sie sich, vorsichtig zu sein. Deshalb setzt sich Christa ein bißchen außerhalb des Kreises in eine Ecke. Und ihre Intention ist, sich langsam der Gruppe zu nähern. Und sich dafür genügend Zeit zu lassen, damit sie von ihrer Angst nicht überschwemmt wird.
Nach einer halben Stunde wird Christa von einem Teilnehmer aus der Gruppe gefragt, warum sie so weit weg sei. Sie hört, daß sie etwas Falsches getan hat, und fühlt sich angegriffen. Und das stimuliert in ihr genau das, was sie versucht hat zu vermeiden. Sie hat einen Weg gewählt, von dem sie hoffte, er würde sie um ihre Angst, abgelehnt zu werden, herumführen. Und nun endet sie wieder da, wo sie schon viele Male zuvor gewesen ist. Christa wird im Kern ihres Problems berührt bzw. wählt, sich dort berühren zu lassen. Sie fühlt sich angegriffen und abgelehnt. Und um sich zu verteidigen, sagt sie genau das Gegenteil von dem, wie sie sich wirklich fühlt: »Ich fühle mich da wohl, wo ich sitze.«

Christa hätte genausogut wählen können, die Frage zu hören, warum sie so weit weg sei. Und antworten können: »Ich brauche Zeit, um langsam näherkommen zu können. Ich freue mich, daß Du möchtest, daß ich näherkomme.«
Manche Menschen vermeiden, eine Richtung einzuschlagen, bei der sie ihrem Schmerz und ihrer Angst begegnen könnten. Und wählen automatisch einen Weg, der nicht über die eingesperrte Erfahrung führt. Sie vermeiden, über das zu sprechen, was schwierig ist oder

wo sie berührt sind. Dieses Verhalten ist so automatisiert, daß es wie eine Reflexhandlung ist.

Andere Menschen gehen ebenso reflexartig ganz knapp an einem Teil der eingesperrten Erfahrung vorbei, wollen jedoch die Verletzung nicht spüren. Und versuchen den Schmerz zu vermeiden, indem sie ihn negieren; z.B. durch eine annulierende Aussage wie: »Das macht mir nichts aus.«

Diese Reflexmechanismen sind enorm wichtig, da sie ein alltäglicher Weg sind, uns anderen Menschen anzunähern. Sie sind so automatisiert, daß sie völlig normal und spontan erscheinen. Wir plazieren uns möglichst weit entfernt von dem, was uns in unserer Tiefe berühren könnte. Wir machen Small talk und reden um den heißen Brei herum. Und plötzlich geschieht etwas, und wir sind genau da, wo wir nicht hinwollten. Aber oft sehen wir nicht, daß wir gewählt haben, uns an diesen Ort bringen zu lassen. Und ein tieferer Teil von uns vielleicht genau dahin wollte, um ans Tageslicht zu kommen. Und wenn wir unsere eingesperrte Erfahrung wieder fühlen, bleiben wir dann in den tiefen Emotionen stecken oder können wir die neue Realität sehen?

Kapitel 11
Eine alltägliche Geschichte

Der Tag nimmt seinen Lauf,
und ich laufe hinterher

Ein Mann möchte den 7-Uhr-Bus erreichen. Er ist spät dran, und um den Bus nicht zu verpassen, läuft er die ganze Strecke von seinem Haus bis zur Busstation. Als er völlig außer Atem um die Ecke biegt, sieht er den Bus, der gerade losfährt, ohne ihn. Er geht zur Busstation und vergleicht die angegebene Abfahrtszeit des Busses mit seiner Uhrzeit. Der Bus ist zwei Minuten zu früh gefahren. Er ist verärgert und tritt in seiner Wut gegen den Eisenpfosten, an dem die Fahrtzeiten angeschlagen sind. Der Schmerz in seinem Fuß macht ihn noch wütender.
In 20 Minuten soll er an seinem Arbeitsplatz sein. Was kann er tun? Er wird zu spät kommen, selbst wenn er so schnell wie möglich läuft. Und es wäre wohl eher ein langsames Hinken, von dem Schmerz in seinem Fuß mal ganz abgesehen. Und auch ein Taxi ist wie immer, wenn man es braucht, weit und breit nicht zu sehen. Nachdem er 20 Minuten lang sein Gehirn nach Lösungen zermartert hat, umsonst, kommt endlich der nächste Bus. Seine Freude hält sich in Grenzen.
Kaum daß sich die Bustüre öffnet, fängt er an, sich heftig und lautstark beim Busfahrer zu beschweren, daß auf dieser blöden Linie der Fahrplan nicht eingehalten wird und überhaupt fahren viel zu wenig Busse. Der Fahrer unterbricht ihn und weist seinen neuen Fahrgast darauf hin, er solle sich nicht bei ihm, sondern der Fahrdienstleitung beschweren. Und zudem müsse er sich schleunigst entscheiden, ob er jetzt endlich einsteigen oder lieber den nächsten Bus nehmen wolle. Er persönlich habe großes Interesse daran, seinen Fahrplan einzuhalten. Der Held unserer Geschichte schluckt seine Entgegnung runter und steigt in den Bus ein.
An seinem Arbeitsplatz angekommen, wird er als erstes von seinem Chef darauf hingewiesen, daß er zu spät ist. Aber das wußte er schon länger. Er

möchte antworten: »Ich weiß, aber ich kann nichts dafür.« Aber er entscheidet sich, besser nichts zu sagen, und setzt sich an seinen Platz. Der Arbeitstag ist für ihn gelaufen.

Endlich ist Arbeitsschluß, der Bus ist diesmal auch pünktlich, und so freut er sich, in wenigen Minuten zu Hause zu sein. Und zusammen mit seiner Frau diesem unseligen Tag eine schöne Wende zu geben.

Als er nach Hause kommt, wird er liebevoll von seiner Frau begrüßt. Sie fragt ihn, wie sein Tag war, aber er hat keine Lust, darüber zu reden. Nur nicht nochmal daran erinnert werden. Nachdem er sich hingesetzt hat, fragt sie ihn, ob sie ihm einen Tee kochen soll. Er nickt und ringt sich ein kleines Lächeln ab.

Nachdem der Tee fertig ist, gießt sie ihn in seine Lieblingstasse, fügt Milch und ein bißchen Zucker hinzu und bringt ihn ihrem Ehemann. Er bedankt sich und entspannt sich ein wenig in dieser behaglichen Atmosphäre. Er atmet tief aus und schließt die Augen, während er den ersten Schluck von seinem Tee trinkt.

Plötzlich läuft sein Gesicht rot an, er verschluckt sich und verschüttet dabei die Hälfte des Tees. Und brüllt seine Frau an, daß der Tee absolut ungenießbar sei. Noch nie in seinem Leben hätte er den Tee so süß getrunken, sondern immer nur mit zwei Stück Zucker. Und sie sei schon lang genug mit ihm zusammen, um das endlich einmal zu begreifen.

Sie entschuldigt sich, sie habe ihm doch nur etwas Gutes tun wollen, indem sie für ihn Tee gekocht habe. Und natürlich wisse sie, daß er seinen Tee immer mit zwei Stück Zucker trinkt. Aber möglicherweise habe sie in der Eile versehentlich ein Stück zuviel in die Tasse getan.

Und der Beziehungskrieg beginnt.

Er platzt damit heraus, wie beschissen der Tag war, und wird auf diese Weise einen Teil seiner Frustrationen los. Er fühlt sich jetzt besser, man könnte fast sagen gut, und schaltet den Fernseher ein, um Sport zu schauen. Seine Frau läuft unruhig im Zimmer herum und fühlt sich überhaupt nicht gut. Sie wollte ihm helfen, weiß nicht, was sie jetzt machen soll, und fühlt sich ausgeschlossen. Da sie jetzt weiß, daß er einen schweren Tag hatte, läßt sie ihn fernsehen und setzt sich dazu, obwohl Sport sie noch nie interessiert hat. Nach einer Stunde hält sie es nicht mehr aus, räumt das Teegeschirr auf ein Tablett und geht in die Küche. Sie ist innerlich geladen, und als sie mit Schwung die Küchentür öffnet, läßt sie das Tablett fallen, während sie erschrocken aufschreit. Er hört den Schrei und das Zerbrechen des Geschirrs und zögert, ob er sofort in die Küche gehen soll, da ein Stürmer seiner Lieblingsmannschaft gerade allein auf das gegnerische Tor zueilt.

Während er noch überlegt, wie er sich entscheiden soll, kommt seine Frau in das Zimmer, und sie ist jetzt wirklich ärgerlich. Sie hätte sich das Genick brechen können, und das wäre ihm völlig egal. Und überhaupt geht es hier immer nur um ihn, schreit sie ihn an. Nun ist er verschnupft und zieht sich in das Schlafzimmer zurück, um endlich seine Ruhe zu haben.

Während er sich ins Bett legt, sitzt sie in der Küche und fühlt sich besser. Zumindest hat sie ihm gesagt, was sie ihm sagen wollte. Nach einiger Zeit geht sie, versöhnlich gestimmt, ins Schlafzimmer, um nach ihm zu schauen. Aber er ist immer noch ärgerlich, daß sie sich wegen einer solchen Kleinigkeit so sehr aufregt. Wo er doch den ganzen Tag hart gearbeitet hat und sich zu Hause entspannen wollte.

Sie will dem bösen Spiel ein Ende machen und geht ins Wohnzimmer, fühlt sich aber sehr angespannt. Als sie einige Zeit später leise ins Bett geht, schläft ihr Mann bereits. Auch sie ist von dem Streit so erschöpft, daß sie sofort einschläft. Während sie davon träumt, wie sie alle Männer dieser Erde auf einen Schlag vernichtet, stöhnt sie laut auf und dreht sich auf die andere Seite. Davon wird ihr Mann wach und weckt sie, um ihr zu sagen, sie solle nicht so laut sein.

Kurze Zeit später sind beide wieder eingeschlafen. Während er schläft, fängt er an, sich wirklich zu entspannen, und hat einen erotischen Traum. Er wacht auf und rollt sich zu seiner Frau, um sich bei ihr anzuschmiegen, sich mit ihr endlich gut zu fühlen, was wiederum sie aufweckt. Sie fühlt sich überhaupt nicht nach Sex, da sie gerade einer neuen Traumversion von Männermord nachging, als sie geweckt wurde. Kurz und knapp macht sie ihm klar, daß er sie in Ruhe lassen soll, und wendet sich wieder ihrem Traum zu.

Ihr Mann fühlt sich abgelehnt und wirft sich die nächste Stunde schlaflos von einer Seite auf die andere. Sein Ärger wird immer größer, je länger er nicht einschlafen kann. Schließlich muß er in ein paar Stunden wieder aufstehen. Schafe zu zählen hilft ihm auch nicht. Aber irgendwann schläft auch er wieder ein.

Am Morgen fühlt sie sich ausgeruht, erholt vom Streß, ohne zu wissen, was sie geträumt hat. Er wacht auf, fühlt sich gestreßt, angespannt und unausgeschlafen. Aber er möchte den Kampf von gestern nicht fortsetzen. Er versucht, nett zu sein. Sie sprechen miteinander, und kurz darauf kommt es zu einer zärtlichen Versöhnung.

Als er sich vorsichtig aus ihren Armen löst, fällt sein Blick auf ihre Armbanduhr. Es ist fünf Minuten vor sieben, der Bus. Ihre entsetzten Blicke treffen sich, und während er auf die Straße rennt, um den Bus nicht zu verpassen, klammert er sich an die Hoffnung, daß der Bus diesmal Verspätung hat. Seine Frau, die seine Hoffnung nicht teilt, fängt in der Zwischenzeit an, sich lebhaft vorzustellen, wie der heutige Abend wohl verlaufen wird. Und so ruft sie ihm noch schnell hinterher, sie sei heute abend nicht zu Hause.

Diese Geschichte klingt so einfach, aber sie ist auch sehr schmerzhaft. Unser Leben ist voll von Geschichten dieser Art.

Das Vorhaben unseres Helden scheiterte, er verpaßte den Bus, der zu früh losgefahren war. Sein Ärger war nur allzu verständlich. Aber es kam noch schlimmer, er konnte in dieser Situation seinen Ärger nicht ausdrücken. Seine beiden Versuche, der Tritt gegen die Eisenstange und die Auseinandersetzung mit dem Busfahrer, scheiterten, im wahrsten Sinne des Wortes, kläglich. Er blieb sowohl im Bus als auch im Büro buchstäblich auf seiner Restenergie sitzen.

Die Erfahrung, unser Projekt nicht realisiert zu haben, ist nicht nur bloße Erinnerung. Sie lebt in unserem Körper als Restenergie weiter. Und wir begeben uns mit dieser Restenergie in neue Situationen, mit neuer Hoffnung auf die Erfüllung unserer Wünsche. Entweder halten wir die Restenergie dann zurück und bauen noch mehr Frustrationen auf. Oder wir drücken sie aus und es besteht die Gefahr, daß wir damit viel zerstören. Wir geben dann dem anderen unsere Restenergie, und dieser bekommt etwas, was er ganz sicher nicht wollte. Und was macht der andere nun damit? Hält er die Restenergie fest oder wirft er den Ball zurück?

Restenergie ist der Träger von unvollendeter Geschichte, mit Wurzeln, die sowohl in unsere Kindheit zurückreichen können als auch in unsere Alltagserfahrungen als Erwachsene. Wenn ein bestimmtes Maß erreicht ist, setzen wir diese Energie frei. Es gibt viele Wege, auf denen wir dies tun können.

Entscheidend für den weiteren Verlauf der Ereignisse war, daß die Situationen durcheinander gebracht wurden. Er läuft hinter seinem Bus her, den er verpaßt. Er tritt eine Stange, aber es war der Busfahrer, den er treten wollte, und das ging nicht, denn der war schon weg. Später in seinem Büro ist er in einer neuen Situation, aber seine Gedanken und Gefühle kreisen die ganze Zeit um den verpaßten Bus und hindern ihn daran, zu arbeiten. Er ist nicht frei, sich auf die neue Situation einzulassen.

Sein Problem war, daß er die adäquate Situation verpaßt hatte, seinen Ärger loszuwerden. Wir alle kennen das Gefühl, nur auf die passende Gelegenheit zu warten, um endlich unseren Ärger loszuwerden. Und meistens haben wir diese dann auch prompt gefunden.

Ähnlich ging es dem Mann in unserer Geschichte. Er kam mit seiner Restenergie nach Hause, aber auch mit dem Wunsch, sich jetzt endlich entspannen zu können. Deshalb versuchte er, seinen Ärger zu vergessen und hielt ihn zurück. Als er anfing, sich zu entspannen, spürte er seine Ladung wieder, und die mußte raus. Glücklicherweise oder unglücklicherweise fand er eine Situation, die ihm nicht paßte, drei Stück Zucker. Das ist nicht sehr viel, aber ihm reichte es völlig.

Auch seine Frau hatte ein Projekt, sie wollte es sich mit ihm gemütlich machen und ihm helfen, daß er sich wieder besser fühlt. Nicht nur, daß ihr Vorhaben mißlang, jetzt wurden ihr dafür auch noch heftige Vorwürfe gemacht. Sie kann seinen Ärger nicht verstehen. Es wäre kein Problem gewesen, den zu süßen Tee wegzuschütten und neuen einzugießen, diesmal mit zwei Stück Zucker. Aber was sie bekam, war sein Ärger in Form eines tonnenschweren Autobusses.

Nun wurde sie wütend, entschied sich aber, diesen Ärger nicht auszudrücken, da sie spürte, daß ihr Mann einen anstrengenden Tag hinter sich hatte. Damit verpaßte nun sie ihrerseits die adäquate Situation, um ihre Frustrationen auszudrücken. Nun hatte sie die Restenergie, während ihr Mann seine teilweise losgeworden war und sich entspannte.

Endlich, nach einer Stunde, fand auch sie eine Gelegenheit, ihren Frust auszudrücken, und sie fühlte sich danach besser. Aber nun fühlte er sich schlecht, er fühlte sich unfair und ungerecht behandelt. Er konnte nicht verstehen, daß sie wegen so einer Kleinigkeit – die Tasse hatte nur DM 4.80 gekostet – so ein Theater machte.

Keiner von beiden verstand mehr, worum es bei diesem Streit eigentlich ging. Und so knallten sie sich den restlichen Abend und die ganze Nacht gegenseitig Autobusse, Eisenstangen, Zucker und

Teegeschirr an den Kopf. Dabei wollten sie doch eigentlich einen schönen Abend zusammen verbringen.

Als der Mann in dieser Geschichte mit einigen äußeren Situationen konfrontiert war, die in Widerspruch zu seinen Bedürfnissen standen, traf er viele Wahlen. Einige davon waren bewußt, manche durch die äußere Situation erzwungen, und viele waren unbewußt. Er war gezwungen, auf den nächsten Bus zu warten. Aber wie wählte er, das Warten auf den Bus zu erfahren? An welchem Teil in sich wählte er, sich berühren zu lassen? Er wählte Frustration und Ärger. Welches waren seine inneren Bilder und Vorstellungen in diesem Moment? Hatte er die Vorstellung, daß er etwas falsch gemacht hatte, und wollte das nicht wahrhaben? Hatte er die Vorstellung, wie es in einer halben Stunde im Büro sein würde? Seine Realitätssituation war, daß er sich an einer Bushaltestelle befand, an der kein Bus stand. Was waren seine inneren Situationen?

Als der nächste Bus kam, hätte er wählen können, sich zu freuen, daß er in einer Viertelstunde im Büro sein wird, oder darüber, daß zumindest dieser Bus pünktlich war. Aber er wählte, bei seinem Ärger zu bleiben, und er fühlte, er hatte ein Recht auf seinen Ärger. Welche Bilder und Vorstellungen hatte er auf dem Weg zu seiner Arbeit? Was wählte er?

Als er im Büro war, hätte er wählen können, sich darüber zu freuen, am Ziel seiner Wünsche zu sein. Oder er hätte wählen können, zu akzeptieren, daß er verspätet war. Vielleicht gab es in ihm einen alten Vertrag, daß er zu spät kommt, aber niemals selbst schuld ist, sondern immer die anderen. Auf jeden Fall wählte er, sich nicht gut zu fühlen.

Sich in einer neuen Situation nicht gut zu fühlen, schuf neue Probleme. Er war nicht wirklich da. Statt wenn schon nicht 8 Stunden, dann wenigstens 7 Stunden und vierzig Minuten präsent sein zu können, wählte er nun, überhaupt nicht dazusein. Vielleicht war alles, was er jetzt noch wollte, seine Ruhe. Und möglicherweise war der Tag für ihn schon zu Ende, obwohl es erst 8 Uhr morgens war.

Wahrscheinlich wurden viele Erinnerungen in ihm berührt. Und auch einige eingesperrte Erfahrungen, an denen er auf gar keinen Fall berührt werden wollte.

Als er nach Hause kam, wählte er, sich die Erlaubnis zu geben, sich zu entspannen. Und gleichzeitig gab er sich auch die Erlaubnis, nun endlich seinen Ärger auszudrücken. Er wählte seine Erfahrungen. Er wählte nicht alle Situationen, aber er kreierte viele dieser Situationen. Wir wissen nicht, wie tief ihn diese Situationen berührten. Aber sie müssen ihn sehr tief berührt haben, da er so starke Gefühle hatte. Und es waren keine Gefühle, die er bewußt gerne gehabt hätte. Bewußt hätte er sicherlich gewählt, sich wohl zu fühlen.

Er sandte die Gefühle zu seiner Frau. Was berührten diese Gefühle in ihr? Und welche Erfahrung wählte sie? Und welche Gefühle sandte sie zu ihm, und was berührte sie damit in ihm? All dies ist auch Teil von Beziehung. Wir berühren uns gegenseitig. Welche Teile berühren wir in dem anderen, und an welchen Teilen wählen wir, uns berühren zu lassen?

Er war sich nur der äußeren Situationen bewußt und nicht darüber, wieviele und wie tiefe Situationen eigentlich in ihm waren. Und das schafft neue Probleme.

Ein Mensch, der, warum auch immer, Restenergie wählt, wählt ein Gefühl von Nichtbefriedigung, und er wählt mehr Druck. Ein Mensch, der Konsequenzenergie wählt, wählt konstruktiv etwas in der Zukunft zu erreichen, was er in der Gegenwart noch nicht hat. Es ist ein Kampf zwischen dem, was ich habe, aber nicht haben möchte, und dem, was ich haben könnte. Welchen Teil wählen wir unbewußt, vorbewußt und bewußt?

Kapitel 12
Die Intelligenz des Unbewußten

Die Welt zwischen den Worten

Jede Erfahrung beinhaltet drei wesentliche Elemente: Situationen (innere und äußere Situationen), Gefühle (die Qualität der Erfahrung) und Ausdruck (körperlicher Ausdruck und Eindruck als Brücke zwischen innerer und äußerer Welt). Wir werden im folgenden zuerst auf die Wichtigkeit der inneren Situationen eingehen, um dann später auf Gefühl und Ausdruck zurückzukommen.

Was für Situationen sind es, die uns stimulieren, eine bestimmte Erfahrung zu wählen? Äußere Situationen und Situationen in unserer inneren Welt. Unsere inneren Situationen sind sämtliche Erinnerungen, die wir von vergangenen Situationen haben, aber auch erwartete und projizierte Situationen in der Zukunft. Wir nehmen unsere Erinnerungen nicht immer visuell wahr. Aber ebenso wie jedes Bild eine Geschichte erzählt, beinhaltet jede Vorstellung, jeder Gedanke eine Vielzahl von darunterliegenden Situationen.

In unserer Sprache gibt es viele Begriffe für innere Situationen: Vorstellungen, Ideen, Phantasien, Bilder, Illusionen, Träume, um nur die gebräuchlichsten zu nennen. Unser Unbewußtes ist ein Ozean von inneren Situationen. Und wir wählen aus diesem Meer bestimmte Situationen und geben ihnen mehr Wichtigkeit als anderen. Das Unbewußte ist situationsbezogen.

In unserem Unbewußten liegen auch all die Situationen, die wir für unser Leben und Überleben brauchen. Jedes Organ, jede Zelle hat eine Situation, die sie versucht zu verwirklichen, eine Funktion. In unserem Unbewußten liegt auch der tiefe Sinn unseres Lebens, z.B.

spirituelle Situationen, die wir versuchen zu inkarnieren und auch bewußt zu verstehen.

Dieser Ozean von inneren Situationen wird nicht nur durch äußere Situationen stimuliert, sondern auch durch unsere Bedürfnisse, z.B. wenn wir Hunger verspüren. Dieses Ziehen im Magen stimuliert viele Vorstellungen davon, was wir essen könnten, wo wir etwas zu essen bekommen, und wie es schmecken könnte. Dies sind Vorstellungen im Vorbewußten, die bereit sind, sich in jeder Situation und zu jeder Zeit in Bewegung zu setzen. Diese Situationen im Vorbewußten sind nahe bei dem, was der Mensch in diesem Moment braucht. Sie sind startbereit und warten darauf, berührt zu werden.

Betrachten wir einen Menschen, der Urlaub hat und am Strand liegt. Vielleicht sind in ihm viele angstmachende Vorstellungen stimuliert, er könne etwas Wichtiges im Büro vergessen haben. Er kann nicht den Frieden am Strand genießen, sondern befindet sich in diesem Moment innerlich fast in einer Katastrophensituation. Während ein anderer sich vielleicht völlig entspannt, weil ihm bewußt ist, das Büro ist jetzt geschlossen. Beide Wahlen wurden im Vorbewußten getroffen.

Im Vorbewußten gibt es offensichtlich Situationen, die sehr deutlich sagen, wie schön es ist, am Strand zu liegen und Urlaub zu haben. Und diese Situationen kämpfen mit verschiedenen anderen Situationen, z.B. Situationen aus dem Berufsleben, Situationen von Angst usw. Diese verschiedenen Situationen im Vorbewußten haben nicht nur den Impuls, zum Bewußtsein zu kommen, sondern sind auch im Dialog miteinander. Welche dieser Situationen gewinnt in diesem Moment die Oberhand? Damit eine Situation nach oben zum Bewußtsein kommen kann, müssen andere nach unten zum Unbewußten. Es gibt also eine Bewegung in drei Richtungen: aufwärts zum Bewußtsein, als Ergebnis der Wahl; seitwärts untereinander, um eine Wahl zu treffen; und abwärts zum Unbewußten, um die Wahl rechtfertigen zu können.

Bevor eine neue Realität stattfindet, gibt es bereits viele unbewußte Situationen, die darauf hinarbeiten. Was noch nicht Realität geworden ist, existiert bereits in Form symbolischer Situationen, die einen Drang haben, sich zu verwirklichen. Das bedeutet auch, alles, was

111

ist, hat einen tieferen Sinn. Welche dieser symbolischen Situationen werden Realität? Aber auch die, die nicht realisiert werden, leben weiterhin zumindest symbolisch als innere Situationen im Unbewußten.

In unserem Unbewußten liegt unser Potential, unsere symbolische, unsere spirituelle Welt, die wir versuchen zu verwirklichen. Diese Situationen existieren von Anfang an, lange bevor wir versuchen, sie zu realisieren. Wir reagieren auf unser Unbewußtes, obwohl wir denken, daß wir agieren. Teile unseres eigentlichen Selbst können jedoch durch introjizierte Vorstellungen verdeckt werden, und die Impulse, unser tiefes Selbst zu realisieren, werden gehindert, an die Oberfläche zu kommen. Und wir leben in der Realität dann häufig weit entfernt von uns selbst.

Die Verbindung zwischen dem Unbewußten und dem Vorbewußten ist sehr wichtig. Wir können uns diese Verbindung wie verschiedene Glastüren vorstellen. An diesen Türen sammeln sich Situationen aus dem Unbewußten, die versuchen, über die Schwelle zu kommen. Diese Situationen sind in Bewegung und klopfen an der Tür. Immer wenn in der äußeren Realität etwas geschieht, was zu diesen Situationen passen könnte, ist es wie eine Einladung für die unbewußten Situationen, über die Schwelle zum Vorbewußten zu gehen. Auf diese Weise kommen bestimmte Situationen aus dem Ozean des Unbewußten zum Vorbewußten und treten dort miteinander in einen Dialog.

Vom Vorbewußten aus kann man durch diese Glastüre durchsehen. Aber keine Situation kann über die Schwelle kommen, solange die Türe sich nicht öffnet. Und das ist ausgesprochen wichtig, da wir sonst vom Unbewußten überschwemmt werden, wie z.B. in Psychosen, wo die Glastüre zerbrochen ist. Welche dieser Türen öffnen wir?

Im Gegensatz zum Unbewußten sind die Situationen im Vorbewußten bereits körperlich geworden, da sie schon die Form eines Impulses haben, der sich vom Unbewußten zum Vorbewußten bewegt hat. Die Situationen sind der Motor jeder Erfahrung. Da wir jeden Moment danach drängen, uns zu verwirklichen, bewegen wir uns auf die Realisierung der Situationen zu. Unser Körper fängt an, auf die Situationen zu reagieren, mit Ausdruck und mit Eindruck. Und die gesamte Aktion gibt uns eine Qualität von Erfahrung, ein Gefühl.

Die tiefsten unbewußten Situationen, die wir sehen können, finden wir in unseren Träumen. Wir können in unseren Träumen weder die Situationen bewußt kontrollieren noch eine bestimmte Vorstellung festhalten oder bewußt eine bestimmte Richtung einschlagen. Da wir in Tagträumen und Phantasien über unser Bewußtsein Einfluß nehmen können, ist hier die Ambivalenz im Vorbewußten am deutlichsten sichtbar. Deshalb werden wir im folgenden eine Phantasie analysieren, um den faszinierenden Dialog zwischen dem Unbewußten, dem Vorbewußten und dem Bewußten zu illustrieren.

Wir haben uns für die Phantasie einer bestimmten Person entschieden. Wir hätten genausogut eine andere wählen können, da wir die grundsätzliche Botschaft, die wir vermitteln wollen, in allen Phantasien finden können. Jeder Traum, jede Phantasie, beinhaltet immer einen faszinierenden Dialog.

Eigentlich könnte man annehmen, daß der Mensch in seinen Phantasien die Möglichkeit hat, genau die Vorstellungen zu kreieren, die er möchte. Aber statt dessen kommt es zu einem Kräftevergleich zwischen der Kraft des Willens, mit dem der Mensch bewußt wählt, der Kraft unterdrückter Realitätserfahrungen und der Kraft, nahe bei unserem Potential zu leben.

Die Phantasie, die wir uns näher anschauen werden, basiert darauf, daß eine Person sich die absolut ideale Liebesbeziehung vorstellt. Alles kann so sein, wie sie es möchte. Und dennoch wird diese Phantasie viele Elemente beinhalten, welche die Person nicht möchte. Warum ist das so? Offensichtlich ist ein Grund, und vielleicht ist es der einzige, daß wir nur wachsen können, und zwar langsam, wenn wir Kontakt mit den Wurzeln unserer Geschichte haben. Wir brauchen die Verbindung zu unserer Geschichte, und können nicht einfach von einem Teil unseres Lebens zu einem anderen springen.

Bei der Phantasie der idealen Liebesbeziehung wird der Mensch von einer Begleitperson unterstützt, die ausschließlich folgende Fragen stellt bzw. Anweisungen gibt:

* Was siehst Du?

Dies ist eine grundlegende Frage für die Öffnung, die Bilder und Vorstellungen anzuschauen. Diese Frage spricht sowohl zum Bewußtsein als auch zum Unbewußten. Die Person versucht, bewußt zu sehen, aber wenn sie etwas sieht, wird sie auch Teile beschreiben, die nicht völlig bewußt sind.

* Beschreibe es!

In dieser Anweisung gibt es keine Bewertung. Beschreibe, was immer da ist, egal ob Liebespartner, Blume, Vase oder Elephant. Diese Anweisung geht häufig tief zum Unbewußten.

* Was fühlst Du?

Diese Frage geht zum Bewußtsein und fragt nach der Qualität der Erfahrung. Wie erfährt die Person die Bilder, die sie selbst geschaffen hat?

* Ist es das, was Du möchtest?

Diese Frage geht zum Bewußtsein. Hast Du in dieser Welt, in der alles möglich ist, das geschaffen, was Du möchtest? Wenn der Teilnehmer dies verneint, sprechen wir zu seinem Bewußtsein:

* Mach es genauso, wie Du es möchtest!

Wir unterstützen auf diese Weise die Möglichkeit, die Phantasie nach den eigenen Wünschen zu gestalten.

Bei der Analyse dieser Phantasie ist wichtig zu sehen, daß ein Mensch, der zu seinem Unbewußten geht, große Schwierigkeiten haben wird, bestimmte Situationen aus dem Unbewußten bewußt oder vorbewußt zu akzeptieren. Deshalb wird das Unbewußte nicht sehr deutlich zum Vorschein kommen, da wir weiterhin versuchen werden zu verdrängen, was wir versucht haben zu vergessen. Dazu kommt, daß die Phantasie Teile berühren wird, die zu intim für die Person sind, um sie anderen Menschen mitteilen zu können.

Die protokollierte Phantasie ist also bereits durch mindestens zwei Instanzen zensiert worden, das Vorbewußte und das Bewußte. Dazu kommt, daß das Protokoll nur die verbale Sprache, nicht aber den Körperausdruck wiedergeben kann. Deshalb werden wir dem Klang und der Musik, die in den protokollierten Worten selbst liegen, viel Wichtigkeit geben. Jedes einzelne Wort kann viele Geschichten erzählen.

Wir haben uns entschieden, diese Phantasiereise nur ein einziges Mal zu interpretieren und nicht zu überarbeiten. Wir haben die Phantasie Satz für Satz analysiert, so wie sie von dem Protokollanten niedergeschrieben wurde. Auf diese Weise haben wir uns die Spannung erhalten, wie die Phantasie sich entwickeln wird, vergleichbar einer Detektivarbeit, bei der Indizien gesammelt werden, um am Ende ein klareres Bild zu bekommen. Bei dieser Vorgehensweise werden Teile unserer Interpretationen durch den Verlauf der Phantasie bestätigt werden, andere dagegen keine Bestätigung finden.

Ich sehe einen schönen Strand mit Palmen, heller Strand, klares Wasser, es ist schön warm, die Sonne scheint.

Als allererstes fällt uns auf, daß die Person den Satz mit dem Wort *Ich* beginnt. Das ist nicht so selbstverständlich, nicht jeder Mensch beginnt diesen Satz mit *Ich*. Wir interpretieren dies dahingehend, daß dieser Mann seine Phantasie mit Ich-Stärke beginnt. Er hätte auch sagen können: »Da ist ein schöner Strand« usw., aber aus all den vielen Möglichkeiten hat er sich für *Ich sehe…* entschieden. Wir wissen nicht, wie die Person sich mit *einem schönen Strand mit Palmen* fühlt, aber wir vermuten, daß sie sich wohlfühlt. *Schöner Strand mit Palmen, heller Strand* ist sicherlich eher attraktiv als angstmachend. Er nimmt die Situation deutlich wahr, *klares Wasser*, und *es ist schön warm, die Sonne scheint* spricht dafür, daß diese Vorstellung ihm ein gutes Gefühl gibt.

Die Person hat ein gutes Gefühl und hat Ich-Stärke, aber was ihr fehlt, ist der andere, der Liebespartner. Bei dieser Phantasie geht es um die ideale Liebesbeziehung, und die kann er nicht mit sich selbst haben. Als eine Richtung der Interpretation können wir daraus schließen, daß die Person sich selbst hat und sich damit gut fühlt. Aber es muß tiefer im Unbewußten Bilder von einer Frau geben, welche die Person nicht sehen möchte. Vielleicht verliert er seine Identität, wenn er diese Bilder sieht, und bringt deshalb die Bilder des idealen Liebespartners in eine symbolische Form.

Wir können dann den *schönen Strand mit Palmen* als ein Bild interpretieren, das die Beziehung mit einer Frau symbolisiert. Der *schöne Strand* ist der Treffpunkt zwischen zwei verschiedenen Elementen, zwischen Wasser und Land. Auf einer eher sexuellen Ebene kann man dies auch als eine Begegnung zwischen Flüssigkeit, Fließen, Strömen, Loslassen, Fusion und Boden, Grounding, fester Materie und Identität betrachten. Und die Palmen, die am Strand wachsen, als Symbol für Männlichkeit.

Und es ist *schön warm, die Sonne scheint*, die Sonne wird zum Objekt. Zum Liebesobjekt? Wir können vermuten, daß die Person Angst hat, einen anderen Menschen zu sehen, und daraus schließen, daß möglicherweise eine starke Abhängigkeit von dieser Frau besteht. Und der Satz endet mit der *Sonne*, etwas sehr Warmem und Kraftvollem, das viel größer und stärker ist als er selbst. Belassen wir es für diesen Moment einfach bei der Vorstellung, daß dieser Mann eine starke Abhängigkeit von Frauen hat und sie nicht sehen möchte, da er Angst hat, sich zu verlieren. Und daß er den ersten Satz mit Ich-Stärke begonnen hat.

Weit weg vor mir ist eine Gestalt.

Das ist nicht sehr nahe. Aus allen Möglichkeiten, die er hatte – er hätte die Gestalt auch sehr nahe bei sich sein lassen können –, hat er die Distanz gewählt. Und wir vermuten, daß er den anderen, die Geliebte, so weit von sich wegstellt, damit er sich nicht verliert. Vielleicht würde er seine Identität verlieren, das »Ich«, mit dem er den ersten Satz begonnen hat. Er sieht keine andere Person, sondern er kreiert eine *Gestalt*, eine Form. Tiefer in seinem Unbewußten muß es ein Bild einer anderen Person geben. Und vielleicht sieht er dieses Bild, aber erlaubt nicht, daß andere Menschen sehen, daß er dieses Bild sehen kann, und sagt deshalb *Gestalt*. Er beschützt sich, die Frau wird zur *Gestalt,* und sie *ist weit weg von mir,* er braucht keine Angst haben, sich zu verlieren.

Ich nehme an,

Er nimmt die Ich-Stärke wieder auf. Vielleicht hat er im Unbewußten die andere Person, die Frau, gesehen und sich dabei verloren. Aber in seinem Bewußtsein möchte er dies nicht akzeptieren und sagt deshalb, *Ich nehme an.*

daß es eine Frau ist.

Nachdem er zu seinem Ich zurückgefunden hat, kann er sich erlauben zu sehen, was er wahrscheinlich schon zuvor gesehen hat, *eine Frau.* Aber auch in diesem Satz schützt er sich, indem er sagt, *Ich nehme an* – es ist nicht sicher, ob es wirklich eine Frau ist –, um ihr nicht zu nahe zu sein. Die Distanz scheint für diese Person sehr wertvoll zu sein.

Sie kommt näher, Tücher wehen davor.

Sie kommt näher, verliert er seine Ich-Stärke? Er macht die Phantasie so, daß die Frau die Stärke hat, wie zuvor die Sonne, indem sie näherkommt. Er gibt ihr die Aktion, *sie kommt näher,* er geht nicht zu ihr hin. Dies ist ein klarer Kompromiß im Ausdruck, und offensichtlich verliert er hier seinen eigenen Ausdruck, seinen eigenen Tonus. *Sie kommt näher,* sie ist so aktiv, sie ist so stark, während er in der Warteposition bleibt, auf etwas wartet, was er möchte.

Tücher wehen davor. Tücher sind etwas sehr Leichtes, und wir können uns vorstellen, daß in seinem Schatten, in seinem Unbewußten, etwas sehr Schweres ist. Möglicherweise ist hinter den Tüchern etwas versteckt, was er nicht sehen möchte.

Interessant ist auch, daß, obwohl er wählt, sie näherkommen zu lassen, er gleichzeitig dafür sorgt, daß die Distanz erhalten bleibt, indem er sie mit Tüchern verhüllt.

Jetzt wird es mir warm.

Er bestätigt, was wir gesagt haben. Er hat nicht länger das Ich, er hat es verloren. *Jetzt wird »Es« mir warm.* Sein »Es« wird warm. Er hätte auch sagen können: »Ich fühle meine Wärme« und damit zur Ich-Stärke zurückkehren, oder: »Mir ist warm«, aber er entscheidet sich anders. Er geht zur Abhängigkeit, zu *es wird mir warm.* Wo geht er jetzt hin?

Ich will versuchen, das Gesicht der Frau zu sehen.

In diesem Satz kommt er mit einem starken Ich, *Ich will,* und er muß ebenso starke Bilder in seinem Unbewußten gesehen haben. Dieser Satz ist vollkommen bewußt. Er beschreibt nicht die Situation, die er im Unbewußten sieht. Vermutlich hat er sich in der unbewußten Situation verloren und geht deshalb zum Bewußtsein, zum *Ich,* zum bewußten Willen, *Ich will.* Wenn er sagt, *Ich will versuchen, das Gesicht der Frau zu sehen,* so hat dies zwei wesentliche Bedeutungen. Zum einen bedeutet dies, daß er sie tief in seinem Unbewußten gesehen hat. Zum anderen, daß er sie nicht sehen möchte, da es möglicherweise mit zu starken alten traumatischen Erfahrungen verbunden wäre. Und nun versucht er, etwas zu sehen, was er nicht sehen möchte. Wäre es anders, hätte er das Gesicht gesehen. Und der Satz

Ich will versuchen, das Gesicht der Frau zu sehen, sagt bereits voraus, daß es ihm wahrscheinlich nicht gelingen wird. Er hätte ja auch sagen können: »Ich will ihr Gesicht sehen«.

Was sieht er wirklich? Sieht er das Gesicht der Frau? Sieht er im Unbewußten oder Vorbewußten eine Frau und die damit verbundenen Probleme? Oder sieht er eine imaginäre Frau, die mit einer anderen Frau kämpft, die er in Realität kennt? Es könnte sein, daß der reale und der ideale Liebespartner in diesem Moment in seinem Vorbewußten miteinander kämpfen. Sein Kompromiß besteht dann darin, zu sagen: *Ich will versuchen, das Gesicht der Frau zu sehen.* Wenn die Frau, die er sieht, real ist, hätte er sagen können: »Ich sehe XY«; wenn die Frau eine Phantasie ist, hätte er sagen können: »Ich sehe ihr Gesicht«. Er scheint sehr ambivalent zu sein.

Aber ich sehe nur einen Stab.

Er untermauert den Kompromiß. Er sucht eine Frau, die er in seiner Phantasie genau so kreieren kann, wie er sie möchte, aber er sagt, *ich sehe nur einen Stab.* Ein Stab ist sicherlich nicht der ideale Liebespartner, die ideale Frau. Und das weiß er, denn er sagt *nur einen Stab.* Wir interpretieren dieses Bild als einen Versuch, seine Männlichkeit wiederzufinden, als ein phallisches Bild. Wir vermuten, daß er im Unbewußten mit dieser Frau zusammen war und dabei seine Männlichkeit verloren hat.

Da ist oben etwas Schwarzes drauf, mit Haaren.

Er beschreibt nun die unbewußte Situation, aber er versteht nicht, was die Situation ist. Auf dieser Stange ist etwas *Schwarzes* und es scheint so, als wäre die Begegnung zwischen der Frau und seiner Männlichkeit, beide in der Stange symbolisiert, von etwas Dunklem aus dem Schatten seines Unbewußten überlagert. Wenn diese Interpretation zutrifft, verlangt das Schwarze eine starke Reaktion mit viel Ich- Stärke.

Wenn die Stange ein männliches Symbol ist, wofür braucht er es in diesem Moment? Um seine Männlichkeit zu bestätigen, oder um Unterstützung und Identifikation mit einem anderen Mann zu haben? Wem gehört dieser Stab? Es scheint, als wäre der Stab das Liebesobjekt.

Vielleicht wünscht er sich auch eine Frau mit schwarzen Haaren. Aber bleiben wir skeptisch. Sagt er wirklich, was er sieht? Und sieht er wirklich, was er möchte? Bleiben wir deshalb bei der Idee, daß er schon dabei ist, sich in dem anderen zu verlieren. Der Stab mit etwas Schwarzem oben drauf ist keine sehr ideale Frau.

Tatsächlich nur ein Stab,

Offensichtlich ist er enttäuscht, nur einen Stab zu sehen. Gleichzeitig versucht er, sich und uns zu überzeugen, daß dies eine Tatsache ist. Dies ist eine sehr bewußte Aussage. Als wolle er versuchen, seinen Gefühlen auszuweichen, um die Situation zu kontrollieren. Er hat das *Schwarze* und die *Haare* wieder weggenommen, vermutlich haben ihn diese Teile zu sehr bedroht, waren zu schwer.

mit Tüchern verhüllt.

Er geht zu etwas Leichterem. Wir vermuten, daß er einen Notausgang sucht, um nicht an die unbewußten Bilder und seine Gefühle, wahrscheinlich Verletzung und Wut, erinnert zu werden. Er verhüllt den Stab mit Tüchern, nimmt ihm von der Schwere, um nicht länger damit konfrontiert zu werden. Er wollte die Frau nicht sehen und hat den Stab kreiert, er wollte das Schwarze nicht länger sehen und hat es weggelassen, und er wollte den Stab nicht mehr sehen und hat ihn mit Tüchern verhüllt.

Ich bin enttäuscht,

Es ist sehr deutlich, daß er Komplikationen in der Beziehung erfahren hat, als die Frau sich auf ihn zubewegte, und dies alles entsprach nicht seiner Erwartung. Und er bestätigt dies mit seiner Aussage: *Ich bin enttäuscht.* Was hat er gesehen?

Enttäuschung, ich gehe weiter.

Er wiederholt die Enttäuschung, sie muß sehr groß gewesen sein. Es sind nur wenige Minuten vergangen, in denen er die Situation genau so hätte machen können, wie er es wollte. Alles war möglich, aber er ist *enttäuscht.* *Enttäuschung* bedeutet nicht nur, daß er eine Situation geschaffen hat, die er nicht mag, sondern daß es auch eine Situation gab, die er mochte, aber die er nicht bekommen hat. Es gab also zumindest zwei Situationen: was er wollte und was er kreiert hat. Und was er kreiert hat, ist sehr enttäuschend, wenn er es mit dem vergleicht, wie es hätte sein können. Das heißt es gibt Bilder, die er sich wünscht, aber wir wissen nicht, ob er sie bewußt *sieht.*
Das Wort *Enttäuschung* beinhaltet die Silbe »Ent« und »Täuschung«. Er hat etwas gesehen, von dem er annahm, daß es wirklich sei, und muß nun feststellen, es war eine Illusion, eine Täuschung, nicht real.
Er hat nun die Wahl, seine Wunschbilder wiederzukreieren oder seinen Ärger, seine Unzufriedenheit, seine Restenergie auszudrücken. Oder aber

einen Kompromiß zwischen den beiden zu machen. Er entscheidet sich für den Kompromiß, *Ich gehe weiter*, er wählt den Notausgang. In seinem Unbewußten muß es eine sehr starke Beziehung geben.

Der Begleiter fragt: *Was siehst Du?*

Ich liege weiter am Strand.

Er findet durch seinen Kompromiß zur Ich-Stärke zurück, zumindest hat er sich wiedergefunden. Tatsächlich hat er gekämpft, um wieder dahin zurückzukommen, wo er schon am Anfang war, *am Strand*. Etwas war passiert, hat ihn gehindert, aber wir müssen uns darüber bewußt sein, daß er sich selbst gehindert hat, das zu kreieren, was er wollte. Er hat eine ganze Geschichte geschaffen, die er nicht wollte, und geht wieder zurück zum Anfang, zu einem neuen Versuch, zu einem neuen Kreislauf. Wir sind wieder am Anfang. Und wir werden sehen, wie es diesmal weitergeht.

Winter.

Das ist eine Überraschung. *Winter*, das ist das Gegenteil von warm, er fühlt, daß es nicht mehr so gut ist, wie es am Anfang war. Er unterstützt dies noch, indem er sagt:

Es ist kalt, die Sonne scheint.

Das Bild davon, was er möchte, ist immer noch da, aber so weit weg. Er kann die Sonne nicht länger in seinem Körper fühlen. Es gibt starke enttäuschende Bilder in seinem Unbewußten, die durch das Gefühl, *es ist kalt,* verkörperlicht sind. Das ursprüngliche Bild, *die Sonne scheint*, ist immer noch da.

Ich bin warm angezogen.

In der Umgangssprache sagen wir zu jemandem: »Zieh dich warm an«, wenn er in eine bevorstehende Konfrontation geht. Er wappnet sich, er paßt auf sich selbst auf, zumindest möchte er zu seinen guten Gefühlen zurückkommen. Er spürt nicht mehr die Wärme der Sonne in seinem Körper, er muß etwas tun, Kleider anziehen, damit er nicht friert. Und er muß soviel tun, um zu diesem warmen Gefühl in ihm zurückzufinden. Er hält an diesem Gefühl fest und sucht verzweifelt ein Bild, das ihm diese Wärme gibt.

Total schöner blauer Himmel.

Und obwohl er das primäre Bild nicht findet, versucht er sich zu überzeugen, indem er sagt: *Total schöner blauer Himmel.* Er sucht sein primäres Bild und sagt *total*, Hundert Prozent *schöner blauer Himmel.* Aber wir wissen, daß es im Winter umso kälter ist, je blauer, je klarer der Himmel ist.

Beim Skifahren,

Es scheint so, daß er beim Skifahren bekannte Situationen wiederkreiert, die nicht wirklich das sind, was er zu Anfang wollte. Es scheint, als ob die Restenergie hochkommt, und er versucht, statt dessen gute Situationen in seinen eigenen Realitätserfahrungen zu finden.

Pisten fahre ich runter.

Er fährt *runter,* d.h. es gibt ein tiefergelegenes Ziel. Er sucht einen Weg, um zu dem zu kommen, was tiefer unter dieser Kälte ist. Wir wissen nicht, was er am Grund finden wird. Er sagt nicht: »Ich fahre die Piste runter«. Das Ich kommt erst an dritter Stelle, es scheint so, als hätte er die Ich-Stärke verloren, die er am Anfang hatte. Und er gibt einen Teil seines Ausdrucks auf.

Viele Leute fahren auch,

Warum sagt er, *viele Leute fahren auch?* Er sucht eine ideale Liebesbeziehung und stellt uns plötzlich viele *Leute* vor. Es scheint, als mache er eine neutrale Beziehung mit Menschen, er nennt sie *Leute,* er spricht nicht von einer Frau. Die Frau ist unpersönlich geworden, zu vielen Leuten, und sie hat ihr Geschlecht verloren. Er distanziert sich und versucht, sich zu schützen.
Viele Leute fahren auch, d.h. andere Menschen machen das gleiche wie er. Wir wissen nicht, ob die anderen Menschen männlich oder weiblich sind. Sind es andere Männer, die er versucht zu kopieren, um dann auch das Recht zu haben, ein Mann zu sein? Oder sind es Frauen, macht er aus seiner idealen Frau viele Frauen, um nicht eine Beziehung zu haben, in der viel mehr Nähe existiert? Oder sucht er die Erlaubnis für das, was er tun möchte, und spürt sie, wenn andere es zuerst tun?

und ich schaue ihnen zu.

Und ich schaue ihnen zu ist nicht sehr aktiv. Wir können die Aussage in diesem Satz verstärken zu *Und ich schaue ihnen* »nur« *zu.* Er scheint nicht selbst zu fahren, denn es ist kaum möglich, anderen beim Skifahren zuzuschauen und dabei selbst zu fahren. Warum sind die anderen so wichtig?

Der Begleiter fragt: *Was siehst Du?*

Ich bin jetzt rausgekommen.

Das ist eine bewußte Aussage. Er hat gewählt, seine Phantasie aufzugeben. Wo ist er gewesen? Und wo ist er drinnen gewesen? Wir können uns vorstellen, daß dies ein Notausgang ist. Ist es für ihn besser, rauszukommen oder reinzugehen?

Ich sehe jetzt mich, mich hier liegen.

Er geht zurück, um sich selbst zu finden, er scheint sich immer wieder zu verlieren. Nachdem wir auf diesen Aspekt so häufig hingewiesen haben, möchten wir an dieser Stelle kurz genauer darauf eingehen.
Es geht um die Pulsation zwischen Identität und Fusion, zwischen dem ICH und dem WIR. Aber auf dem Weg von der Identität zur Fusion fehlt ein wichtiges Element, das DU. Erst aus der Begegnung zwischen ICH und DU kann ein WIR entstehen.
Sowohl das DU als auch das WIR kommen bis jetzt kaum vor, beide scheinen im Unbewußten sehr stark zu sein. Aber er kommt immer wieder auf das ICH zurück, und er hält in dem Satz: *Ich sehe jetzt mich, mich hier liegen,* verzweifelt daran fest. Er erwähnt sich selbst dreimal in diesem kurzen Satz, ein anderer kommt nicht einmal darin vor. »*Ich*« sehe jetzt »*mich*«, »*mich*« hier liegen. Er betont dreimal die Ich-Stärke, so als müsse er sich selbst von ihrer Existenz überzeugen. Offensichtlich hat er sehr viel Angst, sich im Kontakt mit dem anderen zu verlieren.

Der Begleiter fragt: *Was fühlst Du?*

Wie erfährt er, was geschehen ist?

Meine kalten Hände.

Er bleibt bei der Ich-Stärke. Wenn man in Betracht zieht, wie schön am Anfang die Wärme für ihn war, können die *kalten Hände* nicht wirklich das sein, was er fühlen möchte. Und er spricht von einem Teil seines Körpers, der Kontakt machen könnte. Seine Hände könnten die Sehnsucht nach dem anderen ausdrücken. Aber wo ist der andere?

122

Ich fühle, daß ich mich zurückziehe aus den Händen und Füßen, aus dem Körper.

Er ist sich darüber klar, daß er einen Kompromiß gemacht hat, er zieht sich zurück. Dies muß eine sehr schmerzhafte Erfahrung für ihn sein. Wir wissen nicht, ob er sie als schmerzhafte Erfahrung akzeptieren wird. Er geht nicht vorwärts, sondern zieht sich zurück. Er geht weg von seinen Händen, dem Suchen des Kontakts mit dem anderen, weg von seinen Füßen, seinem Grounding, seiner Identität, er kann nicht mehr auf eigenen Füßen stehen. Er hat dies schon angedeutet, als er sagte, *Ich sehe mich, mich hier »liegen«.* Und dann sagt er das gleiche sogar noch stärker, *aus dem Körper.* Er sagt eigentlich:»das ist so schmerzhaft, ich möchte nichts mehr fühlen, ich möchte weg von meinem Körper«.

Es ist so dunkel.

Es ist nicht nur einfach dunkel, er hat das Licht ausgemacht. Vermutlich gibt es hier schmerzhafte alte Erfahrungen, die er im Moment nicht sehen möchte, aber dennoch spürt. Ein spezifisches Bild, eine Erfahrung mit einem dazugehörigen Gefühl. Wer oder was ist dieses *Es?* Und wer ist in dieser Dunkelheit? Hier gibt es vermutlich viel Restenergie.
Diese vertikale Erfahrung hat Realität für ihn, Restenergie und Konsequenzenergie. Aber er verliert mehr und mehr die Konsequenzenergie und geht immer mehr zur Restenergie.

Der Begleiter fragt: Ist es das, was Du möchtest?

Die Frage klingt sehr schmerzhaft, da es offensichtlich ist, daß es nicht das ist, was die Person möchte. Die Frage geht zum Bewußtsein und beinhaltet die Aussage:»Das, was Du kreiert hast, ist möglicherweise nicht das, was Du möchtest.«

Nein, das ist es nicht, was ich möchte.

Er sagt ganz deutlich, daß es nicht das ist, was er wollte. Er ist völlig bewußt, und in diesem Bewußtsein sieht er nun die Situationen, die er nicht wollte. Aber zumindest in seinem Vorbewußten muß er *Bilder* davon sehen, was er wollte, sonst könnte er nicht das eine Bild mit einem anderen vergleichen.

Ich will viel lieber Wärme und mit jemandem zusammensein.

Er geht zurück zur Ich-Stärke *»Ich« will viel lieber;* in *lieber* ist das Wort Liebe enthalten, wovon er zuvor nie gesprochen hat. Will er viel Liebe?

123

Als nächstes geht er zu einem Wort, das seinen Wunsch zu symbolisieren scheint. Er hat es bereits mehrfach erwähnt: *Wärme. Und mit jemandem zusammensein,* er sagt nicht »mit einer Frau«, er hat Angst vor dieser Frau, er spricht von *jemandem,* um sie neutral zu machen, geschlechtslos. Und was bedeutet das Wort *zusammensein?*

Hautkontakt haben,

Nun hat er die Vorstellung einer Wunschsituation, er hat *Hautkontakt* mit jemandem. Wen sieht er da, mit wem hat er *Hautkontakt,* und kann er das zulassen? Seine Schwierigkeit war bisher immer der Zugang zum anderen, dort verlor er sich ständig.

umarmen.

Er scheint starke Sehnsucht nach dieser Frau zu haben, aber er verliert sich selbst in dem Zugang, bevor er wirklich ein DU als Gegenüber hat. Wir können dies als starke Fusion interpretieren, vielleicht sogar als eine unbewußte Regression, in der die Frau die Macht hat.

Das ist ein sehr starker Wunsch.

Wer ist hier stark, er oder der andere? Er nimmt seine Stärke durch seinen Wunsch zurück, *das ist ein sehr starker Wunsch,* aber ist auch er stark? Er geht nun zum Gefühl, zu seinem Wunsch. Aber dadurch schafft er eine Phantasie von der Phantasie, er sagt nicht, ich sehe dies oder jenes, sondern das ist ein sehr starker Wunsch, aber nicht das, was ich habe.

Ohne gleich Hintergedanken und Skrupel zu haben.

Er muß hier in jedem Fall zwei Bilder haben. Mit Sicherheit hat er Hintergedanken und Skrupel, sonst würde er sie gar nicht erst erwähnen. Und er sagt: »Ich möchte nicht haben, was ich habe (Skrupel und Hintergedanken), ich möchte etwas, das ohne das ist, was ich habe«. Er vergleicht die beiden Bilder. Und seine körperliche Erfahrung bezieht sich auf beide Situationen. Er muß Skrupel und Hintergedanken in demselben Moment bekommen haben, wo er gesehen hat, was er möchte. Wen und was hat er gesehen? Und was sieht er, wenn er von Hintergedanken und Skrupeln spricht?

Der Begleiter fragt: *Was siehst Du?*

Ich merke,

Er will nicht beschreiben, was er sieht, er versucht sich zu schützen, indem er sagt: *Ich merke.*

124

ich möchte die Bilder nicht zulassen.

Er wird bewußt, da er diese Bilder beschützen muß. Er muß sehr mächtige, verkörperlichte Bilder mit viel Restenergie gesehen haben, die er nicht will. Aber er ist seriös und wahr zu sich selbst, indem er sagt: *Ich möchte diese Bilder nicht zulassen.*

Ich habe einen Widerstand.

Er versucht hier vermutlich, den Begleiter zu befriedigen, und bittet ihn, akzeptiere meinen Widerstand. Mit all dem, was er getan hat, um die ideale Liebesbeziehung zu kreieren, hat er *Ich habe einen Widerstand* kreiert. Er widersteht zu sehen, was er gerne sehen möchte, da es vielleicht zu stark für ihn ist

Der Beleiter fragt nach der Qualität der Erfahrung: *Was fühlst Du?*

Da fühl ich eine Stelle wie einen Kreis,

Er will das Gefühl nicht akzeptieren, er sagt »*Da*«, er beschreibt die Stelle, wo er etwas fühlt, aber er beschreibt nicht, was er fühlt.

der wird rund,

Ist dies ein weibliches Symbol?

der fängt an zu leuchten.

Er geht zurück zum Symbol seiner Wünsche, zur Sonne.

Ich schaue genau auf dieses Leuchten.

»Ich möchte schauen, was gut darin ist. Ich möchte meine Wünsche anschauen, ich möchte sie wiederfinden.«

Ich sehe ein Gesicht,

Er sieht zum erstenmal ein Gesicht, er sieht zum erstenmal ein DU, nun fängt die Beziehung an.

das lang ist,

Warum wählt er ein langes Gesicht? Er sprach zuvor von *der wird rund,* und nun sagt er, *das lang ist.* Wir vermuten, daß er an dieser Stelle in sehr tiefen unbewußten Symbolen von Männlichkeit und Weiblichkeit spricht.

125

grau,

Grau ist nicht sehr stimulierend. Ist dieses Gesicht, ist diese Frau ein Kompromiß zwischen dem, was er sich wünscht, aber nicht erlauben darf, und dem, was erlaubt ist?

und aus dem Tränen fließen, herabtropfen.

Nun sieht er ein Gefühl, aber er fühlt es nicht. Er versucht, nicht zu fühlen, was er tief in seinem Inneren fühlt. Und er sieht die Tränen *herabtropfen.* Er spaltet sich. Vielleicht ist er »unten«, klein und sieht das Gefühl?

Ich schaue hoch zu diesem Gesicht.

Nun sagt er ganz deutlich: »Ich bin klein, der andere ist groß«, er hat seine Ich-Stärke verloren. *Ich schaue hoch zu diesem Gesicht.* Wen sieht er wirklich? In jedem Fall ist er jetzt klein und abhängig.

Der Begleiter fragt nun: *Ist es das, was Du möchtest?*

Nein, eigentlich möchte ich nicht traurig sein.

Er möchte nicht traurig sein, aber er ist es. Kann er seine Trauer anerkennen? Oder kämpft er für einen anderen Teil? Und wenn er für einen anderen Teil kämpft, kann er den anderen Teil realisieren? *Eigentlich,* ist das sein eigenes Ich?

Das gehört zwar auch zu mir,

Er sagt, er möchte etwas anderes sein, aber dieser Teil gehört auch zu ihm, d.h. »Ich will die Traurigkeit nicht, aber sie ist da«.

aber lieber habe ich Wärme und Sonnenschein.

Nun sieht er beide Bilder: da, wo er im Moment ist, seine Traurigkeit, und was er lieber haben möchte, *Wärme und Sonnenschein.* Er hat den Kreis nun ein zweites Mal durchlaufen und ist wieder am Anfang. Warum ist er nicht einfach bei der Wärme und dem Sonnenschein geblieben, die bereits in seinem allerersten Satz da waren?

Der Begleiter fragt: *Was siehst Du?*

Ich schaue in eine große Höhle hinein,

Er hat sein Ich und sieht eine Situation, *in eine große Höhle hinein.* Verglichen mit der Höhle ist er klein. Eine Höhle kann man füllen, spricht er unbewußt von Sexualität? Oder spricht er vielleicht von Geborgenheit, wie im Uterus?

da ist es dunkel.

Er war bereits im Dunkeln, als er sich aus seinen Händen und Füßen und dann aus seinem ganzen Körper zurückzog. Er ist wieder an dem gleichen Punkt. Wo geht er diesmal hin?

Ich gehe hinein.

Er geht jetzt zu einer Aktion, in der er seine eigene Identität annimmt: *»Ich gehe« hinein.* An früherer Stelle in dieser Phantasie sagte er, *Ich bin jetzt rausgekommen.* Und unsere Frage war, wo ist er drinnen gewesen? War es die Frau? Vielleicht gibt das, was in der Höhle passiert, Aufschluß darüber. Es klingt nach einem Sexualakt. Es gibt in diesem Moment keine reale, bewußte Beziehung, aber tiefe vorbewußte und unbewußte Symbole für Sexualität und Liebesbeziehung.

Ich habe ein Licht in der Hand,

Nun hat er etwas. Nicht die ideale Liebesbeziehung, aber zumindest etwas Licht. Drückt dieses Licht seinen Wunsch aus, die Bilder in seinem Unbewußten deutlicher zu sehen? Ist es ein Werkzeug, das ihm die Angst vor dem nimmt, was noch in der Höhle sein könnte? Ist dieses Licht in seiner Hand ein sexuelles Bild? Eine Masturbationsphantasie?

ich schaue mich um,

Er hat Angst, dahin zu gehen, wohin er gehen möchte. Er muß vorsichtig sein und zuerst schauen.

was da so ist.

Unbewußt weiß er genau, *was da ist,* aber er ist vorsichtig. Er weiß auch, wie es *da ist,* es ist so. Wüßte er dies nicht, hätte er einfach gesagt, »was da ist«. Aber er sagt, *was da »so« ist.*

Da sind riesengroße Räume.

Er ist so klein, wenn die *Räume riesengroß sind.* Und es gibt nicht nur einen Raum, es gibt viele. Hier wird die Angst, sich zu verlieren, sehr deutlich. Er schafft Wahlmöglichkeiten. Er hätte auch nur einen Raum sehen können. Er kreiert damit eine Ambivalenz, um nicht direkt zu seinem Wunsch zu gehen. Sind in den Räumen die verschiedenen Bilder des Vorbewußten versteckt? Er scheint vor einer wichtigen Wahl zu stehen.

Ich komme da an einem Wasserfall vorbei, gehe tiefer, weiter nach hinten.

Warum hat er aus Millionen von Möglichkeiten einen *Wasserfall* gewählt? Der *Wasserfall* ist mächtig, lang und hat Richtung. Wir können dies als ein phallisches Bild interpretieren, was auch durch den Klang des Wortes (und das Wort wird vom Unbewußten gewählt) unterstützt wird: Was-ser»phall«us. Wir können den *Wasserfall* auch als tiefen sexuellen Akt zwischen Mann und Frau betrachten. Als libidinöse Strömungen, aber auch als Orgasmus, als Entladung.
Gehe tiefer, weiter nach hinten. Er sagt, er möchte hinter den Wasserfall gehen, zu dem, was tiefer unten und hinter dem Wasserfall ist. Dies sind sehr starke, tief symbolische Bilder.

Ich fühle, daß da noch jemand ist.

Seine Libido braucht ein Liebesobjekt. Jetzt akzeptiert er bewußt, daß es um Beziehung geht. Aber er sagt nicht, »Ich fühle sie«, er sagt nicht, daß er Kontakt mit ihr hat. Vielleicht ist dieser *jemand* ein Mann, es könnte eine Rekreation einer ödipalen Situation sein. Er sieht den anderen nicht, er fühlt ihn. Würde er den anderen anschauen statt fühlen, könnte er leicht dessen Geschlecht feststellen.

Ich meine,

Er kämpft, um seine Ich-Stärke zu besitzen. Bewußt ist er aus der Bezie-hung rausgegangen, unbewußt scheint er weiter dort zu sein. Das Wort »*meine*« hat eine Doppelbedeutung. Ist dies wieder eine ödipale Situation? Meint er, daß es seine … ist? Möglicherweise gibt es in diesem Wort tiefere Bilder.

ich müßte auf ein Licht treffen, etwas Helles.

Er hatte das Licht bereits in seiner Hand. Es scheint ausgegangen zu sein, oder vielleicht hat er es verloren. Wem gehört das Licht? Wer hat jetzt das Licht in der Hand? In einer ödipalen Situation hätte sein Vater das Licht und nicht er.

Der Begleiter sagt: *Mache es genauso, wie Du es möchtest.*

Ich probiere es.

Er hat Zweifel, ob es ihm gelingen wird. Und vielleicht erwartet er sogar, daß er scheitern wird.

Ich drehe mich um und gehe zurück ans Licht.

Es hat einmal mehr nicht so funktioniert, wie er dies wollte, und er geht dahin zurück, wo er zuvor bereits war. Er hat einen weiteren Kreislauf durchlaufen und fängt wieder von vorne an.

Und da scheint die Sonne,

Er ist wieder am Anfang der Phantasie. Im allerersten Satz sagte er, *die Sonne scheint,* und nun sagt er: *da scheint die Sonne.* Er ist wieder bei seinem symbolischen Wunsch.

die Bäume sind da,

Er sagt nicht »Bäume sind da«, sondern *»die« Bäume sind da,* es sind ganz spezielle Bäume, und er sagt es, als hätte er sie lange gesucht und endlich gefunden. Es hört sich an, als hätte er die Bäume, seine Männlichkeit, seinen Phallus tief in seinem Unbewußten verloren, seit er sie in seinem ersten Bild *schöner Strand mit Palmen* zum ersten Mal erwähnte. Möglicherweise ging es bei der ganzen bisherigen Arbeit nur darum, diese männlichen Symbole wiederzukreieren.

Lachen,

Lachen die anderen allein, lachen sie mit ihm, lachen sie über ihn? Gibt es Scham, Schuldgefühle? Wir wissen es nicht.

und ich höre Menschen,

Wie zuvor will er die Menschen vorerst nicht sehen, sondern er hört sie. Auf alle Fälle schafft er eine Situation, in der er nicht allein ist.

und ich sehe Kinder.

Sind die Kinder ein Symbol für den vollzogenen Liebesakt im Unbewußten? Oder regrediert er und wird zum Kind, um mit anderen Kindern zu spielen? War es eine sexuelle Begegnung zwischen Erwachsenen oder eine infantile Sexualität? Vielleicht auch beides?

Und ich sehe jetzt auch große Leute, Erwachsene.

Möglicherweise ist die Lösung, daß er zum Kind geworden ist, wenn er sagt, *und ich sehe jetzt auch »große« Leute, Erwachsene.* Kindheitserfahrungen zu wiederholen ist nicht die idealste aller Liebesbeziehungen.

Und ich sehe meine Frau,

Das ist eine Überraschung, wir sind immer noch bei der idealen Liebesbeziehung. Er verläßt hier sehr schnell die starke Liebesbeziehung im Unbewußten, verläßt sehr schnell die Regression und wird vom Kind zum Mann. Es ist das erste Mal, daß er sagt, *meine Frau.* Vielleicht hatte er sie schon zuvor gesehen, aber wollte dies nicht sagen. Und es ist das erste Mal in dieser Phantasie, daß er überhaupt eine Frau sieht. Er hat sich nicht erlaubt, die Frau zu sehen, die er sich wünscht, sondern nur die Frau, die er in Realität hat. Und es gibt keine reale Frau, die so ideal ist, sie wäre sonst absolut symbolisch, aber nicht real. Offensichtlich wird hier ein tiefes Tabu berührt.

und umarme sie,

Er umarmt sie und ist dabei aktiv, völlig anders als zu Beginn der Phantasie, wo die Frau aktiv war und er passiv.

sie lacht.

Er hat es erreicht, daß er eine Wunschsituation für die Frau ist, in seiner Erfahrung freut sie sich darüber, er ist willkommen. Das war zuvor in der Phantasie nicht so sicher.

Freut sich riesig,

Er bekräftigt nochmals, daß er wirklich willkommen ist. Das Wort *riesig* läßt auch eine andere Interpretation zu. Bedeutet dies, daß sie sehr, sehr groß wird und er möglicherweise wieder klein?

und dann kommt meine kleine Tochter dazu.

Er kreiert, ausgehend von seinen inneren Bildern, Phantasien und Träumen, nun Situationen, die eng mit der Realität verbunden sind. Verliert er seine inneren Träume, seine innere Welt und akzeptiert, was in der Realität da ist? Oder bringt er in diese Situationen seine tiefen, inneren primären Wünsche ein, um sie mit der Realität zu verbinden?
Wenn er sagt: *und dann kommt meine kleine Tochter dazu* – symbolisiert sie die tiefen Wünsche aus seinem Unbewußten, die er versucht, in die reale Beziehung zu seiner Frau einzubringen? Oder benutzt er sie an dieser Stelle, um erwachsen zu werden, Vater zu sein, um zu vermeiden, das Kind

zu sein? Oder ist er längst erwachsen, und die Tochter symbolisiert die starke sexuelle Liebesbeziehung, den Liebesakt, den er hatte?

Es ist mir warm,

Er hat sein Ich aufgegeben in diesem Satz. Er sagt nicht: »Ich fühle meine Wärme«, er sagt nicht: »Mir ist warm«, sondern er sagt: *»Es« ist mir warm.* Wer oder was ist dieses *»Es«*? In jedem Fall gibt ihm die Situation ein gutes warmes Gefühl.

es geht mir gut.

Er bleibt passiv.

Daß sie mich umarmt und ich sie umarme.

Wir wissen nicht, wer ihn umarmt, und wir wissen nicht, wen er umarmt. Auf alle Fälle muß sie damit anfangen, bevor er sie umarmen kann. Wird er zum Kind, oder ist er erwachsen?

Ebenso die kleine Tochter.

Durch das Bild der kleinen Tochter schafft er Stärke in sich selbst, aber er hat eine Dreiecksbeziehung, in der er keinen direkten Kontakt mit seiner Frau hatte, ohne daß die Tochter dabei war.

Ich höre Wasser

Ist dies der tiefe Fluß, den wir zuvor im Wasserfall hatten, die Sexualität, die Sensualität? Er hört es, aber er sieht es nicht, und er macht es nicht.

und den Wind und Bäume.

Er hört, was er nicht sehen kann, den *Wind*, und er hört auch, daß *Bäume* da sind, viel Männlichkeit, aber unsichtbar.

Da kommt eine unheimliche Kraft und Energie.

Hier bekommt er Stärke. Hat er die Stärke auf einer unbewußten Ebene von anderen Männern (Bäumen) bekommen? Das wäre nur natürlich, die meisten Männer machen das. Und die Kraft ist nicht heimlich, sie ist *unheimlich*, d.h. »Du sollst sehen, daß ich ein Mann bin«. *Unheimlich* beinhaltet auch un-Heim-lich, das Heim, das Zuhause. Hat die Kraft kein Zuhause in ihm? Welcher Teil hat Körper?

Der letzte Satz in dieser Phantasiearbeit hat auf einer bewußten Ebene eine sehr klare Bedeutung. Aber jedes einzelne Wort beinhaltet unbewußt viele Situationen, die für diesen Menschen wichtig sind. Wir können sie nicht sehen, wir können bestenfalls die eine oder andere erahnen.

Und
ich
kann
sie
halten,
und
es
tut
mir
gut,
die
Wärme,
das
Halten
und
das
Gehaltensein.

Für diejenigen unter den Lesern, die Interesse haben zu sehen, wie es weitergeht, stellen wir die protokollierte Phantasiearbeit der gleichen Person zu seiner realen Liebesbeziehung dar, ohne diese jedoch zu analysieren.

Da lösen sich die Hände, da geht die Stimme weg, kalte Hände und Füße. Ich hebe meine Tochter vom Boden auf und nehme sie auf den Arm und drücke sie fest. Und sie drückt mich, und meine Frau nimmt Abstand. Sie schimpft, sie zetert herum, was für mich überhaupt nicht von Wichtigkeit ist. Ich höre immer Geld, Geld, Geld.

Der Begleiter fragt: *Was siehst Du?*

Ich stehe immer noch auf der Stelle von vorhin, die Tochter auf dem Arm. Meine Frau ist weg, sie nimmt Abstand von mir und von unserer Tochter.

Inzwischen steht das Kind, und ich laufe auf dem Boden mit Geldscheinen, die zu ihr hingehen, aber je näher das Geld kommt, desto mehr entfernt sie sich. Ich habe die Tochter auf dem Arm, ich drücke sie, sie drückt mich. Wir zwei strahlen uns an, wir verstehen uns. Es tut gut, doch in mir drin weiß ich, daß ich das gar nicht darf.

Der Begleiter fragt: *Was siehst Du?*

Nochmals das gleiche. Ich will nicht weggucken, genau hinschauen. Sie hält mich fest mit ihren kleinen Händen. Ich merke jetzt, sie tut das, was meine Mutter und meine Frau nicht tun, nicht tun können. Ich streichle und drücke sie, ich halte sie fest, sie ist das einzige auf der Welt. Ich merke, sie ist mir mehr wert als alles andere. Sie drückt mich und sagt Papa. Und ich drücke sie auch, und ich habe das Gefühl, ich drücke zu fest, ich zerdrück sie. Ich lasse jetzt wieder mehr los. Ich stehe immer noch am selben Fleck. Ich lasse sie jetzt nach unten auf den Boden. Ich schaue mich jetzt um. Ich nehme sie an der Hand und suche meine Frau. Ich sehe eine graue Wand und Nebel, plötzlich ist Nebel. Der Boden geht mir unter den Füßen weg. Ich bleibe an der Stelle und rühre mich nicht. Ich habe Angst, mich zu rühren, und halte meine Tochter fest.

Der Begleiter sagt nun: *Wie möchtest Du, daß Deine reale Beziehung sein soll?*

Ich gehe weg von dem Platz, der Nebel lichtet sich. Da sehe ich meine Frau sitzen und weinen. Ich gehe zu ihr hin, leg ihr die Hand auf die Schulter. Sie sitzt auf einem geschlagenen Baum, auf einem Stumpf, ein frischer geschlagener Baum, außen herum sind sehr viele gefällte Bäume. Ich halte sie an der Schulter fest. Sie schaut zu mir hoch, heult los und sagt, Du bist schuld an meiner Verzweiflung, wegen Dir muß ich das alles ertragen.

Der Begleiter fragt: *Wie möchtest Du, daß es sein sollte?*

Ich möchte, daß sie aufsteht und mich anschaut, mich akzeptiert mit meinen Schwächen und mit meinen Fehlern, mit meinen Tränen und mit meinem Lachen. Ich möchte, daß wir uns umarmen und daß der Wald wieder anfängt zu wachsen, und die Vögel singen, und der Wind weht. Und daß wir weiter in Zukunft mehr aufeinander eingehen. Daß sie mehr auf mich eingeht, daß sie meine Liebe auch sieht, nicht nur das Geld. Ich bin immer noch auf dem gleichen Weg, ich möchte so gerne, daß wir uns an der Hand nehmen, an die Schultern greifen zu dritt, zusammen einen Weg gehen zu dritt, der lebbar ist für uns, wo einer Rücksicht nimmt auf den anderen, daß der Weg unsere Basis bildet. Und daß wir zu dritt auskommen, leben und lieben.

Der Begleiter fragt: *Was kannst Du tun, um das zu bekommen?*

Ich habe da zuviel gemacht, ich habe nichts bekommen, ich habe schon zuviel gemacht, ich weiß nicht mehr, was ich tun kann, was ich tun soll. Ich bin einfach so ziemlich am Ende mit meiner Weisheit. Ich glaube, unsere Beziehung ist hoffnungslos zu Ende. Ich sehe eine Wand, die ziemlich dick ist, und ich renne die ganze Zeit dagegen mit dem Kopf, und ich blute schon am Kopf, und ich renne ständig weiter, aber nein, ich mach nicht mehr mit. Es tut weh, ich mag nicht mehr.

Kapitel 13
Die innere Bewegung des Körpers

Welchen Teilen in uns
geben wir Gewicht?

Die von uns analysierte Phantasie beschreibt sehr deutlich die Komplexität innerer Situationen. Wunschsituationen, alte Situationen und erwartete Situationen treten in einen Dialog miteinander, der teilweise völlig unerwartete Formen annimmt. Dieser Dialog findet ständig in uns statt, auch in den banalsten Alltagssituationen. Und jede dieser Vorstellungen beinhaltet wiederum eine Vielzahl von darunterliegenden Situationen. Durch unsere Analyse konnten wir vielleicht manche dieser Situationen erahnen, indem wir die Zeit angehalten und die Sätze Wort für Wort angeschaut haben. In unserem Alltag läuft die Zeit so schnell, jagt eine Situation die nächste, daß wir kaum Zeit haben, uns unsere Vorstellungen und Gedanken näher zu betrachten.

Welche Teile einer Vorstellung sehen wir, welche Teile wählen wir zu sehen? Welche Teile sind wichtig für uns? Welchen Teilen geben wir Gewicht? Wir kommunizieren mit Worten, die eine allgemein gültige Bedeutung haben. Aber jedes einzelne dieser Worte hat auch subjektive Bedeutungen und ist damit Träger individueller persönlicher Situationen. Wir fühlen diese Situationen in uns und tragen sie in der Kommunikation zu anderen Menschen. Wir wissen, oder glauben zumindest zu wissen, was der andere meint, wenn er von einem Baum spricht. Aber wenn er dieses Wort verwendet, so fließen auch seine unzähligen individuellen Erfahrungen mit Bäumen in die Kommunikation ein.

Welchem Teil eines Gedankens geben wir Bedeutung? Nehmen wir den Satz: »Ich möchte, aber es ist nicht möglich«. Welchem Teil geben wir Gewicht? Dem Ich, dem möchte, dem aber, usw.?

Indem wir bestimmten Worten Gewicht geben, geben wir den Situationen in unserer inneren Welt Energie, und damit auch Körper. Wenn wir davon sprechen, einer Situation Körper zu geben, so sprechen wir von einer aktiven Handlung. Wie erfahren wir das Gewicht, und welche Teile transportieren wir nach außen? Wir senden uns gegenseitig Situationen. Und die Situationen, die wir empfangen, haben eine Resonanz in unserer persönlichen inneren Welt, in vergangenen und zukünftigen Situationen. Wir wählen bestimmte Teile aus und verkörpern sie. Wir fühlen sie, wir tragen sie in uns, und manche senden wir dem anderen. Dies war in der Geschichte des Mannes, der seinen Bus verpaßte, deutlich zu sehen. Er transportierte momentane, aber auch vergangene Situationen zu seiner Frau. Aber sie konnte nicht verstehen, was er transportierte, weil soviel davon unbewußt war und nicht zu der Hier- und Jetzt-Situation paßte.

Wir haben von Gefühl, Ausdruck und Situationen als den Grundelementen einer vollständigen Erfahrung gesprochen. Der Ausdruck ist der Weg, auf dem wir unsere inneren Situationen nach außen tragen. Jede Situation stimuliert einen Drang, sie zu realisieren. Wir können in diesem Zusammenhang auch von einem Verb sprechen. Wenn diesem Verb nicht erlaubt ist, sich auszudrücken, wird seine Energie zurückgehalten, und sie wird zu Restenergie. Diese Restenergie wird unterdrückt, aber sie ist dennoch häufig auf dem Sprung, sich auszudrücken. Und meistens in unpassenden äußeren Situationen.

Was geschieht in uns, wenn ein Verb, eine Aktion stimuliert wird? Eine Person sitzt mit einigen Freunden zusammen und sagt: »Ich möchte gehen«, bleibt aber noch sitzen. Sie hat eine Aktion stimuliert, ein Verb, das sie jedoch nicht umgesetzt hat. Nun hat sie in sich gleichzeitig verschiedene innere Situationen: sie hat die Vorstellung zu gehen, denn das ist es, was sie gesagt hat. Und sie hat eine Vorstellung, in der sie bereits gegangen ist, aber offensichtlich nicht fand, was sie wirklich wollte, sonst wäre sie real gegangen. Oder sie hat eine dritte Situation gesehen, die dagegen sprach zu gehen, und vielleicht hatte diese mehr Gewicht.

Dieser Mensch hat also, nachdem er den Satz ausgesprochen hat, aber nicht gegangen ist, zumindest zwei Vorstellungen: Wie es wäre, wenn er gegangen wäre, und was er verliert, wenn er geht. Da er in seiner Vorstellung aber bereits gegangen ist, gibt es nun eine dritte Sequenz: Er ist innerlich zurückgekommen, da er in der Realität immer noch auf seinem Stuhl sitzt. Und in der vierten Sequenz bezieht er sich nun auf die äußere Situation, die Realität. Er ist real immer noch nicht gegangen.

Welchen dieser Vorstellungen gibt ein Mensch bewußt Körper, welche dieser Vorstellungen erfährt er bewußt körperlich? Ist es: »Ich bin nicht gegangen, aber jetzt muß ich gehen«, oder: »Ich warte noch ein bißchen, bis ich gehe« usw. Dies ist bewußt. Aber im Unbewußten liegt die Antwort, wem das Verb gehört, die Erlaubnis zu gehen. Es geht in ihm, aber er geht nicht mit. In jedem Fall sitzt er nun mit innerem Streß ruhig auf seinem Stuhl und fängt an, sich in der Hier- und Jetzt-Situation unwohl zu fühlen. Und hat damit die Erfahrung gewählt, daß es nicht gut ist, hier zu sein. Und es wird noch komplizierter. Da er sich nun nicht länger wohlfühlt, sagt er vielleicht nicht mehr: »Ich möchte gehen«, sondern vielleicht: »Ich muß hier raus«. Und verliert möglicherweise sein ursprüngliches Vorhaben, wohin er gehen wollte. Hier gibt es offensichtlich persönliche und organische Verträge, welche die Restenergie rechtfertigen und die Konsequenzenergie zurückhalten. Und vielleicht ist seine Lösung jetzt, darauf zu warten, daß jemand ihm zu verstehen gibt, daß er nun gehen darf.

Möglicherweise wählen wir in unserer Umgangssprache automatisch bestimmte Worte, um in uns Streß aufzubauen. Z.B. wenn wir sagen »Ich muß gehen«, statt »Ich möchte gehen«, um damit die Wichtigkeit unseres Wunsches zu betonen. Selbst wenn wir damit dasselbe meinen, so ist die körperliche Erfahrung sehr verschieden. Vielleicht erlauben wir uns auch nur in einer Sprache zu kommunizieren, die eine Trennung macht zwischen dem, was wir wirklich fühlen, und dem, was wir sagen. Wie z.B. »Ich muß gehen« das Gefühl von »Ich möchte gehen« verstecken kann.

Wir erfahren die ganze Zeit die körperliche Seite unserer Gedanken, den Körper unserer Situationen. Und die Verführung ist groß, sich bewußt vorzunehmen, nur noch positiv zu denken, damit wir uns immer wohl fühlen. Und viele Menschen glauben daran, daß dies der Weg ist, mit ihrem Leben umzugehen. Das Problem dabei ist, daß wir auf diese Weise eine Spaltung kreieren, einen bewußten Vertrag machen, der unseren unbewußten Vertrag verneint und damit auch unsere Geschichte. Wir gehen dann nur dahin, wo es gut ist, und wir fühlen uns gut. Nach einiger Zeit können wir jedoch das gute Gefühl nicht länger halten und fangen an, uns nicht mehr so gut zu fühlen und gehen weg. Oder wir werden künstlich und verlieren den Kontakt zur Realität.

Viele Menschen spalten ihren Alltag in Momente, in denen sie etwas für sich tun, um sich wohlzufühlen, während andere Teile des Tages grau und schwierig sind. Wie z.B. ein Mensch, der zehn Monate im Jahr sehr schwer arbeitet, um dann in den zwei Monaten Ferien endlich leben zu können. Und am Ende der Ferien von der Realität wieder eingeholt wird. Viele Menschen kreieren Phantasien, um der Realität zu entkommen. Und viele Menschen schauen ihre inneren Wünsche nicht an, damit diese von der Realität nicht verneint werden können. Wir können dies häufig in Liebesbeziehungen sehen. Wir haben große Erwartungen und fühlen uns gut mit dem anderen. In dem Moment, wo wir uns nicht länger wohlfühlen, haben wir die Tendenz wegzulaufen, aus der Beziehung auszusteigen, statt anzunehmen, um was es wirklich in unserer Realitätserfahrung geht. Wir haben Angst, unsere Wünsche zu verlieren, und Angst, in unsere Restenergie, in unsere Reflexmechanismen und in unsere eingesperrten Erfahrungen zu fallen. Und verlieren das Verb, das versucht zu inkarnieren, was wir wirklich wollen.

Dieses Verb ist niemals wirklich ideal, weil es die Realität unserer Geschichte beinhaltet. Wir leben in einer Welt, die für den einzelnen nicht perfekt ist, weil wir sie nicht kontrollieren können. Es gibt Probleme, es gibt Schmerz, und selbst wenn wir versuchen, uns gut zu fühlen, gehören auch diese Teile dazu. Aber geben wir den Schwierigkeiten und dem Schmerz Körper oder unseren Wünschen? Unsere Wünsche bringen diese anderen Teile mit hoch, aber diese

138

Teile sind nicht das, worum es uns eigentlich geht. Wir können die Erde als schmutzig betrachten, aber sie ist auch die Substanz, die den Pflanzen Wachstum ermöglicht.

Die verschiedenen verkörperlichten Erfahrungen sind Träger von Geschichte. Von persönlicher Geschichte, von Familiengeschichte, von kultureller und sozialer Geschichte. Sie sind Teil von uns, und häufig sehen wir nicht, wie wichtig sie für unser Leben sind und wieviel an Konsequenzenergie sie in sich tragen. In unseren Familienverträgen gibt es einen roten Faden von Versuchen, unsere tiefen Wünsche zu realisieren. Und gleichzeitig kommen die verschiedenen Begegnungen, Schwierigkeiten und Konflikte hoch. Wir werden von unserem Wunsch getrieben, das Paradies zu inkarnieren. Dieses innere Bild stimuliert uns, das Paradies in der Realität zu kreieren. Aber wir können nur Teile des Paradieses realisieren, weil gleichzeitig zu diesem inneren Bild addiert wird, was war und was ist. Wenn wir dies annehmen, können wir die Tiefe unserer Erfahrungen erkennen, selbst wenn wir auf den ersten Blick in einer sehr leichten und oberflächlichen Sprache sprechen.

Wir machen ständig Zusammenfassungen der verschiedenen Vorstellungen in unserem Vorbewußten. Diese Zusammenfassung hört sich vielleicht sehr einfach an, z.B.: »Das war ein schöner Sommer«, oder »Heute lief's ganz gut«. Dies ist ein Resümee, eine Symbolisation von Millionen von Situationen.

Welchen einzelnen Situationen eines Gedankens geben wir Körper, und was ist der zusammenfassende Körper, den wir einem Gedanken geben? Diese zusammenfassende Aussage ist häufig das, was wir uns erlauben zu fühlen, aber es ist nur ein Teil von dem, was war. Deshalb sind unsere Gefühle häufig gemischt, weil sie damit verschiedene, gleichzeitig gültige Wahrheiten in einem bestimmten Moment beinhalten.

Manche Menschen wählen in ihrem Vorbewußten chronisch bestimmte Situationen und geben ihnen Körper. Häufig sind es sogar Situationen, die sie nicht mögen, weil soviel vom Schmerz verkörperlicht und sowenig des tiefen Strebens bewußt geworden ist. Der Drang, die tiefen Wünsche zu realisieren, bleibt dann unbewußt und drückt in unserem Körper wie ein Fremdkörper, der nach außen will.

Und manchmal rebelliert er, und wir verstehen nicht, was wir eigentlich wirklich suchen.

Sind die Gedanken unseres Verstandes eine Fortführung unserer tiefen inneren Wünsche oder deren Verneinung? Oder beides, in Form von Zweifel? Wir stehen in jedem Moment unseres Lebens an einer Wegkreuzung. Welche Richtung wählen wir? Wenn wir den Zweifel wählen, warten wir darauf, daß etwas geschehen wird, was wir möchten. Und das kann Jahrzehnte dauern. Wir gehen nicht zu dem, was wir wirklich wollen, und wir kreieren es nicht. Wir machen dies sehr häufig, um auf diese Weise unsere vertikalen Erfahrungen bestätigen zu können.

Sind wir ausreichend in Kontakt mit den tiefen Impulsen in uns, um neue Erfahrungen dazuaddieren zu können, um unsere alten Verträge zu öffnen? Hier liegt ein wichtiger Schlüssel für Transformation. Transformation in dem Sinn, daß ein Mensch anerkennt, wo er ist. Aber wo er morgen sein wird, oder übermorgen, beinhaltet eine Veränderung. Transformation setzt zwei wichtige Elemente voraus: daß der Mensch weiß, wo er ist und wohin er gehen möchte. Und das wiederum setzt voraus, daß er weiß, woher er kommt. Nur dann können wir unsere Erfahrung der Vergangenheit verändern, um eine neue Zukunft zu kreieren.

Wenn ein Mensch »Ich« sagt, spürt er seine Ich-Stärke? Kann er dieses Wort füllen, oder ist es nur eine Situation, der er keinen Körper gibt? Nehmen wir z.B. den Satz: »Ich möchte Dich morgen gerne sehen«. Vielleicht gibt er dem »morgen« oder dem »Dich«, dem anderen, viel mehr Körper als dem »Ich möchte«. Und verliert dabei entweder sich oder/und den heutigen Tag. Viele Menschen verwenden Passivformen, wenn sie von sich sprechen, z.B.: »Es geht mir gut«. Wie weit entfernt sich dieser Mensch von seinem »Ich« und wie chronisch ist dies? Eine Klientin konnte in der Therapie nicht das Wort »Ich« sagen, ohne sofort in Tränen auszubrechen. Sie konnte zu dem Ich nicht stehen. Sie mußte etwas dazuaddieren, und am Ende jedes Satzes gab es ein Du oder einen anderen. Und der andere war stärker.

Gibt die Person in dem Satz »Ich möchte gehen«, dem »gehen« Körper und geht? Ist das »gehen« wichtiger als das »Ich«? Verliert sie die Ich-Stärke und geht »ohne sich«? Häufig addieren wir am Ende unserer Gedanken einen Zusatz, wie z.B. »aber ich warte noch ein wenig«, der uns von dem abhält, was wir wirklich wollen. Wir kastrieren uns häufig durch Zweifel, Selbstverneinung, Tabu, oder indem wir den anderen zu stark machen. Und hindern uns dadurch daran, dem Verb Aktion zu geben, unseren Ausdruck zu erlauben. Wir verwirklichen dann nicht, was wir eigentlich wollen. Das ist natürlich nicht sonderlich gut für uns. Aber es hat auch eine gute Seite: Die Person baut eine Ladung auf, ein Verb, den Drang zu gehen. Diese Ladung macht innerlich Druck und baut auf diese Weise das Ich auf.

Daß die Person nicht geht, ist ein Problem, aber indem sie nicht geht, lädt sie ihr Ich. Und fühlt, wie stark das Nichtgehen ist. Und vielleicht sagt sie dann: »Ich muß gehen«. Der Mensch baut sein Ich unbewußt auf, aber er verliert dabei die bewußte Verantwortlichkeit von »Ich möchte gehen«. Er fühlt sich gezwungen zu gehen, es gibt keine andere Möglichkeit mehr. Das Problem dabei ist, wenn wir uns zwingen, oder die anderen dazu benutzen, uns zu zwingen, verlieren wir die Freude. Und werden steif, schwer, geladen und unbeweglich. Und es wird doppelt anstrengend, weil ich nicht nur Stärke brauche, um mich zu bewegen, sondern zusätzlich noch meine eigene Stärke tragen muß. Und vielleicht zweifle ich dann, ob ich das Recht habe, mich zu bewegen.

Unser Körper versucht, viele verschiedene Wünsche gleichzeitig zu realisieren. Von den banalsten Wünschen wie spazieren zu gehen, zu essen, bis zu dem Wunsch, geliebt zu werden, uns anerkannt zu fühlen und zu existieren. Die meisten unserer Wünsche sind unbewußt. Wir haben tiefe natürliche Triebe in uns, die spirituellen Sinn haben müssen, sonst könnten wir unsere lebende Existenz nicht akzeptieren. Welche Form geben wir diesen Trieben? Unserem Lebensinstinkt, den Wünschen, uns zu verwirklichen, zu lieben und geliebt zu werden, zu kreieren, zu helfen, unserer Lust, Sexualität usw. Können wir ja zu diesen Trieben sagen? Können wir verantwortlich mit unserem Verb umgehen, zuallererst uns gegenüber, aber auch gegenüber den anderen? Zu diesen Trieben gehören teilweise tiefe Situationen in unserem Unbewußten und Vorbewußten. Wir mögen uns ihrer nicht bewußt sein, aber erlauben wir uns, auf sie zu lauschen, oder halten wir sie zurück? Dann rebellieren diese Kräfte in uns, pervertieren uns und zerstören den anderen, da sie unkontrolliert sind. Und wir übernehmen keine Verantwortung dafür, daß sie auch Teil von uns sind, schaffen einen Fremdkörper in unserem Körper.

Unsere tiefen Wünsche und Kräfte, Instinkte und Triebe wie Liebe, Fortpflanzung, Kreativität leben organisch in uns. Wir können sie deshalb auch das *tiefe Organische** nennen, weil sie tief in unserem Ja zum Leben verwurzelt sind. In unserem Verstand entwickeln wir eine Idee, ein *Konzept**, welche dieser Aspekte wir leben. Hier findet eine Wahl statt, und diese Wahl ist bewußt. Wo möchte ich meine Liebe leben, wie möchte ich meine Liebe leben, mit wem möchte ich meine Liebe leben? In dieser Form ist die Wahl des Konzepts konstruktiv. Aber wähle ich wirklich, und kann ich annehmen, was ich wähle?

Zu den Trieben aus dem tiefen Organischen gehören intensive Situationen, die essentiell für unser Leben sind. Da viele dieser Triebe gleichzeitig in uns lebendig sind, kann unser Konzept nicht alle in einem bestimmten Moment spezifisch erkennen. Deshalb kreieren wir eine Gesamtlösung, wie wir diese Teile leben, und hier findet eine wichtige Wahl zwischen innerer und äußerer Welt statt. Die Wünsche aus unserer inneren Welt kommen hoch, und in unserem Konzept schauen wir nach außen, um zu entscheiden, wie wir diese Wünsche ausdrücken, wo wir sie ausdrücken, und wann wir sie ausdrücken. An dieser Stelle kann viel geschehen, z.B. wenn die äußere Situation diesem Trieb nicht erlaubt, sich auszudrücken, oder gar gegen ihn geht.

Das Konzept kann dann nicht einfach wählen, dem Trieb zu folgen. Es muß ihn entweder zurückhalten oder einen Umweg machen, indem es einen anderen Weg findet, eine andere Form, eine andere Sprache. Wir haben davon im Zusammenhang mit Signal und Beweggrund bereits gesprochen. Wir treiben viel Aufwand, um zu vermeiden, zu sagen, was wir wirklich meinen. Das Signal, das wir nach außen geben, läßt häufig nicht mehr den tiefen Beweggrund erkennen, der in ihm versteckt ist. Wir hoffen dann, daß der andere die Situation sieht, die wir meinen. Aber er kann sie nicht wirklich sehen. Und häufig sehen wir sie selbst nicht, d.h. wir glauben, unser Signal sei unser Beweggrund. Auf diese Weise spalten wir uns häufig von unseren tiefen Wünschen ab und mißinterpretieren diese.

Was geschieht, wenn das Konzept sagt: »Warte einen Moment«, »Ich kann das nicht«, »Ich muß es nicht«, »Ich soll das nicht«, »Ich darf das nicht«, »Jetzt ist nicht der richtige Zeitpunkt«, »vielleicht später«, »oder vielleicht doch nicht«, oder »Was soll ich tun«? Das Konzept hält die Energie, den Trieb, das Verb zurück, und dieser zurückgehaltene Ausdruck baut eine Ladung auf. Wenn diese Ladung zur Ich-Stärke wird und die Person diese annehmen kann, wird sie zu »Jetzt muß ich« oder »Jetzt will ich«. Oder der Mensch kreiert eine Charakterstruktur, einen Umweg, durch den er versucht, zumindest einen Teil seiner Ladung zu befreien. Vielleicht unter dem Tisch, indirekt, oder er geht weg und sagt erst dann, was er sagen wollte. Wir nennen dies die *organische Verbindung**, die Verbindung zwischen dem tiefen Organischen und dem Konzept.

Die organische Verbindung ist die körperliche Form, die das tiefe Organische annimmt, um das Ungleichgewicht zwischen innerer und äußerer Welt auszugleichen. Wir introjizieren, wir verkörpern die äußere Welt, wir nehmen die Eindrücke in unseren Körper hinein, wo sie unseren tiefen Trieben begegnen. Und dort findet ein Dialog statt. Was ich nicht in die äußere Welt ausdrücken kann, drücke ich nun in mir aus. Mein Zweifel im Konzept nimmt eine körperliche Form an, ich kämpfe in mir, d.h. ich kämpfe mit mir. Das hört sich vielleicht tragisch an, und es ist tragisch, wenn ein Mensch von der äußeren Welt überflutet wird und dabei seine tiefen Wünsche verliert. Aber es bedeutet auch, daß der Mensch Träger der Geschichte wird, die heute geschrieben wurde und die zu seiner alten Geschichte addiert wird. Der Mensch verkörpert seine Realität. An dieser Stelle hat der Mensch die große Chance, mit seinen tiefen Kräften Kontakt zu machen, die immer wach sind. Und kann damit sein Leben kreativer gestalten. Unser Ja zum Leben ist immer da, wie sehr wir auch in unserem Konzept zweifeln mögen.

Wir können aufrichtig zu uns selbst sein und die Begegnung unseres tiefen Selbst mit der Realität in eine neue Situation tragen. D.h. ich werde vielleicht morgen sagen, was ich heute nicht sagen konnte. Aber möglicherweise trage ich es morgen zu jemandem, der gestern nicht da war. Kann der andere dann nicht nur hören, wo ich heute bin, sondern auch, wo ich gestern und vorgestern war? Ist es nicht genau das, was wir in Liebesbeziehungen machen, wenn wir uns tiefer und tiefer auf die Beziehung einlassen und immer mehr unserer Geschichte hochbringen? Können wir lieben, ohne den anderen wirklich zu verstehen? Können wir anerkennen, wo der andere war?

Die Begegnung mit dem anderen kann eine phantastische, aufregende Herausforderung sein, in die unser tiefes Organisches einfließt und all das, dem es auf seinem Weg zum Konzept, zum Bewußtsein und zum Ausdruck begegnet. Und gleiches gilt für die Bewegung in die andere Richtung: den Weg, der von der Begegnung mit der äußeren Welt zu unserer inneren Welt führt.

Wenn wir unsere Energie zurückhalten und dadurch in uns auch alte Energie berührt wird, sind wir im Streß. Viele Menschen sind chronisch im Streß. Sie tragen ihren Streß mit sich und brauchen viel Kraft, um ihn zu leben. Es ist leichter, die Hand zu bewegen, als die Bewegung der Hand zurückzuhalten. Die Aktion, das Verb, verringert das Gewicht, weil das Gewicht in Bewegung ist. Das Zurückhalten unserer Energie, unserer Kraft, unserer Triebe, Wünsche und unseres Ausdrucks kostet viel Energie, da wir dem Impuls, sich zu bewegen, etwas entgegenstellen müssen. Dies ist ein sehr wichtiger Faktor für unsere Wahl von Erfahrung.

Grundsätzlich gibt es zwei verschiedene Möglichkeiten, diese zurückgehaltene Energie zu bewegen und zu befreien: 1. den Ausdruck der Restenergie gegenüber der äußeren Situation, gegenüber dem anderen in der Beziehung, 2. eine innere, körperliche Regulation.

Wir nennen den Ausdruck von Restenergie in der Beziehung *Makroregulation**. In der Geschichte des Mannes, der seinen Bus verpaßte, gab es viel Makroregulation. Das ganze Ping-Pong-Spiel zwischen den beiden Ehepartnern war ein Versuch, die Restenergie auszudrücken und sich wieder entspannen zu können. Diese Form der Regulation ist uns sehr vertraut, da sie normalerweise bewußt erlebt wird.

Die zweite Möglichkeit, festgehaltene Energie zu befreien, ist eher unbewußt und findet spontan in unserem Körper statt. Wir nennen dies eine *Mikroregulation**. Der Körper mikroreguliert z.B. durch Schwitzen, erhöhte Atem- und Pulsfrequenz, intestinale Aktivität (Verdauungsperistaltik). Ein Großteil der Mikroregulation findet im Schlaf statt.

Obwohl Mikro- und Makroregulation auf den ersten Blick den gleichen Zweck erfüllen, sind sie nicht beliebig austauschbar. Sie haben völlig verschiedene Konsequenzen für unsere Beziehungen, und damit auch für unser Leben. Indem wir makroregulieren, nehmen wir Einfluß auf die äußere Situation, wir kreieren Realität. Wir brauchen aber auch die Fähigkeit zu mikroregulieren, da wir nicht in jedem Moment ausdrücken können, was in uns ist.

Manche Menschen mikroregulieren chronisch. Sie versuchen nicht, eine für sie unbefriedigende Situation zu verändern, sondern verstecken einen Teil von sich, ziehen sich zurück, versuchen ihre Wunden zu heilen und die Befriedigung in sich selbst zu finden. Offensichtlich spüren sie in sich nicht die Erlaubnis, Realität zu kreieren. Es ist wie den Kopf unter die Decke zu stecken und zu hoffen, daß das Problem nicht mehr da ist, wenn wir es nicht mehr sehen.

Andere Menschen sind chronisch am Makroregulieren. Sie sind davon abhängig, daß alles nach ihrem Willen geht. Was immer auch ihre Bedürfnisse sind, sie müssen realisiert werden. Es ist nahezu unmöglich, mit diesen Menschen zu leben, es sei denn, man akzeptiert, selbst nur zu mikroregulieren.

Wenn einer dieser beiden Regulationsmechanismen bei einem Menschen chronisch überentwickelt ist, ist ein wirklicher Dialog und eine wirkliche Beziehung mit ihm kaum möglich.

Wir können uns von alter eingesperrter Restenergie in unserem Alltag nur begrenzt befreien. Wir können uns kurzfristig Luft machen. Aber die alte, ebenfalls eingesperrte Situation stimuliert neue Bewegung, die unbewußt wieder zurückgehalten wird. Es ist wie ein Wassertopf mit Deckel, in dem das Wasser vor sich hinkocht. Und manchmal heben wir in unserem Alltag den Deckel, und der Dampf entweicht. Aber das Wasser kocht weiter und bildet neuen Dampf.

Deshalb werden in der Körperpsychotherapie nicht nur die Situationen und die Sprache wichtiggenommen, sondern auch die Befreiung eingesperrter Energie, die sich häufig über Jahre und Jahrzehnte aufgebaut hat. Die Arbeit vieler Körperpsychotherapeuten basiert daher auf der Erlaubnis, das Unausgedrückte auszudrücken. Aber der bloße Ausdruck führt nur begrenzt zum Erfolg. Wir glauben, daß noch ein weiterer Schritt notwendig ist: die eigene Wahl zu besitzen. Das heißt nicht nur das Unausgedrückte auszudrücken, sondern auch in Kontakt mit dem zu kommen, was der Mensch ursprünglich ausdrücken wollte, dem Sinn und der Tiefe, die darin enthalten waren. Dann ist Ausdruck nicht nur eine Befreiung, sondern der Ausdruck eines Wunsches, eines Ziels.

Wir können als Therapeuten unseren Klienten helfen, nicht nur ihre Wünsche und Hoffnungen wieder zu besitzen, sondern auch den Sinn in ihrem Schmerz, ihren Problemen und ihren eingesperrten Erfahrungen. Was die Person damals in einem spezifischen Moment ihrer Geschichte wählte, hatte auch etwas Gutes und Wichtiges. Aber dieser Moment ist vorbei, und es gibt neue Möglichkeiten im Hier und Jetzt. In diesem Sinn gehen wir über die soziale Situation hinaus, die den Ausdruck gestoppt hat. Es wäre unsinnig, eine Gesellschaft schaffen zu wollen, die jede Form von Ausdruck erlaubt. Aber es scheint uns wichtig zu sein, den tiefen Sinn wiederzufinden, der mit dem Ausdruck eingesperrt war.

Körperpsychotherapie ist eine Möglichkeit, Unausgedrücktes auszudrücken, um sich von der Last zu befreien, die wir mit uns tragen, um zu dem zu kommen, was wir wirklich brauchen oder wollen. Dies wäre ein persönlicher Entwicklungsprozeß. Wir glauben nicht daran, daß wir durch bloßes Reden über die Situationen unserer Vergangenheit zu der Erlaubnis kommen, unseren Körper und seine Tiefe anzunehmen, uns selbst autorisieren können, unseren eigentlichen Ausdruck zu finden. Wir können jahrelang um unsere Probleme herumreden und sie von allen Seiten beleuchten und vertiefen. Aber in unserem Unbewußten und Vorbewußten leben ungeheuer starke organische Verträge, die uns daran hindern, unsere grundlegenden Wünsche wieder zu besitzen und ihnen die Erlaubnis zu geben, sich auszudrücken.

Wir können und sollten nicht einfach in unserem Alltag ausdrücken, was wir jahrelang zurückgehalten haben, weil sich diese zurückgehaltenen Energien auf längst vergangene Situationen beziehen. Wir brauchen dazu einen geschützten Raum, in dem wir die notwendige Unterstützung und das Vertrauen haben können, um zu der Erfahrung in unserem Körper zurückzugehen, die jahrelang eingesperrt war. Nicht um wieder in der Vergangenheit zu leben, sondern um dahin zurückzugehen, wo wir in unserer Vergangenheit steckengeblieben sind; und unser heutiges Potential nutzen, unsere heutige Stärke, um zu vollenden, was wir damals nicht tun konnten, um zu unseren tiefen inneren Wünschen zurückzufinden. Damit wir für diese heute und morgen eine erwachsene Form finden können.

Was ist unsere Balance zwischen dem Leben im Hier und Jetzt in einer neuen Situation und unseren vergangenen Erfahrungen? Können wir horizontal sein und trotzdem unsere Tiefe, aber auch unsere Vergangenheit und unsere Wurzeln fühlen? Wenn uns das gelingt, können wir spüren, daß unsere Existenz grundsätzlich gut ist. Wir spüren unser tiefes Ja zum Leben und die Freude darüber. Und wir spüren gleichzeitig die Nuancen, die Schwierigkeiten und den Schmerz, die auch dazu gehören. Wir haben viele unerwünschte Erfahrungen in uns gesammelt, die in unserem Körper als Restenergie leben. Wir haben sie verkörpert, sie gehören uns. Aber wir gehören nicht ihnen.

Kapitel 14
Die innere Resonanz

Wer, zum Teufel,
gab mir dieses Gefühl?

Unsere Gefühle sind das Barometer unserer inneren Welt, auf dessen Skala sich die Qualität unserer Erfahrung ablesen läßt. Unsere Gefühle verändern sich, und die Qualität unserer Erfahrung, die wir durch unsere Gefühle wahrnehmen, verändert sich. Unsere Gefühle basieren auf unserer eigenen Wahl, weil Gefühle grundsätzlich immer persönlich sind; aber diese Wahl kann auch neurotisch sein. Häufig fühlen wir jedoch, daß jemand anderer uns ein Gefühl gibt, das wir dann leben müssen.

Jede Situation, jede Vorstellung und jeder Gedanke hat eine körperliche Resonanz in uns, eine Vibration, die uns eine Qualität der Erfahrung gibt, ein Gefühl. In uns werden Teile berührt, die alte Situationen beinhalten, aber auch Restenergie und Konsequenzenergie. Und genau an dieser Stelle findet die Wahl unserer Gefühle statt.

Es gibt viele Philosophien der Gefühle, weil diese die Philosophien des Lebens beinhalten. Geht es in unserem Leben darum, uns gut zu fühlen? Oder ekstatisch zu fühlen? Ist Leben, zu versuchen, sich so gut wie möglich zu fühlen? Oder geht es in unserem Leben darum, die verschiedenen Wahrheiten unserer Erfahrungen zu leben? Ist unser Gefühlsleben eine reiche Welt, in der tragische und glückliche Gefühle, weiche und aggressive Gefühle Platz haben?

Manche Menschen haben gewählt, nichts zu fühlen. Nicht weil sie nichts fühlen wollen, sondern weil bestimmte unangenehme und schwierige Gefühle nicht im Alltag an die Oberfläche kommen sollen. Unsere Gefühle sind sicherlich Teil unseres tiefen Strebens in unserem Leben. Grundsätzlich wollen wir fühlen. Wir wollen uns gut fühlen. Aber gut existiert nur im Vergleich zu etwas, das schlecht ist. Wenn wir uns ausschließlich gut fühlen, können wir nicht wissen, daß es gut ist.

Wie sehr können wir uns für das ganze Spektrum der Gefühle öffnen? Nicht nur, was wir uns selbst erlauben zu fühlen, sondern auch, was wir als Liebespartner, als Elternteil, als Kollege und als Freund uns erlauben können, an Gefühlen von dem anderen zu empfangen. Wo berühren uns die Gefühle des anderen? Und welche Resonanz spüren wir in uns, die wir nicht haben wollen?

Wir erfahren unsere Gefühle häufig als sinnlos, als hätten sie keine Bedeutung für uns. Aber dennoch sind sie wichtig für uns, weil wir sie fühlen. Es ist, wie einen Wunsch zu haben und vielleicht den Sinn und die Bedeutung nicht zu verstehen. Ein Extrembeispiel dafür ist sicherlich die Drogenabhängigkeit, wo das einzig Wichtige ist, sich gut oder zumindest nicht allzu schlecht zu fühlen, aber der Sinn des Gefühls völlig verlorengeht.

Wir können Gefühle auch als die Sinnlichkeit eines Sinns betrachten, einer Bedeutung, die wir vielleicht nicht immer verstehen, die wir jedoch fühlen können. Vielleicht haben wir eine Ahnung, worum es dabei geht. Und vielleicht liegt der Sinn sogar noch tiefer als die Ahnung unseres Bewußtseins reicht. Das Gefühl, lebendig zu sein, Teil des Lebens zu sein, das Gefühl, gleichzeitig Schauspieler und Autor unseres Lebens zu sein, oder zumindest Mitautor.

Durch die Verkörperung unserer Erfahrung drängt der Wunsch, uns gut zu fühlen, auf die Erfüllung unserer inneren Situationen und Ziele. Wir spüren dann vielleicht: »Ich will oder muß das tun«, oder »Ich will das sagen«. Wir fühlen uns wohl, wenn wir unser Projekt realisieren. Dieser Drang, der durch unser Vorhaben ausgelöst wird, wird durch die Qualität unserer Erfahrung verkörpert. Normalerweise werden wir keine Projekte haben, die uns ein schlechtes Gefühl machen. Sondern wir haben Wünsche und Bedürfnisse, die darauf ausgerichtet sind, in uns eine gute Qualität unserer Erfahrung zu spüren.

Die unangenehmen und schwierigen Gefühle, Tragödie und Schmerz, sind Teil unserer Erfahrung. Sind wir in diesen Gefühlen gefangen und fallen in sie hinein? Oder können wir sie als Stimulus erfahren für etwas, das wir wollen, und nicht nur als Zeichen dafür, daß wir nicht haben, was wir wollen? Können wir mit unseren Wünschen, auch über die Begrenzung der Realität hinaus, in Kontakt sein? Bei anderen Menschen fällt uns das häufig leichter. Wir können manchmal die Schwierigkeiten des anderen hören und dennoch das Licht am Ende des Tunnels sehen. Können sehen, was sie in diesem Tunnel suchen oder wohin sie gehen möchten.

Wenn wir in unserem Körper einen Mangel spüren, haben wir eine Vorstellung davon, was wir wollen. Aber wir haben auch die Realität von dem, was wir nicht haben. Hier hat die Wahl in unserem Vorbewußten große Folgen. Wie lebendig oder wie wach, wie eingeschlafen oder wie eingefroren sind die Vorstellungen unserer Konsequenzenergie? Die Vorstellungen dessen, was wir bis heute nicht leben konnten, aber gerne leben würden, geben uns eine sinnliche Erfahrung. Können wir diese in unserem Körper spüren? Und den Drang zulassen, diese in Richtung eines Gefühls zu inkarnieren, das wir suchen?

Es gibt einen großen Unterschied zwischen »Ich möchte« und »Ich brauche«. In unserem allgemeinen Sprachgebrauch sagen wir vielleicht manchmal »Ich brauche«, wenn wir eigentlich »Ich möchte« meinen. Wenn jedoch unsere tiefe Erfahrung ist »Ich brauche«, ist es bereits zu spät. Ursprünglich wollten wir etwas, was wir nicht bekommen haben. Und jetzt brauchen wir etwas. Aber in dem »Ich brauche« können wir nicht länger die Freude des Wunsches spüren. Wir haben den organischen Kontakt zu der Wunschsituation in uns verloren. Wenn wir hingegen den organischen Kontakt spüren können, werden wir auch dann ein gutes Gefühl von dem haben, was wir wollen, wenn unser Wunsch in diesem Moment der Realität nicht befriedigt wird.

Bedürftigkeit ist wie auf einer Klippe über dem Abgrund zu hängen. Ich »möchte« nicht länger auf dem Boden stehen, ich »muß« auf dem Boden stehen. Der Wunsch, der ursprünglich da war, bevor ich den Bodenkontakt verloren habe, ist nicht länger da. Ähnliches können wir in der Traurigkeit sehen. Ist unsere Traurigkeit ein Gefühl von: »es ist zu spät«, oder ist es Sehnsucht? In der Traurigkeit des Sehnens liegt die Freude von dem, was ich möchte.

Wir sind emotionale Wesen, weil das Barometer unserer Emotionen uns anzeigt, was richtig und was falsch für uns ist. Ekstase vermeidet Realität und Körper, Schmerz vermeidet unsere Spiritualität. Lust und Freude ist der Drang zu etwas, das Sinn macht. Die Lust in sich selbst ist nicht das Ziel. In der Kommunikation unserer tiefen kollektiven Gefühle mit anderen Menschen fühlen wir nicht nur den Schmerz des anderen, sondern auch unseren eigenen Schmerz. Wir teilen, daß wir Menschen sind, die durch Passagen gegangen sind. Und daß manche Teile von uns unerfüllt geblieben sind und leiden, weil sie das Licht nicht sehen konnten.

Wir teilen ein gemeinsames Gefühl, mit jeweils unterschiedlichen persönlichen Situationen. Selbst wenn wir Schmerz, Leid und Traurigkeit teilen, können wir uns in diesem Zusammensein wohlfühlen.

Hier werden menschliche Gesetze berührt, in deren Tiefe wir in bestimmten kostbaren Momenten unser tiefes Organisches, das Essentielle, fühlen und mit jemandem teilen können.

Aber wir haben auch persönliche Gesetze. Und wie sehr lassen diese zu, daß wir von diesen tiefen Gefühlen erfüllt sein können? Können wir die Stärke der tiefen inneren Wahrheit fühlen? Und die des anderen annehmen? Wie z.B. ein Kind, das einen fürchterlichen Traum hatte. Vielleicht war der Traum völlig irreal, aber das Gefühl des Kindes ist real. Können wir als Eltern das Gefühl annehmen, oder sagen wir sofort: »Du hast nur geträumt, das ist alles nicht wahr«? Womit wir uns auf den Traum beziehen würden und nicht auf das Kind.

Häufig verneinen wir die Gefühle des anderen, indem wir unsere Situationen einbringen. In Beziehungen geschieht es häufig, daß der andere ein starkes Gefühl hat, das sich auf alte Situationen bezieht. Aber er fühlt dieses Gefühl jetzt. Und wir, die wir den Sinn aus der aktuellen Situation heraus nicht verstehen können, verneinen häufig das Gefühl, indem wir sagen, daß dieses Gefühl keinen Sinn macht oder nicht stimmt. Die Wahrheit ist, das Gefühl ist jetzt da, es ist real. Das gleiche machen wir häufig auch mit uns selbst. Wir bewerten unsere Gefühle oder wollen sie nicht mehr wahrnehmen, weil wir sie nicht verstehen können. Wir haben die dazugehörigen Situationen unterdrückt. Situationen, die zu traumatisch, zu schwierig oder zu schmerzhaft waren, um weitergehen und nach neuen Situationen schauen zu können, in denen es neue Möglichkeiten gibt. Wir haben diese Situationen durch einen Vertrag unterdrückt, und sie werden unbewußt. Aber das Gefühl ist bewußt. Es ist bewußt, weil wir es fühlen können.

Wir fühlen heute alte Situationen, alte Geschichten durch unsere körperliche Qualität der Erfahrung in der Gegenwart. Kann der andere die Wahrheit unseres Gefühls annehmen? Nicht die Situationen, die es verursacht haben, weil wir selbst Schwierigkeiten haben, diese zu sehen, sondern die Realität, daß dies ein Teil von mir ist.

Auf unserem Weg durch die Passagen in unserem Leben, durch Erfolg und durch Scheitern, haben wir eine emotionale Sprache mit einem weiten Spektrum an Gefühlen kreiert. Und haben gewählt, daß wir dem anderen nur einige Gefühle zugestehen und uns selbst vielleicht noch weniger.

Aber unsere Gefühle sind Träger unserer persönlichen Wahrheit und erinnern uns an das, was war. Wie sehr können wir uns erlauben, diese Gefühle zu leben, und sie zu dem addieren, was Hier und Jetzt ist und was sein könnte? Können wir das Hier und Jetzt unsere alten Wunden heilen lassen? Wie sehr kann ich heute Liebe in mich einlassen, um meine Gefühle von Schmerz und Isolation, Angst und existentieller Furcht zu heilen? Oder wir verbergen diese Gefühle tief in unserem Inneren und bekommen dafür ein anderes, ein schweres unbequemes Gefühl oder ein Gefühl von Leere. Und es entsteht neuer Schmerz. Der Schmerz, nicht zu fühlen, oder der Schmerz, nicht mehr mit dem in Kontakt zu sein, was wirklich wichtig für uns ist.

Glücklicherweise rebellieren unsere Gefühle jedoch manchmal gegen ihre Unterdrückung. Und ein Mensch wird z.B. plötzlich so wütend, als wäre die Welt zusammengebrochen, dabei ist in der Realität nichts Besonderes passiert. Das Unbewußte konnte dann nicht länger akzeptieren, daß dieses real erfahrene Gefühl nicht existieren soll. Unser tiefes Organisches akzeptiert die Verneinung unserer alten Wahrheit nicht. Es sagt nicht, daß sie heute noch wahr ist. Aber wenn wir selbst oder ein anderer verneinen, daß sie wahr war, kommen diese Gefühle manchmal noch stärker und sagen: »Hör mal, spür mal, es war wahr.«

Ein Mensch, der diese Wahrheit fühlt, fällt möglicherweise durch diese totale Erfahrung wieder in vertikale Situationen, die er nicht sehen möchte. Und versucht deshalb vor ihnen wegzulaufen. Aber wohin auch immer er läuft, das Gefühl läuft mit. Möglicherweise kreiert er als Ergebnis neue Gefühle, wie z.B. Isolation oder das Gefühl, abgelehnt zu werden, um die alte Verletzung zu beschützen. Und das neue Gefühl wird in einen inneren Dialog mit dem alten treten. Dieser Dialog findet statt durch die unbewußten Situationen, zwischen dem Drang, der versucht ans Tageslicht zu bringen, was Wahrheit war, und der Konsequenzenergie, dem, was nicht war, aber was jetzt sein könnte. Und manchmal wird unser Körper selbst der Ausdruck dieses Dranges, indem er mit psychosomatischen Symptomen reagiert, oder mit verbitterten Lippen, oder, wie in dem folgenden Beispiel, durch Tränen.

Einer Klientin fließen in jeder Sitzung Tränen die Wangen runter. Aber sie fühlte nichts. Eines Tages erkennt sie, daß sie nicht fühlen will. Und Sitzungen später sagt sie:»Ich merke, ich bin traurig.« Selbst in diesem Moment braucht sie noch die Distanz zu ihrem Gefühl. Und erst Monate später kann sie wirklich annehmen, daß sie es ist, die traurig ist.

Viele Menschen leiden darunter, daß sie chronisch ein bestimmtes Gefühl wählen. Ein depressiver Mensch hat grundsätzlich zwei Gefühle: Traurigkeit und Nichtgefühl. Das liegt nicht nur daran, daß er chronisch an vergangenen Situationen von Ablehnung und Versagen festhält, sein Körper hat auch bestimmte Kanäle überentwickelt. Die körperlichen Energien gehen dann in Richtung Herz und zu den Herzgefühlen. Und haben Schwierigkeiten, zu anderen Teilen der Person zu gehen, wie z.B. zur Freude, Stärke, Lust usw. Ein depressiver Mensch kann sich eine, zwei oder drei Minuten freuen. Aber spätestens dann kann er dieses Gefühl nicht mehr länger halten und kollabiert in seine Traurigkeit. Der Körper hat den Ausdruck von bestimmten Gefühlen überentwickelt, um andere zu vermeiden. Diese Verträge sind so unbewußt und so organisch, daß neue Situationen im Hier und Jetzt nicht ausreichen, um diesen Teil zu heilen.

Es kann gut sein, daß dieser Mensch zuerst zu seinem tiefen Organischen, zu seinen tiefen Wurzeln zurückgehen muß, um den Teil seiner Wahrheit, der unter der Verletzung liegt, wiederzufinden, d.h. die organische Stärke von dem, was er wollte, brauchte, oder wie es auch hätte sein können, seine Konsequenzenergie.

Gefühle handeln immer von Selbstliebe. Davon, daß ein Mensch sich gut und wahrhaftig darüber fühlen kann, wie er ist; daß er die Realität seiner Erfahrung und seiner Wahrheit lieben kann. Häufig möchten wir von anderen Menschen genau an der Stelle geliebt werden, wo wir uns selbst nicht lieben. Wir haben die Freude unseres eigenen Selbstbildes verloren und sind jemand geworden, der wir eigentlich nicht sind. Und leiden unter dem Vergleich zwischen dem, was wir geworden sind, und dem, wie wir tief in uns fühlen, daß wir wirklich sind.

Wir werden nicht Zukunft, wir werden Geschichte. Und wir leben den Schmerz, in einer Passage unserer eigenen persönlichen Entwicklung festzustecken und nicht durchzukommen. Viele Menschen erkennen nicht, daß sie angekommen sind. Sie sind durchgekommen, aber was hat es sie gekostet?

In unserem Schmerz liegt auch die Vorstellung, wie es hätte sein sollen. Und wir hängen so oft in der Begrenzung dessen fest, wie es ist. Andererseits, wenn wir versuchen uns in einer schmerzhaften Situation gut zu fühlen, verneinen wir unsere tiefe Wahrheit. Es wäre eine Illusion, und wir fühlen uns außerdem noch unecht.

Die ganze Variationsbreite von Gefühlen gehört uns. Wenn wir etwas Schönes sehen, können wir es fühlen. Wenn wir etwas sehen, was wir nicht wollen, können wir fühlen, daß wir es nicht wollen. Und können fühlen, wie wir es wollen. Aber wenn wir nicht länger fühlen können, was wir nicht wollen, dann denken wir nur, daß wir es nicht wollen. Und antworten nicht länger als lebendige Wesen darauf. Als wenn wir etwas essen würden, ohne zu fühlen, was es ist. Und es könnte Gift sein, ohne daß wir es wissen.

So betrachtet ist unser Gefühlsleben ein Motor unserer Evolution. Wir können fühlen, was richtig und was falsch für uns ist. Und wenn wir fühlen, daß es falsch für uns ist, können wir Einfluß darauf nehmen, egal ob in einer persönlichen Krise, einer menschlichen Krise oder einer Beziehungskrise.

Wenn wir durch eine Straße laufen und einem Bettler begegnen, der uns um eine Mark bittet, was machen wir? Wir können fühlen, daß es nicht o.k. ist, daß er da ist. Aber die Wahrheit ist, er ist da. Er ist eine äußere Situation für uns, aber mit Sicherheit haben wir gleichzeitig viele innere Situationen. Vielleicht ist diese eine Mark für ihn, wie 1000 Mark für uns, wenn wir 1000 Mark brauchen.

Wir können fühlen, daß er sich darum kümmern sollte, eine Arbeit zu finden. Wir haben nur wenige Sekunden Zeit, uns auf diese Situation zu beziehen. Vielleicht geben wir ihm eine Mark, um uns gut zu fühlen. Wir spüren, wir haben unsere soziale Pflicht getan. Und vielleicht haben wir tatsächlich für unser Schuldgefühl bezahlt. Wir fühlen uns gut. Aber das Problem ist, 100 Meter weiter steht der nächste Bettler. Und vielleicht sagen wir uns, aber ich habe schon dem einen Bettler etwas gegeben. Und vielleicht wählen wir, zu fühlen, daß der zweite Bettler mit uns nur ein Spiel treibt, weil wir uns gut fühlen, daß wir schon etwas gegeben haben. Vielleicht fühlen wir aber auch, daß der zweite Bettler das Geld noch dringender braucht als der erste. Aber dann fühlen wir uns möglicherweise schlecht, daß wir unser Geld dem Falschen gegeben haben.

Vielleicht fühlen wir auch, der zweite Bettler ist nicht mein Problem. Aber wir stehen vor dem Problem. Möglicherweise fühlen wir, daß dies ein soziales Problem ist, um das sich der Staat kümmern sollte. Und gleichzeitig zahlen wir aber nicht so gerne Steuern. In jedem Fall, wir haben dem ersten Bettler bereits etwas gegeben und entscheiden uns vielleicht weiterzugehen. Und nachdem wir fünf Minuten weitergegangen sind, fangen wir an, uns schlecht zu fühlen, weil wir das Gefühl, einen anderen Menschen zu brauchen, sehr gut kennen. Wir hätten ihm doch etwas geben sollen. Und was sind eigentlich schon zwei Mark für uns? Wir laufen wieder zurück, und der Bettler ist weg. Und wir gehen weiter mit einem schlechten Gefühl. Vielleicht sagen wir auch einfach »schade« und lassen die Situation los. Oder wir versuchen, uns gut zu fühlen, und sagen uns, wenn er das Geld wirklich gebraucht hätte, wäre er jetzt noch da.

Oder jemand anderer muß ihm Geld gegeben haben. Es ist unsere Wahl, unsere Wahl der Erfahrung. Was waren unsere menschlichen Gesetze, die unsere Gefühle kreiert haben? Und was waren unsere persönlichen und sozialen Gesetze, mit denen wir unsere Gefühle gerechtfertigt haben?

Die tiefsten Gefühle teilen wir als Erwachsene meist mit unserem Liebespartner. Dabei bringen wir auch alte Gefühle an die Oberfläche und bestehen darauf, daß der andere sie empfangen soll. Das Teilen oder Senden von Emotionen hat einen großen Einfluß auf die Qualität unseres Lebens. Häufig bestehen wir darauf, daß der andere uns das gibt, was wir uns selbst nicht geben, Liebe für unsere eigene Wahrheit.

Drücken wir unsere Gefühle mit Gewalt aus, weil wir spüren, daß wir nicht verstanden wurden? Können wir, auch wenn wir uns unverstanden fühlen, unsere tiefen Gefühle in einer empfindsamen Sprache kommunizieren? Und unsere Gefühle und der Ausdruck unserer Gefühle werden eine Art Kunst, etwas, das mitgeteilt und angenommen werden möchte. Vielleicht nicht verstanden, aber gefühlt. Oder sind unsere Gefühle dann nur etwas, das heraus muß, egal wie, egal wo, egal wann?

Manche Menschen spalten die Welt in zwei Teile: in das, was real ist, und das, was nicht real ist. Und vielleicht ist das Reale häufig so schlecht oder so funktional, daß es nicht gefühlt werden sollte. Nur durch Träume, Filme oder Bücher können sie überhaupt fühlen. Ein Kind wechselt sehr schnell von einem Gefühl zum nächsten. Sein Leben ist auf Gefühlen und Freude gegründet, und Rigidität oder nicht fühlen zu können sind für das Kind traumatisch. Wäre es nicht traurig, wenn wir als Erwachsene unser Leben auf Rigidität gründen und Gefühle für uns traumatisch sind? Verlieren wir mit der Qualität unserer Erfahrung nicht etwas sehr Kostbares, einen Teil unserer Lebensqualität?

Unsere versteckten und eingesperrten Gefühle brauchen möglicherweise einen sehr guten Freund. Jemanden, der uns hilft, uns zu öffnen. Vielleicht klopfen unsere Freunde an der Tür. Können wir die Türe öffnen und sie einlassen, oder knallen wir die Türe zu, sperren sie ab und sind verärgert über die Störung?

Teil III
Wünsche, Realität und Beziehungen

Kapitel 15
Die Sprache unserer Wünsche

Vielleicht möchte ich doch nicht

Im Hier und Jetzt zu leben ist eine große Herausforderung in jedem Moment unseres Lebens. Es ist ein Dschungel an Wahlmöglichkeiten. Es ist der Ort, an dem wir die Elemente unserer Erfahrung vereinen können, an dem wir in Kontakt mit den inneren und äußeren Situationen sein können, an dem wir fühlen und ausdrücken können.

Unsere ganzheitliche Erfahrung, im Hier und Jetzt zu leben, bedeutet auch, der Tiefe unserer Gefühle Raum zu geben, unserem Vertikalen und unseren verschiedenen Wahrheiten. Und für diese heute eine neue Form zu finden, daß wir nicht nur in unserer Vergangenheit leben oder unsere Vergangenheit wiedererleben, sondern Teile unserer Vergangenheit, aber auch Teile unserer Zukunft im Hier und Jetzt. Und auf diese Weise dem Möglichen Realität geben.

Unsere Hoffnung treibt uns nach vorne, aber unser Glauben, der sich auf das bezieht, wo wir waren, hält uns oft zurück. Wie sehr wählen wir unsere Wurzeln und wie sehr die Möglichkeiten, die vor uns liegen?

In diesem Kapitel geht es darum, von wo aus und wie wir mit anderen Menschen kommunizieren. Ausgehend von unseren persönlichen Verträgen, unseren Wunden und Restenergien, aber auch unserer Hoffnung und unserer Konsequenzenergie, treffen wir in jedem Moment unseres Lebens eine Wahl. Wenn wir z.B. einen Raum betreten, so wählen wir, ob wir in diesem Raum die Teile sehen, die wir mögen, die Teile, die wir nicht mögen, oder die Teile, die uns egal sind. Wir geben einigen Teilen in diesem Raum mehr Gewicht in uns als anderen. Genauso wie wir bestimmten Teilen Gewicht geben, wenn wir einem anderen Menschen begegnen: vielleicht dem Lächeln oder aber dem durchdringenden Blick des anderen oder bestimmten Worten, die der andere sagt.

Diese drei Elemente, »Ich möchte«, »Ich möchte nicht« und »Es ist mir egal«, finden wir sowohl im Gefühl als auch im Ausdruck und in der Situation. Unser tiefes Organisches bewegt unsere Wünsche und Bedürfnisse in Richtung unseres Bewußtseins. Wenn diese ans Tageslicht und in die Realität kommen, verändern sie sich und nehmen neue Formen in Sprache und Ausdruck an. Und unsere tiefen Wünsche werden vielleicht in ganz simplen Wünschen ausgedrückt. Wir nennen im folgenden jeden Wunsch, der seinen Ursprung in der Person hat, einen *Primärimpuls**.

Der Primärimpuls ist ein Impuls aus dem Inneren des Menschen, der danach strebt, sich zu realisieren, »Ich möchte«. Es kann ein einfaches Mögen sein, wie in dem Impuls, sich bewegen zu wollen. Es kann ein funktionales Mögen sein, wenn wir ein Blatt Papier und einen Stift brauchen, um eine Telefonnummer zu notieren. Und es kann ein tiefes Mögen sein, wie der Wunsch akzeptiert und geliebt zu werden.

Dieser Primärimpuls gehört dem Menschen und ist real für ihn. Völlig unabhängig davon, was die äußere Realität in diesem Moment dazu sagt. Wenn wir außerhalb der Essenszeiten hungrig sind, ist unsere innere Wahrheit, daß wir Hunger haben. Wenn wir Liebe für einen anderen Menschen spüren und diese Liebe ausdrücken, wird ein Kreislauf geschlossen, wenn der andere unsere Liebe annimmt. Aber manchmal und vielleicht viel öfter, wird die Antwort des anderen unseren Wunsch, unseren Primärimpuls, nicht befriedigen, z.B. wenn der andere unsere Liebe nicht annimmt oder diese verneint. Wie lange können wir dann bei unserem Primärimpuls bleiben? Und vielleicht kommt der Moment, wo unser »Ich liebe Dich« sich plötzlich verändert in »Ich hasse Dich«. Was ist passiert? Wie ist es möglich, daß sich in vielleicht nur fünf Minuten unser Gefühl so grundlegend verändert?

Diese Veränderung des Gefühls ist total persönlich. Sie basiert auf unseren persönlichen Verträgen und unseren inneren Situationen.

160

Den Situationen in unserem Vorbewußten, die das Gewicht von Selbstverneinung tragen. Wir nennen dieses »Ich hasse Dich« oder »Ich bekämpfe Dich« eine *Sekundärreaktion**. Sekundär, weil es nicht unser primärer Wunsch ist. Ich bin ursprünglich nicht gekommen, um Dich zu hassen, sondern um Dich zu lieben. Und Reaktion, weil es eine Reaktion auf die Antwort der äußeren Situation ist. Vielleicht sagt der andere: »Schön, daß Du mir das sagst, aber mir geht es nicht so« oder »darüber habe ich noch nie nachgedacht«.

Wir behalten den Primärimpuls eine Zeitlang in uns, kämpfen in uns für das gute Gefühl der Liebe, die wir für den anderen spüren. Bis zu dem Moment, wo wir nicht länger zu unserer Liebe für den anderen stehen können. Weil wir uns abgelehnt fühlen, weil unser Wunsch nicht befriedigt wird. Wir hatten in uns mehr und mehr Ich-Stärke mobilisiert, um unsere Liebe bestätigen zu können. Und das bringt uns in eine Streßposition, die alte Situationen und alte Restenergien in uns berührt. Und wir fühlen uns von dem anderen abgelehnt. Aber wer ist dieser andere? Es ist überhaupt nicht sicher, daß es nur derjenige ist, der jetzt vor mir steht. Vielleicht stehen in diesem Moment zwei, zehn oder fünfzig andere Menschen aus meiner Geschichte neben ihm. Die Wahl in unserem Vorbewußten hat dazu geführt, daß sich unser Gefühl, unser Ausdruck und die Situation verändert hat. Und damit hat sich auch unsere Erfahrung verändert.

Die Sekundärreaktion ist meine Reaktion gegen die äußere Situation, wenn die äußere Situation gegen meinen Primärimpuls ist. Ein großes Problem taucht dann auf, wenn wir uns nicht länger bewußt sind, warum wir eigentlich hierhergekommen sind, wenn wir unsere Erfahrung nicht mit einem Primärimpuls beginnen, sondern mit einer Sekundärreaktion. Und genau den Teil der äußeren Situation wählen, den wir ganz sicher nicht möchten. Wo wir die Restenergie, die in uns stimuliert ist, auf äußere Situationen projizieren. Und die schlechte äußere Situation dann Rechtfertigung für uns ist, unsere negativen Gefühle zu wählen. Ist es, um unsere Unzufriedenheit aufs neue zu bestätigen? Oder um unsere Wünsche und unsere Liebe zu verstecken? Wie dem auch sei, wenn diese Erfahrung chronisch ist, ist es sehr schwer, damit zu leben.

Natürlich gibt es viele Dinge in dieser Welt, die wir nicht mögen. Aber warum nutzen wir unseren Primärimpuls nicht als eine kreative Basis? Natürlich stoßen wir mit unserem Primärimpuls auf Begrenzungen, auf andere Menschen mit anderen Wünschen. Können wir uns dann erinnern, warum wir uns eigentlich in diese Situation begeben haben? Wir haben gewählt, dort zu sein, wir sind nicht einfach nur versehentlich dort gelandet. Manche Menschen erfahren jedoch genau das. Aber dann gibt es ein anderes Problem, daß sie nicht sehen, wohin sie gehen. Sie gehen nicht, sondern sie werden gegangen.

Aber der Mensch ist viel zu intelligent, um nur seine Primärimpulse oder seine Sekundärreaktion auszudrücken. Da wir nicht ständig in solchen Extremen leben wollen, haben wir andere Wege gefunden: den *Kompromiß**. Wir begrenzen das Problem bewußt oder vorbewußt, indem wir nicht allzuviel Wünsche und Sehnsüchte zulassen. Und dann nicht allzuviel Ärger verspüren, wenn unsere Wünsche nicht befriedigt werden. Wir fokussieren dann auf dem, was uns nicht stimuliert. Wir sind dann vielleicht zur Hälfte in einem Schlafstadium, sicherlich sind wir jedoch auf keinen Fall munter oder wach. Dafür haben wir weniger Probleme. Obwohl es ein ganz tiefes Problem werden kann, wenn wir lange so leben.

Im Kompromiß wählen wir in dem anderen genau den Teil, der uns nicht stimuliert, weder zu einem guten noch zu einem schlechten Gefühl. Wir wählen dann, dem anderen keinen Körper zu geben (nobody), ihn zu einem Niemand zu machen und uns selbst auch. Dieser Kompromiß ist häufig ein alter, vertikaler Kompromiß, ein Lebensvertrag, den wir reproduzieren. Gut daran ist, daß es nicht so schlecht ist. Aber schlecht daran ist, daß es nicht wirklich gut ist.

Natürlich gibt es im Kompromiß häufig alte eingesperrte Erfahrungen oder eingesperrte Energien. In unseren Kompromissen im Hier und Jetzt können wir jedoch auch einen gemeinsamen Weg mit dem anderen finden. Jeder Kompromiß beinhaltet latent sowohl den Primärimpuls als auch die Sekundärreaktion, den Impuls, der nach Befriedigung strebt, und die Reaktion gegen den anderen, der uns daran hindert.

Wir können nicht von guten oder schlechten Kompromissen sprechen. Ein Mensch würde niemals einen Kompromiß schließen, ohne daß es darin auch etwas Gutes gibt. Aber wir können von bewußten oder unbewußten Kompromissen sprechen. Wenn uns bewußt ist, was das Wertvolle in diesem Kompromiß ist, so machen wir damit etwas für uns. Z.B. kann mein Primärimpuls sein, einen Freund zu mir nach Hause einzuladen. Aber der Freund kann nicht kommen, weil er einen wichtigen Telefonanruf erwartet. Wenn statt dessen ich ihn besuche, ist mein Primärimpuls nicht befriedigt, da der Freund nicht zu mir kommt. Aber wenn der wichtigste Teil meines Primärimpulses war, mit dem Freund zusammenzusein, so kann ich diesen Teil auch leben, indem ich ihn besuche. Völlig anders wäre es, wenn ich von vornherein mit dem Kompromiß beginne, ohne dies zu merken, etwa dem Freund sage, daß ich ihn besuchen möchte, wenn mein eigentlicher Wunsch war, ihm die blühenden Blumen in meinem Garten zu zeigen.

Kompromisse sind sozial akzeptiert und erwünscht. Aber sie können häufig zu Lasten eines Menschen gehen, wenn dieser chronisch Kompromisse macht und sein Primärimpuls verloren geht. Die Primärimpulse werden dann immer unbewußter, da der Mensch mehr auf den anderen hört als auf sein inneres Selbst.

Manche Menschen betreten einen Raum bereits in einem Kompromißzustand. Sie versuchen, ihre Primärimpulse zu vermeiden und so wenig Energie wie möglich zu haben, um nicht lebendig zu sein. Sie sagen Nein zu ihrem Körper und Nein zu ihren Wünschen. Wenn sie provoziert werden, verkrampfen sie entweder noch mehr oder fühlen sich gezwungen, ärgerlich zu werden – die Sekundärreaktion kommt zum Vorschein. Und vielleicht ist es genau das, wovor sie Angst haben. Es ist tragisch, weil sie nicht wirklich leben. Freude ist traumatisch für sie, weil diese ihre Energien weckt und sie an ihre chronischen Kompromisse erinnert. Noch schmerzhafter ist es für den Menschen, wenn ihm bewußt wird, daß er nicht lebendig ist.

Energetisch betrachtet kreiert ein Primärimpuls Energie. Wir bringen unsere Wünsche in einen realen Dialog mit dem anderen und kreieren dadurch neue Möglichkeiten. Ich erlaube mir, mich mit dem wohlzufühlen, was ich sage, da es das ist, was ich möchte.

Die Sekundärreaktion befreit Energie. Sie kreiert nicht, da ich nicht sage, was ich möchte, wenn ich sage, was ich nicht möchte. »Ich hab die Nase voll« befreit Energie. Der Kompromiß hingegen frißt Energie, da wir Teile von uns zurückhalten. Wir halten einen Teil unseres Primärimpulses und einen Teil unserer Sekundärreaktion zurück.

Primärimpuls, Sekundärreaktion und Kompromiß finden wir in jedem Element unserer Erfahrung, sowohl in Situationen als auch in Gefühlen und Ausdruck. Was es jedoch sogar noch komplizierter macht, ist, daß wir gleichzeitig in Vergangenheit, Gegenwart und Zukunft leben. Wir können im Hier und Jetzt einer sekundären äußeren Situation gegenüberstehen, d.h. einer Situation, die wir ganz sicher nicht wollen. Und gleichzeitig ein primäres Gefühl wählen, uns wohl fühlen, wenn wir in die Zukunft projizieren, wie schön es sein wird, wenn diese Situation vorbei ist. Nehmen wir den Fall, daß wir verreist sind und den Ort, wo wir sind, nicht mögen. Wir können die Augen schließen und uns mit der Vorstellung wohl fühlen, bald wieder zu Hause zu sein.

Aber unser Körper lebt immer im Hier und Jetzt, d.h. er kann seinen Primärimpuls nicht ausdrücken, weil er im Moment an einem anderen Ort ist. Wir haben dann ein primäres Gefühl in der Gegenwart, eine primäre Situation in der Zukunft, eine sekundäre Situation in der Gegenwart und einen Kompromiß im Ausdruck, da wir ihn zurückhalten müssen.

Möglicherweise hilft die projizierte Vorstellung in der Zukunft, daß wir uns in der aktuellen Situation wohlfühlen. Häufig stellen wir uns jedoch gute zukünftige Situationen vor, um zu vermeiden, unsere Primärimpulse im Hier und Jetzt zu realisieren. Wir verneinen dann die Situation, in der wir aktuell sind, und überzeugen uns, daß wir keine Möglichkeit haben, diese Situation zu verändern. Wir sind nicht wirklich da, sondern träumen von der Zukunft. Wie zwei Liebende, die sich treffen und sich nicht viel zu sagen haben. Und nebeneinander davon träumen, wie schön es beim nächsten Mal sein wird. Oder ihre Liebe für den anderen nur spüren, wenn sie ihn nicht sehen.

Dies hat häufig mit sehr starken persönlichen Verträgen zu tun. Nicht das Recht zu verspüren, dem Primärimpuls Platz in der Realität zu geben. Nicht das Recht zu haben, Realität zu kreieren. Ein primäres Gefühl und einen primären Ausdruck in einer primären Situation zu haben, bedeutet in Kontakt zu sein mit der eigenen inneren Kreativität. Und dieser Kreativität Körper und Ausdruck zu geben und dafür passende Situationen zu kreieren.

Wir können in unserem Alltag nicht immer primäre Situationen haben. Aber wir können primäre Elemente in unserem Alltag finden, bestimmte Momente, in denen wir kreieren können, oder bestimmte Teile, die wir kreieren können. Wir können nicht erwarten, daß die Welt immer primär zu uns ist. Aber können wir sehen, daß sie uns konstant primäre Gelegenheiten gibt? Wäre die Welt immer primär zu uns, würden wir in einem chronischen Paradies leben. Aber wir würden dort allein leben. Denn in unserer Begrenzung liegt die Realität des anderen und die Begegnung mit dem anderen.

Nur dort können wir unsere primären Wünsche, Träume und Bedürfnisse kommunizieren: zu existieren und alles, was wir dazu brauchen; zu leben mit einer guten Qualität unserer Erfahrung, einem guten Grundgefühl; zu lieben und geliebt zu werden; Formen für unsere Liebe zu finden; kreieren zu können; in Kontakt zu sein mit den verschiedenen Ebenen von Gesetzen in uns, mit unseren Werten, unserer Moral und unserem Glauben; ein zielbewußtes Leben zu leben, in dem wir auf das antworten können, was uns gegenüber steht und das unsere Persönlichkeit, aber auch unsere Tiefe stimuliert; die primären Elemente im anderen sehen zu können und unsere primären Wünsche stimulieren zu lassen, um gemeinsam zu kreieren.

Ist unser Leben ein Paradies? Wie in einer Beziehung, in der alles, was wir möchten, da sein und uns gegeben werden sollte? Oder müssen wir auswählen? Aber wenn wir auswählen, was wir wollen, können wir zu unserer Wahl und zu uns selbst stehen? Unsere Welt sieht überhaupt nicht aus wie ein Paradies. Es gibt in der Realität Probleme und Schwierigkeiten. Wir verwenden in der Umgangssprache manchmal den Begriff: »ich kriege etwas« für »ich bekomme etwas«. Aber es bedeutet auch, daß ich für etwas kämpfe.

Wir haben dieses Buch mit der Aussage begonnen: Ja zum Leben bedeutet auch Ja zu unseren Bedürfnissen. Und das Ja zu unseren Bedürfnissen bedeutet auch ein Ja zu uns selbst. An dieser Stelle ist das Ich von entscheidender Bedeutung. Wenn wir nur in der Fusion mit dem anderen leben, verlieren wir unser Ich. Deshalb pulsieren wir zwischen dem Ich und dem anderen, dem Ich und dem Wir. Wir sind immer wieder gezwungen, zu unserem Selbst zurückzugehen, um unsere Primärimpulse wiederzufinden. Wir brauchen die Fähigkeit, Sekundärreaktionen haben zu können. Wir brauchen die Fähigkeit, Kompromisse machen zu können. Aber können wir grundsätzlich von unseren Primärimpulsen aus leben?

In der Liebesbeziehung sind wir mit unserer tiefen Sehnsucht konfrontiert, das Paradies zu finden und das Paradies zu leben. Wir suchen und finden es in manchen Momenten im Wir, aber in dem Wir verlieren wir auch unser Ich. Vor dem Wir begegnen sich zwei verschiedene Welten, die jeweils persönliche Realitätserfahrungen haben. Aber auch vergangene Realitätserfahrungen, alte Rest- und Konsequenzenergie. Zu mir selbst in einer Beziehung zu stehen, bedeutet nicht nur zu dem zu stehen, was gerade in Realität vor mir ist. Und nicht nur zu meinen alten Realitätserfahrungen, sondern auch zu der inneren Welt, die ich in mir trage, die bis heute keine Realität hatte, aber die mir gehört. Wir nennen diese Welt das Symbolische.

Kapitel 16
Paradies und Realität

Es könnte so schön sein

Für manche Menschen ist die persönliche Entwicklung ein kontinuierlicher Prozeß, der spirituelle und göttliche Wurzeln hat. Andere sagen, die persönliche Evolution wird durch Zufälle, Unfälle, Katastrophen und radikale Veränderungen erzwungen. Auf alle Fälle ist jede persönliche Veränderung, jede neue Realität etwas, das vorher real nicht existierte. Wo kommt sie dann her?

Es gibt neben der *realen Welt** in der persönlichen Entwicklung eine andere Welt, die noch nicht real ist, aber die bereits den Impuls hat, eine neue Realität zu kreieren, welche die alte Realität erweitert. Wir nennen diese Welt eine *symbolische Welt**. Die Realität, wie sie ist, ist in ständigem Kontakt mit unserer symbolischen Welt.

Die Brücke zwischen unserer symbolischen und der realen Welt sind unsere Vorstellungen. Unsere Vorstellungen beinhalten immer ein gewisses Maß an Realität. Wir können uns neue Aspekte vorstellen, die über die Realität hinausgehen. Aber wir können uns nichts vorstellen, was sich nicht auf eine Realität bezieht, die bereits existiert. Der wirkliche Drang, etwas Neues zu kreieren, kommt jedoch von unserem tiefen Sinn auf seinem Weg zur Evolution, von unserer symbolischen oder spirituellen Welt.

Unsere Vorstellungen können befriedigende oder unbefriedigende Situationen sein. Die symbolischen Situationen hingegen sind immer befriedigend, völlig unabhängig davon, ob sie in der Realität irgendwann befriedigt werden oder nicht.

Dies liegt daran, daß die symbolische Situation aus der Tiefe des Menschen kommt, ein Vorhaben ist, das so eng mit unseren tiefen

Wurzeln, unserem inneren Kern verknüpft ist, daß negative Realitätserfahrungen diesen Teil nicht berühren können. Es ist ein »reines« Bild, da es nicht durch Realitätserfahrungen oder Vorstellungen verändert oder beeinträchtigt wurde.

Obwohl dieses Bild aus unserem tiefen Organischen kommt, hat es nur wenig Körper, da wir noch nicht handeln, um es zu realisieren. Es hat eine eher organismische Reaktion, wie ein Vibrieren im Körper, als eine organische Reaktion, eine Bewegung.

Das Symbolische besteht aus sehr tiefen Bildern, die uns selten bewußt sind, da sie unsere tiefen Wünsche und Triebe betreffen. Es beinhaltet alle fundamentalen existentiellen und essentiellen Bedürfnisse, die der Mensch in seinem Dasein braucht, um seine Erfahrungen mit einer befriedigenden Qualität und einem tiefen Sinn füllen zu können. In unseren Vorstellungen geben wir den symbolischen Situationen eine Form, in der wir diese realisieren wollen. Unsere Vorstellungen sind der Ort, an dem vergangene und gegenwärtige Realitätserfahrungen den Bildern und Trieben des Symbolischen begegnen.

Diese Begegnung kann eine kreative, konstruktive Form annehmen, aber auch eine vermeidende, destruktive Form. Der Drang, das Symbolische zu realisieren, ist wie eine Empfängnis. Wir empfangen aus unserer Tiefe etwas, das wir inkarnieren möchten, und auf diese Weise ist das Symbolische der Motor für unsere Entwicklung. In dem, was wir inkarnieren möchten, müssen Elemente von Realität enthalten sein, da wir sonst von der Realität abgeschnitten wären.

Unsere Vorstellung bezieht sich immer auf die Realität, wie wir sie im jeweiligen Moment wahrnehmen. Das kann aber auch eine alte, vertikale Realität sein. Wir bringen damit unsere Vergangenheit in die Zukunft. Ob diese Zukunft eine Entwicklung oder ein Rückschritt ist, hängt von unseren bewußten und unbewußten Verträgen ab. Bei der Pulsation zwischen der Realität und dem Symbolischen kann unsere Vorstellung eine Form annehmen, die sehr weit entfernt von dem ist, was wir auf einer tiefen symbolischen Ebene wirklich wollten.

Selbst wenn unsere Vorstellung sehr weit entfernt von unserem ursprünglichen symbolischen Bild ist, verfügt sie immer noch über den Drang des Symbolischen nach Inkarnation. Wir können dies häufig in gewalttätiger und verletzender Sexualität sehen. Der Ausgangspunkt ist ein symbolischer, organismischer Drang, der in Form einer gestörten Phantasie organisch wird und damit den Impuls bekommt zu agieren. Das Problem ist, daß der Mensch dann nicht mehr im Kontakt mit dem Symbolischen ist, denn im Symbolischen gibt es keine sadistische Sexualität. Dennoch verfügt diese gestörte Phantasie weiterhin über den Drang des Symbolischen, und der Mensch ist davon besessen, diese Phantasie zu leben.

Das Symbolische hat den Drang, der Realität zu begegnen, und bewegt sich auf diese zu. Von der Realität schwingt dieser Drang wieder zurück zu den verschiedenen Ebenen des Selbst, zu vergangenen Erfahrungen und zum Symbolischen.

In dieser Pulsation geben wir dem Symbolischen durch Vorstellungen oder Phantasien eine Form. Es kann jedoch sein, wie in diesem Beispiel, daß die Pulsation von der Realität auf dem Weg zum Symbolischen in unserem neurotischen Selbst hängenbleibt. Und die weitere Pulsation nur noch zwischen dem neurotischen Selbst und der Realität stattfindet. Und das Ergebnis ist eine entfremdete Form.

Wenn wir das Symbolische und die Realität in ihrem Dialog miteinander betrachten, können wir verschiedene Schichten von Vorstellungen sehen. Und in manchen dieser Schichten dominiert das Symbolische über die Realität. Der Mensch lebt symbolisch sein Leben, ist jedoch nicht in Kontakt mit seiner Umgebung. Oder die Realität dominiert über das Symbolische, dann geht die Tiefe in der Erfahrung, der tiefe Sinn im Leben verloren.

Der Wunsch, selbst fliegen zu können, ist symbolisch; in sich das Bild eines Flugzeuges zu sehen, ist eine Vorstellung; mit dem Flugzeug zu fliegen, ist Realität; zu fliegen ohne Flugzeug wäre Wahnsinn. In seiner Evolution hat der Mensch seine Vorstellungskraft genutzt, um die Realität zu verändern, z.B. indem er das Flugzeug erfand. Aber jede neue Erfindung basiert auf etwas, das bereits da ist. Deshalb ist der Schlüsselfaktor in der Vorstellung immer der Bezug zur Realität.

Ein Kind, das aus einem Bedürfnis heraus nach seinen Eltern ruft, weiß, was es braucht. Egal ob Mutter oder Vater kommen oder nicht, es hat ein tiefes Bild von dem, was es braucht. Wir können dieses Bild eine symbolische Mutter oder einen symbolischen Vater nennen. Es ist ein Bild dessen, wie das Kind in diesem spezifischen Moment braucht, daß seine realen Eltern sind. In einer anderen Situation kann dieses Bild völlig anders sein.

Die realen Eltern sind vielleicht im Wohnzimmer und hören das Kind nicht, das nach ihnen ruft. In dem Kind leben in diesem Moment gleichzeitig drei verschiedene Welten, die sich überschneiden: die reale Welt, daß die Eltern nicht da sind; die Vorstellungswelt, der Ort, wo die Eltern sein könnten; und die symbolische Welt, die symbolischen Eltern, die dem Kind geben, was es in diesem Moment braucht. Das Kind kann sich vielleicht vorstellen, daß seine Eltern im Wohnzimmer sind. Aber tief in sich selbst hat es symbolische Eltern, Vater oder Mutter, die das Kind in ihren Armen halten. Denn das ist es, was es in diesem Moment braucht.

Das Kind ruft nach etwas, das über die Realität hinausgeht. Denn Realität ist, die Eltern sind im Moment nicht da. Das Kind fühlt in sich das Recht, eine Realität zu kreieren, die seinem Bedürfnis entspricht, das Recht, sein Symbolisches in der Realität auszudrücken. Das Kind sieht die Realität, der es gegenübersteht, und macht Kontakt mit den symbolischen Eltern in sich, indem es gegenüber seinen realen Eltern das Bedürfnis ausdrückt, gehalten zu werden. Das innere Bild dessen, wie die realen Eltern in diesem Moment sein sollten, ist absolut symbolisch. Das Kind kann sich seine symbolischen Eltern möglicherweise bewußt gar nicht vorstellen. Vielleicht drückt es, indem es nach seinen Eltern ruft, seine tiefen Bedürfnisse unbewußt aus: seine tiefen Bedürfnisse zu leben oder zu überleben; die Wiederbestätigung seiner Existenz; die sinnliche, emotionale und reale Verwirklichung seiner Existenz im Zusammensein mit anderen: »Ich bin nicht auf dieser Welt, um allein zu sein«.

Möglicherweise macht es in diesem Moment drei Spaltungen:
- Tief unten in seinem Inneren ruft es danach, sein tiefes symbolisches Bedürfnis zu realisieren, und erfährt dabei vielleicht Gott. Gott als symbolische Eltern, oder nur Gott ist bei mir.

- In seine Realitätserfahrung fließt vielleicht die Vorstellung ein, daß die Eltern weggegangen sind, weil sie das Kind nicht lieben. Und diese Vorstellung macht ihm angst.
- Und im Hier und Jetzt, in der Realitätssituation hat es vielleicht die Vorstellung, daß in dem dunklen Raum irgend jemand ist, der ihm angst macht. Und das Kind macht eine Phantasie, um seine Angst zu rechtfertigen.

Normalerweise sind die realen Eltern in der frühen Kindheit den symbolischen Eltern sehr ähnlich. Die realen Eltern spüren das tiefe Organische in dem Kind. Das Baby ist noch so unstrukturiert, so sehr ohne Charakter, und lebt so tiefe Wahrheit und so tiefe Bedürfnisse, daß es die Eltern in ihrem eigenen tiefen Organischen berührt. Die Eltern geben damit den tiefen Bedürfnissen des Kindes Realität, sie werden vorübergehend fast zu symbolischen Eltern.

Aber früher oder später kommt der Moment, wo die Eltern nicht länger dem Bild der symbolischen Eltern entsprechen können. An dieser Stelle macht das Kind eine wichtige Trennung zwischen seinen symbolischen und seinen realen Eltern. Wenn das Kind seine wirklichen Eltern bekämpft, nein sagt oder ärgerlich ist, ist es dabei in Kontakt mit seinen inneren symbolischen Eltern. Es ist in Kontakt mit dem tiefen Bild, wie es sein sollte. Und es bekämpft seine Eltern, damit dieses Bedürfnis Realität werden kann.

Dies ist ein wichtiger Schritt für die Identitätsentwicklung des Kindes. Wenn die Trennung zwischen symbolischen und realen Eltern jedoch zu massiv ist, muß das Kind seine symbolischen Eltern unterdrücken. Wenn die Eltern zu selten die Bedürfnisse des Kindes verkörpern können, sagt es vielleicht: »Ich brauche nur das, was mein Vater und meine Mutter mir geben können.« Das Kind verliert sich selbst, indem es verliert, was es wirklich braucht. Und indem es das Recht verliert, Realität zu kreieren.

Für unser Wachstum ist die Entwicklung von der chronischen Fusion, in der uns als Kind alles gegeben wird, was wir brauchen, zur Identität sehr wichtig. Wir wachsen als Menschen in Unabhängigkeit und Beziehungen. Auf diesem Hintergrund scheint es nur natürlich zu sein, daß die Realität nicht immer unsere Bedürfnisse befriedigt. Daß wir lernen, daß unsere Bedürfnisse uns gehören und akzeptable Formen für sie finden. Aber wie weit sind diese Bedürfnisse dann tatsächlich von uns entfernt?

Hier entstehen persönliche Lebensverträge. Welche Richtung wählt das Kind in diesen Verträgen? Geht es zur Realität und verliert dabei das Symbolische? Geht es von der Realität zu entfremdeten Vorstellungen? Oder findet es zurück zu seinem Symbolischen und hält damit seine tiefen Bedürfnisse aufrecht? Besteht das Kind auf seinen menschlichen Gesetzen, zu existieren und zu koexistieren, dem Recht, Gefühle und Bedürfnisse zu haben und diese auch auszudrücken? Wenn es mit diesen menschlichen Verträgen in Kontakt bleibt, hat es gute Eltern in sich selbst.

Symbolische Eltern berühren die tiefe Spiritualität im Menschen. Sie sind nahe bei Gott, nahe bei der tiefen Essenz der eigenen Inkarnation, nahe beim tiefen Sinn unserer Existenz. Diese grundsätzlich guten Eltern gehen weit über die Begrenzungen der realen Eltern hinaus. Viele Menschen beten, weil sie spüren, daß es etwas gibt, was weit über ihre Realität hinausgeht. Und das ihnen hilft, mit dem Tiefen und Grundlegenden in sich in Kontakt zu sein, mit ihren menschlichen und spirituellen Gesetzen.

Als Erwachsene haben wir ein tiefes inneres Bild vom Paradies. Wir fühlen in unserer Tiefe, wie die Welt sein sollte. Dieses Bild ist absolut symbolisch. Die Welt wird wahrscheinlich niemals genau so werden wie unser inneres Paradies. Geben wir auf, oder versuchen wir, Teile des Paradieses in der äußeren Welt zu inkarnieren? Symbolische Eltern können als Formen Gottes in menschlicher Gestalt gesehen werden, als Archetypen, oder auch als idealisierte Eltern oder Bilder auf einer ganz persönlichen, individuellen Erfahrungsebene. Aber tief in unserem Innersten sind sie nahe bei dem, was wir brauchen, um den Sinn unseres Lebens zu realisieren.

Die Wichtigkeit des Symbolischen besteht darin, daß es sich ständig in Abhängigkeit von unseren tiefen Bedürfnissen verändert. Wenn wir z.B. den realen Vater mit dem symbolischen Vater vergleichen, so hat der reale Vater bestimmte, ganz konkrete Eigenschaften und Qualitäten. Vielleicht ist er ein guter Ingenieur, ein guter Sportler und sozial sehr angesehen. Aber wenn wir uns als Erwachsene im

Wald verlaufen, werden wir eher nach Gott rufen, statt nach unserem realen Vater. Nach Gott in dem Sinn, daß wir in uns einen Vater suchen, der unsere Intuition stimuliert, um einen Weg aus der Gefahr zu finden.

Oder wenn wir in einer Prüfungssituation sind. Spüren wir in uns die Unterstützung unseres realen Vaters? Oder eher das Gegenteil in Form eines Vertrages wie: »Mein Sohn, meine Tochter, ich wußte immer schon, daß Du es nie schaffen wirst«? Ist unsere alte Realitätserfahrung so stark, daß sie in uns die Oberhand gewinnt? Oder spüren wir in uns selbst einen guten Vater, der weit über das hinausgeht, was wir von unseren realen Eltern erfahren haben, der uns ermutigt. Als ob Gott zu uns sagen würde: »Mein Sohn, meine Tochter, Du kannst es schaffen, vertraue auf Deine Fähigkeiten«.

Unsere symbolische Welt, die nicht real ist, hat bereits den Anfang von Körper, von Verkörperung, und ist unserer Konsequenzenergie sehr ähnlich. Die Konsequenzenergie schafft die Situationen, die wir inkarnieren wollen, in Form von möglicher Realität. Aber die symbolischen Eltern geben uns die tiefe Unterstützung und Ermutigung, uns zu inkarnieren.

Kapitel 17
Wünsche und Realität in der Liebesbeziehung

Wenn Du doch nur
ein bißchen anders wärst

Wir haben an früherer Stelle in diesem Buch eine Phantasiearbeit beschrieben, die von der Begegnung zwischen der idealen und der realen Liebesbeziehung handelte. In der Analyse dieser Phantasie war deutlich zu sehen, wie sehr ein Mensch in sich kämpft, um seine Wünsche und inneren Träume zu realisieren. Stimuliert von seinem realen Liebespartner und gleichzeitig enttäuscht von all dem, was dieser ihm nicht gibt oder nicht geben kann. Dies führte zu einem inneren Konflikt, bei dem zwei Seiten in ihm miteinander kämpften: auf der einen Seite seine tiefen Wünsche und seine Sehnsucht, diese Wünsche in der äußeren Welt zu realisieren, um seine innere Welt in der äußeren wiederzufinden. Auf der anderen Seite die Begrenzung seiner Wünsche durch die äußere Realität.

Offensichtlich gibt es viele Momente im Leben jedes Menschen, in denen die reale äußere Welt und die ideale innere Welt nicht identisch sind. Welche Möglichkeiten haben wir, diesen Widerspruch zu lösen? Ziehen wir uns zurück, geben wir die Beziehung auf, kämpfen wir für die Beziehung oder versuchen wir, unsere innere Welt in unserem Partner zu stimulieren?

Das Ideale beinhaltet Teile unseres Symbolischen. Aber es ist auch eine Fixierung auf ein spezifisches Bild in unserer Vorstellung. Im Gegensatz zum Idealen, das durch eine bestimmte Vorstellung repräsentiert wird, ist das Symbolische in ständiger Bewegung.

174

Das Idealbild stimuliert uns in unserem Symbolischen. Aber gleichzeitig verhindert es, daß sich das Symbolische in der Realität inkarnieren kann, weil unser Wunsch auf eine unrealistische Vorstellung fixiert ist. So sehr wir uns dies auch wünschen, es gibt keinen idealen Partner, weil der andere Mensch ist. Häufig steht in Liebesbeziehungen jedoch das Idealbild zwischen den beiden Menschen und verhindert einen wirklichen Dialog.

Das Ideal ist ein Mensch, dem wir nie wirklich begegnet sind. Denn wären wir ihm begegnet, würden wir erkennen, daß er nicht ideal ist. Etwas anderes ist, wenn wir einen Menschen idealisieren. Dieser Mensch hat mehr Realität für uns. Es ist jemand, der real existiert und eine gewisse Nähe zu uns hat. Aber der uns nicht nah genug ist, um ihn wirklich zu kennen. Diese Nähe ermöglicht uns, von diesem Menschen eine Vorstellung zu entwickeln, die unserem Ideal entspricht. Auf diese Weise bleibt unsere Sehnsucht lebendig. Wir spüren all die phantastischen Möglichkeiten, die wir mit diesem Menschen leben könnten. Und hoffentlich gibt es in unserem Leben auch Menschen, mit denen wir eine wirkliche, reale Beziehung haben.

Zwischen diesen verschiedenen Ebenen gibt es eine ständige Pulsation in uns, z.B. wenn wir unseren Liebespartner sehen, den Mensch mit dem wir leben und unsere Tiefe teilen wollen. Wir können innerlich zurück zu unserem Symbolischen gehen, zurück zu unseren tiefen Primärimpulsen und diese Teile in unserem wirklichen Gegenüber stimulieren. Wir können aber auch zur Idealisierung oder zu unserer Vorstellung vom Ideal gehen. Wie z.B.: »Sie ist nicht Brigitte Bardot, deshalb möchte ich eigentlich nicht mit ihr zusammensein, sie ist nicht gut genug.« In diesem Fall haben wir den Impuls gestoppt, tief genug zu den primären Trieben unseres Symbolischen zurückzugehen.

Werden wir in der realen Beziehung enttäuscht, kommt es häufig zu einer Fixierung auf die Idealvorstellung, die mit dem realen Partner verglichen wird. In unseren wirklichen Beziehungen gibt es viele kurze Momente in diesem Kreislauf, aber auch längere Phasen, die häufig mit dem Symbolischen beginnen, dann zur Idealisierung werden, und anschließend kommt dann die große Enttäuschung.

Ein Mensch, der in sich einen Lebensvertrag hat, der ihm das Recht abspricht, Realität zu kreieren, wird sich nicht trauen, sein Symbolisches bewußt zu inkarnieren. Natürlich wird er dies unbewußt immer versuchen. Aber er wird das Symbolische stoppen und in eine Form bringen, von der er glaubt, daß diese für die äußere Welt akzeptabel ist. Er stellt sich dann einen Kompromiß vor, mit einer unbewußten sekundären Reaktion gegen die Realität, die seinen Primärimpuls stoppt, indem er sich z.B. nicht traut, seine eigene Wahrheit auszusprechen, etwas völlig anderes sagt und vielleicht Bauchschmerzen bekommt. Dies führt zu einer inneren Dreiteilung: das Unbewußte, in dem er sich gegenüber ehrlich ist; das Vorbewußte, in dem er gegen die Realität rebelliert; und das Bewußte, wo er versucht, sich der äußeren Realität anzupassen.

Liebesbeziehungen berühren und stimulieren uns auf den verschiedensten Ebenen unseres Selbst. Keine andere Beziehung geht uns so nahe. Das Symbolische ist zusammen mit unserer Spiritualität die tiefste Ebene, die in uns stimuliert wird. Wir können vom Symbolischen auch als einer organismischen Spiritualität sprechen. Wir versuchen unseren tiefen Sinn, d.h. unsere tiefe symbolische Welt in Liebesbeziehungen zu inkarnieren, die wir in unserem Alltag leben.

Viele Menschen haben in ihrer Entwicklung mit siebzehn, achtzehn oder neunzehn Jahren die Befreiung gespürt, endlich von der eigenen Familie getrennt zu leben. Und begegnen einem Mann oder einer Frau und fühlen, dies ist der Mensch, mit dem ich das leben kann, was ich in meiner Familie nicht wirklich leben konnte. Aber der Großteil von dem, was sie spüren, ist absolut symbolisch. Und die beiden Menschen beginnen, miteinander zu leben und werden oft schmerzhaft mit dem Unterschied zwischen dem Symbolischen und der Realität konfrontiert.

Wenn wir uns verlieben, fangen wir mit dem Symbolischen an. Alles ist möglich. Unsere inneren Wünsche und Sehnsüchte werden durch die neuen, unbegrenzten Möglichkeiten mit dem anderen Menschen stimuliert. Wir tragen in uns das Bild des symbolischen Liebespartners. Die Vorstellung des einen, der uns liebt und den wir lieben können. Dieses Bild ist die Verkörperung der tiefen Liebe, die wir in unserer Existenz suchen.

Wir suchen danach, dieser tiefen Liebe zu begegnen und sie in der Realität zu finden. Wir suchen jemanden, der in uns die Hoffnung stimuliert, daß er dieser symbolische Liebespartner sein könnte, daß er wirklich werden könnte, daß wir eine essentielle und libidinöse Erfahrung haben, die unsere Zellen vibrieren läßt. Diese Sehnsucht ist so stark, daß wir in der Realität nach jemandem Ausschau halten, den wir lieben und der uns liebt. Wir wollen, daß der andere unser inneres Paradies stimuliert. Wir verlieben uns und sind endlich frei, das zu kreieren und zu leben, was wir immer wollten. Und plötzlich spüren wir die Begrenzung.

Es hört sich banal an, wenn manche Menschen zu ihrem Partner sagen: »Du bist wie mein Vater« oder »Du bist wie meine Mutter«. Aber meistens liegt darin mehr als nur ein Körnchen Wahrheit. Warum ist das so?

Aus dem einfachen Grund, daß wir nicht verneinen können, daß wir als Kinder in unseren Eltern unsere Wünsche und Sehnsüchte wirklich werden ließen. Und daß unsere Eltern da waren, als wir uns entwickelt haben. Wir haben beschrieben, daß wir ein Verständnis von unserem Leben entwickeln – wir haben dies als Verträge bezeichnet –, das nach wie vor in uns lebt und für uns Wichtigkeit hat. Diese Verträge tragen wir in unsere Beziehungen zu anderen Menschen und natürlich in unsere Liebesbeziehungen. Auf diesem Weg bringen wir unsere Wünsche und unsere Vergangenheit in unsere Liebesbeziehungen.

Aber wieviel unserer Vergangenheit möchte unser Liebespartner annehmen? Und wie sehr bringe ich unbewußt meine ganze Familie mit mir? Wenn wir genau hinschauen, stellen wir wahrscheinlich fest, daß wir in unserer trauten Zweisamkeit nicht zu zweit leben, sondern mit unseren beiden Familien in einer versteckten Großfamilie.

Das Symbolische, die inneren Bilder unserer tiefen Funktionen, Wünsche und Bedürfnisse drängt in Richtung Beziehung. Die engste, tiefste und wichtigste Beziehung in unserem Erwachsenenleben ist die Liebesbeziehung. Nahezu jeder Mensch strebt eine Liebesbeziehung an, egal ob er allein lebt, mit einem Partner zusammen ist, oder versucht, nicht mit dem Partner zusammenzusein. Unsere

Inkarnation scheint eine ständige Suche zu sein, dem anderen auf den unterschiedlichen Ebenen unseres Selbst zu begegnen.

Eine Liebesbeziehung kann keine Therapie ersetzen. Häufig sind unsere alten, unverarbeiteten Erfahrungen eine Überforderung für den Partner. Aber indem sie ähnlich tief wie eine Therapie geht, ist jede Liebesbeziehung eine Chance und eine Herausforderung für unser persönliches Wachstum.

Wir werden im folgenden fünf typische Phasen beschreiben, die wir in nahezu allen Liebesbeziehungen wiederfinden können.

Kapitel 18
Phasen der Liebesbeziehung

Die erste Phase: Es ist traumhaft

Wenn zwei Menschen sich verlieben, so ist die Begegnung mit dem anderen eine Begegnung mit einer wunderbaren, faszinierenden Welt. Der andere scheint die Verkörperung der eigenen inneren Wünsche und Sehnsüchte zu sein. Jeder spürt die Möglichkeit, durch den anderen sein Symbolisches real leben zu können. Es ist die Begegnung mit dem Traummann oder der Traumfrau.
Zwei Verliebte kreieren ihre eigene Welt, mit starken Phantasien und Projektionen, in der alles möglich ist. Die Realität ist, daß sie einander kaum kennen. Aber beide haben das Gefühl, einander zu kennen. In ihrer Bewegung aufeinander zu finden sie essentielle Verträge, wie »Ich liebe Dich«, »Ich liebe das Leben«, »Du bist der Mensch, den ich immer gesucht habe, endlich habe ich Dich gefunden«, usw.
In dieser Phase des Verliebtseins wird eine enorme Menge an Energie stimuliert. Die innere Energiezirkulation wird angeregt. Mikroenergie wird zu Makroenergie, da der andere die ganze Zeit antwortet. Sowohl auf einer tiefen symbolischen und spirituellen Ebene als auch auf einer körperlichen und funktionellen Ebene. Zwei Verliebte kreieren ihr Paradies. Was der andere sagt, fühlt sich an, als würde er mich völlig verstehen.
Die beiden können einander auf unterschiedlichsten Ebenen begegnen. Auf einer intellektuellen Ebene, aber auch auf der Ebene des Herzens oder der Sexualität. In manchen Beziehungen begegnen die beiden einander vielleicht nur auf einer oder zwei dieser Ebenen.

Aber auf welcher dies auch immer geschieht, in jedem Fall ist es eine sehr tiefe, existentielle Ebene.

Wie lange diese Phase anhält, ist von Beziehung zu Beziehung sehr unterschiedlich. Aber spätestens wenn die beiden beginnen, den Alltag zu teilen, und miteinander leben, werden sie in manchen Momenten feststellen, daß es einen Unterschied gibt zwischen dem, wie der andere wirklich ist, und dem, wie sie den anderen zuvor wahrgenommen haben.

Wie z.B. ein frisch verliebtes Paar, das bei seiner ersten Verabredung zusammen im Café sitzt. Wenn er sie anschaut, fühlt er sich so stimuliert, daß er spürt, daß dies die Frau ist, die er immer gesucht hat. Er fühlt viel Liebe für diese Frau, wenn er sie anschaut. Er kennt sie kaum. Aber das macht nichts, weil er fühlt, dies ist die Frau seiner Träume.

Sie spricht von sich, und er hört zu. Auch sie ist verliebt, und sie ist so glücklich, daß hier ein Mann ist, der sie wirklich versteht. Sie sieht, wie glücklich er ist, und auch das macht sie glücklich. Sie spricht weiter und sagt dabei ein paar Dinge, die ihn überraschen und ihm nicht so gefallen. Aber sie ist für ihn eine so wunderbare Frau, daß er diese Dinge nicht hören möchte. Er schaut sie einfach an und fühlt sich so glücklich in ihrer Gegenwart. Sie sind verliebt und beginnen eine Liebesbeziehung.

Einige Monate später sitzen sie wieder im gleichen Café. Sie spricht von sich, und er hört zu. Und sie sagt wieder einige Dinge, die er nicht mag. Und er hört diese Teile mehr und mehr. Aber er will davon nichts hören, und es kostet ihn immer mehr Mühe, diese Teile zu überhören. Er fängt an, sich zu verspannen. Aber er möchte ihr nicht sagen, daß er sich mit dem, was er hört, nicht wohlfühlt.

Sie sieht und spürt, daß er sich verspannt, und fragt: »Verstehst Du mich?« Und er sagt: »Natürlich verstehe ich Dich.« Und sie sagt: »Ich fühle mich von Dir nicht wirklich verstanden.« Und er antwortet: »Doch, ich versteh Dich«, aber wird dabei langsam ärgerlich. Und auch sie wird ärgerlich, und sie fangen an zu streiten.

Er fühlt, daß dies die falsche Frau für ihn ist. Keine Rede von Traumfrau. Und sie fühlt sich betrogen, weil sie ihm soviel von sich erzählt hatte, was er offensichtlich überhaupt nicht verstehen wollte.

Beide hatten ihre tiefen Wünsche, ihr Symbolisches, auf den anderen projiziert. Das war die Öffnung für ihre Beziehung. Aber jetzt sind sie in der Realität, und wo ist das Symbolische geblieben? Sind sie noch in Kontakt mit ihrem Symbolischen? Oder haben sie es ausgetauscht? Hat jeder darauf bestanden, daß der andere sein Symbolisches sein sollte? War jeder so glücklich, daß der andere alles für ihn wurde? Plötzlich sind beide mit dem Widerspruch zwischen ihrer inneren Wahrheit und der Realität konfrontiert.

Wenn wir unsere innere Welt nicht mitteilen und nicht spüren können, daß der andere Teile davon realisieren kann, sind wir nicht fähig zu lieben. Unser Partner in der Liebesbeziehung hat Teile unseres Symbolischen und stimuliert unser Symbolisches. Aber er ist nicht unser Symbolisches. Wir würden uns niemals verlieben, wenn der andere nicht die Möglichkeit verkörpern würde, einen Teil unseres Paradieses leben zu können. Aber dies sind nur ganz kurze Momente. Der andere kann nicht genauso sein, wir wir es uns wünschen.

Aber wenn der andere nicht länger unser idealer Liebespartner ist, wo ist dieser dann? Er ist nicht einfach weggegangen, er lebt in uns. Unser Symbolisches hat Körper, aber es ist unser Körper, weil es uns gehört.

Die zweite Phase: Enttäuschung und Herausforderung

In dieser zweiten Phase wird meine symbolische Welt und die Vorstellungswelt, die ich in dem anderen sehe, mit dessen Realität konfrontiert. Dies kann eine große, aufregende Herausforderung sein, aber auch eine ebenso große Enttäuschung. Häufig versucht ein Liebespartner, das Symbolische des anderen zu befriedigen, gibt dabei jedoch einen wichtigen Teil von sich selbst auf. Er versucht, dem Bild zu entsprechen, von dem der andere vermittelt, daß es das ist, was er sucht. Und er wird vielleicht chronisch nett sein oder versucht chronisch alle Bedürfnisse des anderen zu befriedigen oder den anderen immer anzunehmen.

Offensichtlich gibt es Teile des Selbst, die nicht dem Bild des anderen entsprechen. Oder die den anderen in seiner symbolischen

Welt stören. Bedeutet Liebe, nur die guten Seiten des anderen zu lieben? Oder auch die weniger guten und schwierigen Seiten? In dieser Phase, die mehr Realität beinhaltet als die vorherige, kommen die persönlichen Verträge der Liebespartner deutlicher zum Vorschein. Und die bergen Konfliktstoff.

In dieser Phase versuchen beide, in der Realität zu fusionieren. Ausgehend vom Ich und Du kreieren sie ein Paar. Und vielleicht verlieren sie dabei das Ich und das Du und leben nur noch das Wir. Oder leben nur noch für das Wir. Diese Fusion ist sehr ähnlich wie die tiefe existentielle Erfahrung zwischen dem Kind und seinen Eltern. Natürlich haben sie heute als Erwachsene viel mehr Möglichkeiten, da sie nicht existentiell voneinander abhängig sind. Aber vielleicht kreieren sie an dieser Stelle eine Welt von Abhängigkeit. In jedem Fall kann hier viel geschehen.

Wie erfährt der Mensch die Enttäuschung in dieser Phase? Das Symbolische war so phantastisch, es war das Paradies auf Erden, es war fast real, in jedem Fall wurde es real erfahren. Und nun muß er erkennen, daß der andere nicht symbolisch, sondern real ist. Hier tauchen persönliche Verträge auf, wie: »Das bist nicht Du«, oder: »Du warst ganz anders, als ich Dich kennengelernt habe«, oder: »Wenn Du so bist, will ich mit Dir nicht zusammensein«, usw.

Der eine war vielleicht ein chronischer Geber, während der andere chronisch genommen hat, und beide waren damit glücklich. Und plötzlich möchte der eine nicht mehr ständig geben, sondern auch seine bedürftigen Teile zeigen, und verändert damit die unausgesprochene Vereinbarung zwischen beiden. Vielleicht rebelliert er nun oder zeigt nur einen ganz kleinen Teil seiner Bedürfnisse. Vielleicht nimmt er aber auch den anderen dafür in Schutz, daß dieser seine Bedürfnisse nicht sieht. Häufig kommt es hier zu einer Auseinandersetzung, zu einem Kampf, der die Beziehung und die Liebe zerstören kann. Und beide haben Angst davor, das Paradies zu zerstören, das sie hatten. Sie kämpfen gegeneinander, aber wissen sie noch, wofür sie kämpfen?

Die Enttäuschung ist häufig sehr groß. Und die Emotionen werden stärker gefühlt als der Sinn der Beziehung, da sie auf einer bestimmten Ebene voneinander Abschied nehmen, auf der sie vorher zusammen waren. Indem der andere meine symbolischen Wünsche repräsentierte, war ich eins mit ihm und auch eins mit mir. Und diese Einheit ist nun durch die Realität gefährdet. Die Ablehnung unserer Liebe und unserer Libido berührt häufig in uns tiefere Schichten von existentiellen Fragen und Lebensverträgen.

Häufig beginnt ein Konflikt auf der Basis von funktionellen Verträgen, z.B. wenn der eine Partner ausgehen will, während der andere lieber zu Hause bleiben möchte. Und dieser an sich kleine Konflikt berührt plötzlich eine essentielle Ebene, da die beiden Menschen soviel Tiefe miteinander geteilt hatten. In dieser tiefen Begegnung ist auch Abhängigkeit entstanden, als ob der andere ein Teil von mir ist und umgekehrt.

Es kann sein, daß am Ende der ersten Phase ein sozialer oder gar ein spiritueller Vertrag etabliert wurde und die beiden geheiratet haben. Sie haben sich entschieden, zusammenzuleben, und nach sechs Monaten, einem Jahr oder auch später kommt es zu Auseinandersetzungen, die häufig mit kleinen Irritationen beginnen. Man fühlt sich vom anderen zum ersten Mal nicht mehr wirklich verstanden. Sagt aber vielleicht nichts, da man nicht sehen will, daß man in diesem Moment nicht übereinstimmt. Aber spätestens nachdem dies zwei-, drei- oder viermal geschehen ist, kann man nicht länger verneinen, daß der andere anders ist und nicht genau so, wie man das möchte. Und man beginnt zu rebellieren.

Die Rebellion kann sehr leise stattfinden, aber sie ist bewußt, da sie gefühlt wird. Häufig werden dadurch sehr tiefe Kräfte berührt, etwa von der tiefen Liebe getrennt zu sein, wie es jedes Kind in der Primärperiode seiner Entwicklung erfahren hat. Das Gefühl, das Paradies verloren zu haben, dominiert. Und die beiden Partner versuchen alles, um den anderen wieder in Übereinstimmung mit dem Symbolischen zu bringen, und idealisieren das, was war. Und plötzlich besteht diese Liebesbeziehung aus vier Personen: Beide suchen in dem anderen das Bild wiederzufinden, das sie bereits gefunden hatten und das genau dem entsprach, wie sie es sich gewünscht haben. Und es gibt eine Überkreuzung mit dem, wie die Personen tatsächlich sind. Und da beide offensichtlich nicht dem

Idealbild entsprechen, fühlen sie sich vom anderen abgelehnt und möglicherweise gar betrogen.

Und vielleicht fühlt sich der eine von dem anderen auf die gleiche Weise abgelehnt, wie er sich von seinen Eltern abgelehnt gefühlt hat, mit seinem Energiefluß, seinen Wünschen und seiner Liebe. Er erfährt den anderen als einen Elternteil und wird unbewußt zum Kind. Wenn der andere dasselbe fühlt, kommt es zu einer Überkreuzung zwischen zwei Erwachsenen, die sich selbst als Kinder fühlen und den anderen als die Eltern, und die Auseinandersetzung wird um die alte Restenergie bereichert.

In diesem Streit kann die Liebe zu Verletzung werden und die Verletzung zu physischer oder psychischer Aggression. Dabei können Worte genauso verletzen wie körperliche Gewalt. Ein Satz wie »Ich liebe Dich nicht mehr« kann nicht nur die Liebe, sondern auch die Existenz des anderen verneinen. Diese Worte haben Körper, und es findet ein Kampf zwischen Restenergie und Konsequenzenergie statt. Und häufig überwiegt dabei die Restenergie. Viele Paare trennen sich in diesem Moment, falls sie nicht sozial eng miteinander verknüpft sind, wie z.B. durch gemeinsame Kinder. Aber selbst dann trennen sie sich häufig zumindest innerlich und gehen zu dem, was wir die dritte Phase nennen.

Die dritte Phase: Der innere Rückzug

Diese Phase ist gekennzeichnet durch unterdrückten Ärger, unterdrückte Frustrationen und häufig durch Rückzug. Es kommt zu einer funktionellen Beziehung, in der die Vorstellung vom anderen negativ ist. Der Wunsch, dem anderen wirklich zu begegnen, geht verloren, das Symbolische wird außerhalb der Beziehung gesucht. Aber dennoch wird die Beziehung formal aufrechterhalten, aus welchen Gründen auch immer. In dieser Phase ziehen beide häufig ihre Libido zurück, und die Sexualität zwischen den Partnern geht in Richtung Null oder schlägt gar in Aversion um. Der Mann phantasiert möglicherweise von einer anderen Frau, die Frau von einem anderen Mann. Oder der eine ist in seiner Phantasie immer noch mit dem Partner zusammen, während dieser von jemand anderem träumt.

Auch hier kann es natürlich zu einer Trennung kommen. Wer möchte schon eine flache Beziehung leben, die von versteckten Aggressionen und Zurückgezogenheit bestimmt wird? Die Partner leben eine funktionelle Beziehung. Sie koexistieren, leben nebeneinander her, aber haben ihre Sehnsucht und Leidenschaft verloren. Es ist, als ob die Liebe eingefroren wäre. Und als ob keiner der beiden bereit ist, für die Liebe aufzutauen, da sie Angst haben, sich selbst zu verlieren.

In manchen Beziehungen erkennen die Partner die eingefrorene Situation und geben sich gegenseitig die Erlaubnis, ihre Leidenschaft und Sexualität mit einem anderen Menschen zu leben. Als Folge davon kann es zu einer Trennung kommen. Aber es ist auch möglich, daß die Erlaubnis, mit einem anderen Menschen zusammenzusein, die Möglichkeit eröffnet, zumindest in der Vorstellung das Symbolische wiederzufinden. Einige Menschen werden dabei fühlen, daß sie nicht mit jemand anderem, sondern mit ihrem Partner zusammensein möchten, und finden dadurch ihre Liebe zurück, verlieren aber möglicherweise ihre Sexualität. Liebe ohne Sexualität ist eine Art Fusion. Hingegen ist die energetische Ladung in der Sexualität immer darauf gerichtet, auf den Partner zuzugehen.

Andere Menschen gehen vielleicht ins Kino, lesen Bücher, stimulieren ihr eigenes Leben, um ihre Sehnsucht und Wünsche wieder zurückzufinden, die an den Partner gebunden waren. Und um diese wieder selbst besitzen zu können. Es ist ein Auseinanderdividieren der Territorien, wo deutlich wird, was für jeden der beiden wichtig ist. Es ist ein Weg zurück zum Selbst.

Häufig möchte sich in dieser Phase der eine Partner trennen, während der andere die Beziehung weiter aufrechterhalten möchte.

Beide können völlig unterschiedliche Verträge über die Beziehung haben. Für den einen mag die Ehe kein essentieller, sondern ein funktioneller Vertrag sein: »Ich muß mich trennen, sonst zerstöre ich mich selbst.« Während für den anderen die Ehe für gute und für schlechte Zeiten gilt, ein eher spiritueller, essentieller Vertrag. Der eine Partner fühlt vielleicht, daß er eine neurotische Beziehung geschaffen hat, die er nicht mehr will. Vielleicht drückt er seinen Ärger oder seine Verletzung direkt aus oder wählt eher eine versteckte Form des Ausdrucks, z.B. indem er in praktischen Themen die Auseinandersetzung sucht. Oder er zieht sich in die Isolation zurück oder überkompensiert vielleicht durch seine Arbeit.

Die Partner haben in dieser Phase das Symbolische verloren, aber in Wahrheit haben sie dem anderen das Symbolische gegeben, da sie es selbst nicht besitzen konnten. Jeder verneint die Realität des anderen. Ein Dialog könnte sein: »Ich bin enttäuscht von Dir, Du bist völlig anders als ich gedacht habe.« Und der andere antwortet: »Du bist nicht bereit, mich so zu akzeptieren, wie ich bin.« Aber wahrscheinlicher ist, daß sie in dieser Zeit überhaupt nicht auf dieser Ebene miteinander sprechen, sondern eher auf einer funktionellen Ebene miteinander verkehren.

Die vierte Phase: Den Partner erkennen und akzeptieren

Diese Phase ist wahrscheinlich die schwierigste, da sie zu den menschlichen Gesetzen zurückgeht: den anderen akzeptieren zu können, wie er ist. Zu akzeptieren, daß er ein eigenständiger Mensch ist und nicht ein Teil von mir, ist eine der schwersten Übungen. Den anderen besitzen zu wollen, zu spüren, das Recht auf den anderen zu haben, ist eine gestörte Form von Liebe. Hier geht es darum, eine Form der Liebe zu finden, in der die Liebe die Freiheit des anderen ist, auf seine Weise zu leben. Und das bedeutet auch, die eigenen Enttäuschungen gut zu überleben. Nahezu jeden Tag unseres Lebens gibt es Enttäuschungen, und häufig projizieren wir auf unseren Partner, daß er ideal sein sollte und uns nicht enttäuscht. Die ganze Welt kann uns enttäuschen, aber nicht unser Partner. Zumindest er sollte uns zustimmen und beistehen. Wenn unser Partner uns nicht zustimmt, sind wir häufig enttäuscht und mit uns selbst konfrontiert. Können wir dann in Kontakt mit unserem inneren Gott, mit unserem Symbolischen sein?

Zu lernen, den anderen zu akzeptieren, ist ein wichtiger Schritt. Aber der nächste Schritt ist, unsere eigenen Wünsche zu besitzen, genauso wie die Wahl unserer Erfahrung. Natürlich gibt es in uns viele Verträge, gesunde, neurotische und spirituelle Teile. Und es gibt unsere persönliche Geschichte, unsere Familiengeschichte, unsere soziale und kulturelle Geschichte. Und all diese Teile brauchen Raum, um sich inkarnieren zu können. Und einige dieser Teile brauchen es, geheilt zu werden, weil sie tief verletzt sind. Und wir bitten unseren Partner, diese Teile zu heilen, und werden so enttäuscht, wenn der andere diese Teile nicht versteht oder nicht heilen kann.

Als Therapeuten sind wir häufig mit der Frage konfrontiert, wie sehr Liebe alte Verletzungen heilen kann. Aber die wirkliche Frage ist, wie sehr können wir den anderen unsere alten Verletzungen heilen lassen? Wie sehr können wir den anderen in unser verschlossenes Zimmer der Einsamkeit einlassen? Und können wir hören, wenn er an der Türe klopft? Können wir die Türe öffnen? Und wie sehr können wir selbst in Kontakt mit dem anderen sein? Der andere wird uns nicht genau auf die Weise berühren, wie wir gern berührt werden möchten. Ist dies ein Grund, den anderen nicht zu lieben, ein Grund, sich zu trennen, oder ein Grund, unsere eigenen Wünsche nicht in Besitz zu nehmen? Letzeres hat natürlich viel mit dem Recht zu tun, die eigene Wahrheit auszudrücken.

Warum versuchen wir, einander zu bekriegen, wenn wir tatsächlich beide recht haben? Jeder hat recht, auf der Basis dessen, was er erfahren hat. Vielleicht drücken wir es nicht richtig aus, oder wir wollen, daß unsere Erfahrung verstanden oder geheilt wird. Die Fähigkeit, Stärke aus unserer eigenen Wahrheit zu beziehen, bedeutet, uns und dem anderen gegenüber zu unseren eigenen verschiedenen Wahrheiten stehen zu können. Und nicht den anderen zu bitten, zu unserer Wahrheit zu stehen. Indem wir den anderen bitten, das zu unterstützen, woran wir glauben, rekreieren wir eine regressive Situation.

In vielen Kulturen unserer westlichen Zivilisation haben früher die Eltern entschieden, wen ihre Kinder heiraten sollten. Aus dem Blickwinkel persönlicher Gesetze macht dies wenig Sinn, da persönliche Gesetze den eigenen persönlichen Weg suchen. Aber es gibt auch einen tieferen Sinn darin, nämlich jemanden lieben zu lernen, wer immer es auch ist, d.h. zu den menschlichen und spirituellen Gesetzen zurückzufinden.

Heute wählen wir unsere Partner selbst. Aber können wir zu dieser Wahl stehen? Können wir dazu stehen, daß wir den anderen gewählt haben? Und daß wir die Verantwortung für unsere Wahl haben und nicht der andere? Können wir zu den menschlichen Gesetzen zurückfinden und lernen, auch jene Teile des Partners zu lieben, die außer uns niemand anderer liebt, vielleicht nicht einmal unser Partner selbst? Und können wir zumindest aufhören, die Teile im Partner zu bekämpfen, die schon verletzt sind, vielleicht schon seit vielen Jahren?

Wenn jemand uns bekämpft, egal ob wir es verstehen oder nicht, er kämpft auch für etwas. Vielleicht können wir seinen Beweggrund nicht sehen, sondern wir sehen nur das Signal. Vielleicht ist der andere auch verwirrt, da sich Vergangenheit, Gegenwart und Zukunft in seiner aktuellen Realitätserfahrung vermischen. Bestehen wir als Liebespartner darauf, das einzige Objekt aller Gefühle des anderen zu sein, was immer diese Gefühle auch sein mögen? Und wäre das nicht eher eine Form von Narzißmus als Liebe für den anderen oder Liebe für uns selbst?

Es geht in dieser Phase um das Akzeptieren von Realität. In dem Sinn zu akzeptieren, daß wir nicht verneinen können, was ist, aber auch selbst Realität kreieren können. Einen Schritt weitergehen können mit dem, was ist. Wenn es einen Streit in der Beziehung gibt und wir verneinen, daß es diesen Streit gibt, oder verneinen, was der andere sagt, so ist es, als ob wir verneinen würden, daß vor uns ein Tisch, ein Garten, ein Haus, eine Straße ist. Es ist Realität, und die Frage ist, wie gehen wir mit der Realität um?

Warum ist es oft so schmerzhaft, echt zu uns selbst und zu anderen zu sein? Häufig deshalb, weil es ein alter Schmerz ist, den wir unterdrückt haben und der nun wieder zum Vorschein kommt. Und wir fühlen den tiefen Schmerz heute. Wenn wir falsche Vorstellungen von uns selbst entwickelt und dem anderen ein falsches Bild von uns gezeigt haben, bekommen wir in diesen Momenten große Angst. Es ist, als würde die Welt zusammenbrechen. Ein Mann, der seiner Frau immer gezeigt hat, wie stark er ist, fühlt sich plötzlich niedergeschlagen, depressiv und hilflos. Die Partnerin fühlt vielleicht, daß sie den idealen Mann verloren hat, und das ist wahr. Kann sie dies anschauen? Und kann er nicht nur das ausdrücken, was er verloren hat, sondern auch, was er wirklich essentiell sucht? Was wirklich für ihn wertvoll ist? Welches sind die verschiedenen Wahrheiten, und haben sie Platz in der Beziehung?

Es gibt in der Beziehung kostbare Momente, wo nichts anderes wichtig zu sein scheint, als nur die Begegnung und Kommunikation zwischen den beiden Partnern. Sind wir so müde, sind wir so gestreßt, daß wir uns selbst verlieren, wenn wir dem anderen begegnen? Leben wir heute nur einen Teil von uns und bedauern einige Jahre später, daß wir die anderen Teile nicht gelebt haben? Oder haben wir die Konsequenzenergie unterdrückt und bauen soviel Restenergie und Verletzung auf, daß wir unbewußt regredieren und den anderen als Gesetz nehmen, das uns einschränkt? Warum geben wir uns nicht selbst die Erlaubnis, unsere tiefe Wahrheit auszudrücken?

In dieser Phase müssen wir lernen, zu akzeptieren, wie der andere wirklich ist. Mit all seinen unterschiedlichen Teilen, mit all seiner Widerspruchlichkeit. Und gleichzeitig fähig sein, Kontakt mit unserem eigenen Symbolischen zu machen und dem anderen damit begegnen zu können. Und die Teile in ihm stimulieren, von denen wir fühlen, daß wir mehr davon brauchen. Häufig ist die Beziehung nach einigen Jahren passiv geworden. Und wir erwarten, vom anderen genährt zu werden, ohne in ihm den Teil zu stimulieren, den wir uns wünschen. Wie sehr schaffen wir die Möglichkeit für den anderen, das zu werden, was wir suchen? Jemand, der einen schönen Partner haben möchte, muß ihm auch in dem Sinn der Schönheit begegnen, damit dieser in manchen Momenten seine Schönheit leben kann. Oder wenn wir möchten, daß der andere sehr stark ist, dann müssen wir ihm auch den Raum geben, seine Stärke fühlen zu können.

In dem Bemühen, die eigenen Wünsche und Bedürfnisse im anderen zu stimulieren, gibt es natürlich viele Momente von Verletzung und Resignation. Wie lange können wir in dieser konstruktiven Energie bleiben, ohne uns plötzlich abgelehnt oder verzweifelt zu fühlen, wenn der andere nein sagt?

Die fünfte Phase: Wachstum im realen Dialog

Die fünfte Phase ist gekennzeichnet durch die Etablierung eines gemeinsamen Territoriums von Begegnung, in dem verschiedene Wahrheiten in einem realen Dialog existieren können. Das bedeutet, die Welt des anderen zu lieben, ohne sie notwendigerweise zu verstehen. Aber ihr mit all den verschiedenen Wahrheiten des eigenen Selbst zu begegnen. Auf diese Weise bleibt die Beziehung immer ein Zugang zum wirklichen Dialog zwischen den beiden Partnern. Symbolisch sind wir zusammen, aber in der Realität gehen wir ständig aufeinander zu, wir koexistieren.

Das Symbolische ist ein Teil unseres Selbst, nicht ein Teil des anderen. Der andere ist das Objekt, durch das unser Symbolisches versucht, sich selbst zu erfüllen. Wir machen häufig den Fehler, daß wir das Symbolische mit unserem Liebesobjekt verwechseln. Unser Liebesobjekt ist Realität und hat viele Facetten und sein eigenes Symbolisches, aber nicht unser Symbolisches. Der andere trägt in sich seine eigene Welt, seine eigenen Wünsche, seine Rest- und Konsequenzenergie, seine persönliche Geschichte usw. Wenn wir bei unserer Vorstellung bleiben, im anderen eine Welt zu finden, die illusionär ist, die keine Realität hat, so leben wir in einer völlig symbolischen Beziehung, die imaginär wird. D.h. der andere stellt ein illusionäres Liebesobjekt dar, das subjektiv erfahren wird.

Wann immer wir versuchen, unsere Wünsche zu aktualisieren, schaffen wir damit gleichzeitig die Möglichkeit von Enttäuschung. Wie antworten wir auf diese Enttäuschungen und wie antwortet der andere auf diese Enttäuschungen? Kommt es zu einem Pingpong-Spiel zwischen den beiden, zu einem Kampf oder gar einer Katastrophe? Wir leben in der aktuellen Zeit Zeitlosigkeit. Der Partner wird auch zum Objekt für vergangene Situationen von verletzter Liebe, von ersehnter Liebe, von verfälschter Liebe, von versteckter Liebe und beschützter Liebe, von der wunderbaren ungelebten und unerlebten Liebe, und auch von Angst und Frustrationen. Wieviel dieser Zeitlosigkeit kann die Beziehung tragen? Und die unterschiedlichen Emotionen und Gefühle akzeptieren, die Tiefe für den jeweiligen Partner haben und für die der andere das Objekt wird? Das Unbewußte ist immer situationsbezogen, und es begegnet nun einem Objekt in einer neuen Situation und bringt die alten Situationen in das Hier und Jetzt.

Eine Beziehung kann leicht neurotisch werden, wenn die Partner ihre eigenen Gefühle nicht mehr besitzen können und den anderen für ihre Gefühle verantwortlich machen. »Du bist schuld, daß ich mich so fühle, wie ich mich fühle!« In Wirklichkeit habe ich in dieser Situation dieses Gefühl gewählt. Aber da unsere Wünsche immer objektorientiert sind, nehmen wir den anderen als Objekt unserer Wünsche. In Paartherapien ist es für die Partner immer wieder sehr kostbar, die verschiedenen Dimensionen der Wahrheit ihrer Gefühle zu erkennen. Aber auch, wie diese Gefühle in die unpassende Situation gebracht oder die Situationen vermischt und verwechselt werden. Es ist eine große Erleichterung, zu erkennen, daß es nicht einfach der andere ist, der meine Gefühle verursacht, sondern daß ich sehr wesentlich daran beteiligt bin. Sind die Partner bereit, einander durch ihre eigenen Charakterstrukturen, durch ihre eigene Geschichte hindurch zu lieben?

Viele Verletzungen entstehen an dem Punkt, wo der eine Partner beginnt, sich zu trennen, weil er die Realität oder die verschiedenen Realitäten des anderen nicht akzeptieren kann. Oder im anderen Extrem, wenn das Symbolische verlorengeht und die Realität die Beziehung bestimmt. Eine Realität, die so weit entfernt von den Wünschen des einen und des anderen ist, daß die Beziehung ausgesprochen flach wird. Wenn der Ärger oder der Rückzug chronisch werden, kann die Person nicht länger fühlen, daß sie den Wunsch, die Sehnsucht für den anderen wiederfinden kann. Und ihm vielleicht in kostbaren Momenten der Beziehung mit dem eigenen Symbolischen begegnen kann. Es ist ähnlich wie in der Eltern-Kind-Beziehung, wo die Eltern in bestimmten Momenten das Symbolische inkarnieren, oder fast das Symbolische sind, wie in der frühen Fusion. Das gleiche findet in der Liebesbeziehung statt. Wenn es nicht genügend Symbolisches gibt, das real werden könnte, kann sich die Liebesenergie nicht wirklich in der Beziehung inkarnieren.

Aber möglicherweise wählt der eine Partner eine Symbolisierung seiner Erfahrung, in der er den anderen zu einem schlechten Vater oder einer schlechten Mutter macht. Und indem er den anderen auf die Rolle des schlechten Elternteils fixiert, verliert er den Kontakt mit seinem inneren Bild der guten Eltern oder des guten Liebespartners. Liebe zu definieren ist offensichtlich sehr schwierig, da sie in erster Linie gefühlt wird. Sie scheint jedoch die tiefe Essenz unserer Existenz zu sein, unserer Inkarnation.

Es gibt verschiedene Ebenen, auf denen wir Liebe erfahren: menschliche Liebe, persönliche Liebe, die Gefühle unseres Herzens, die Stimulierung unseres Körpers, unsere Wünsche, Sehnsüchte und Leidenschaft, um nur einige dieser Ebenen zu nennen. Möglicherweise ist in der Beziehung eine davon überentwickelt, z.B. wenn die Beziehung vor allem auf menschlicher Liebe basiert und nicht auf persönlicher Liebe. Wir sind davon überzeugt, daß ein wichtiger Faktor jeder Beziehung der Zugang ist. Nicht nur der Zugang zum anderen, sondern auch der Zugang zu einem Teil von uns selbst. Wer bin ich und welche Teile von mir entdecke ich, wenn ich Dir begegne? Welchen Teil von mir möchte ich vor Dir leben? Und welcher Teil von Dir stimuliert einen Teil in mir?

Umgekehrt kann natürlich auch die Realität unbewußte Elemente in uns stimulieren, z.B. wenn unser Partner sagt: »Laß uns zusammen Urlaub im Fernen Osten machen.« Und dieser Satz stimuliert vielleicht in uns eine symbolische Welt, die wir längst vergessen hatten, z.B. unsere Sexualität, unsere Spiritualität, unseren Wunsch, einen Liebesurlaub zu machen.

Unsere Gesellschaft entwickelt viel an Kreativität in Form von Kunst, Theater, Filmen, Büchern usw., um unser Symbolisches oder unsere imaginäre Welt aufzuwecken und zu stimulieren. Wir entwickeln darüber häufig eine Idealvorstellung von Liebesbeziehungen. Und das imaginäre ideale Paar im Kino, in der Werbung, in Liedern, wird häufig zum Vorbild für eine gute Partnerschaft. Wir träumen von der idealen Liebesbeziehung, bauen Helden und Heldinnen auf und leben damit in unserer Vorstellungswelt. Und die Realität schneidet bei einem Vergleich sehr schlecht ab. Aber darunter liegt unser Symbolisches. Lassen wir die Schauspieler im Film unsere Beziehungen leben, und wir schauen ihnen zu? Oder leben wir unsere Beziehungen selbst?

Natürlich geschieht es häufig, daß ein Paar unter den idealen Vorstellungen leidet, die der eine hat oder beide haben oder die die Familie oder Gesellschaft hat. Unter der Vorstellung, Beziehung sollte so und so sein, und wenn es anders ist, ziehen sie sich enttäuscht zurück. Bei all dieser Komplexität möchten wir auf den natürlichen Kreislauf zwischen Tag und Nacht zurückkommen.

Es scheint, als wären die kostbaren Momente in unseren Tag- und Nachtträumen ein Weg zurück zu tiefen vergessenen, versteckten oder geschützen Teilen in uns. Eine Stimulation der tiefen Essenz unserer Triebe, egal ob diese spirituell, instinktiv, libidinös oder funktionell sind. Wenn wir morgens aufwachen, so ist dieser Moment wie eine neue Geburt. Wie inkarnieren wir diesen Morgen, die kommenden Stunden? Beginnen wir den Tag mit einem Kreislauf von Enttäuschungen und unterdrücken unsere inneren Wünsche und unsere symbolische Welt? Oder erlauben wir ihnen, ans Tageslicht zu kommen?

Hören wir auf diese Form der Mikro- oder Selbstregulation, die uns den vergessenen Teilen unseres Selbst näher bringt? Können wir wahr zu uns und zu anderen sein? Oder müssen wir uns und andere belügen, um uns zu schützen? Macht uns unsere innere Wahrheit soviel Angst und bringt sie soviel Angst in die Beziehung, daß wir chronisch eine Situation schaffen, in der wir nur bestimmte Teile von uns leben können? Und die Beziehung eine Begrenzung für unser Wachstum wird? Hilft Scham und Schuld uns wirklich weiter? Wie sehr können zwei Menschen in Abhängigkeit wachsen? Wie kann eine Beziehung eine Chance zum Wachstum sein? Dies ist nur möglich, wenn wir die Realität des anderen akzeptieren können, d.h. die verschiedenen Teile der alten Realität des anderen sehen können, aber auch seine neue Realität. Und auf diese Weise die Inkarnation des Symbolischen unterstützen, die der andere in seiner Bewegung versucht.

Es ist tragisch, wenn eine Beziehung nur noch statisch ist. Ähnlich einer Mauer, die sich nicht bewegt. Und auch innerhalb der Mauern bewegt sich nichts mehr. Statische Gesetze sind wichtig in einer

Beziehung. Wenn wir in jeder Auseinandersetzung die Beziehung in Frage stellen, ist kein Wachstum möglich. Statt dessen hätten wir ständig existentielle Angst und würden regredieren.

Progression in einer Beziehung setzt ein konstruktives Gleichgewicht zwischen statischen und dynamischen Gesetzen voraus. Ein Wort bedeutet, was wir sagen. Und es bedeutet mehr, da wir nicht genau wissen, was wir wirklich zu sagen versuchen. Und der andere nicht genau weiß, wie er dies interpretieren soll. Auf diese Weise machen wir neue Verträge. Aber wir können die Verträge nicht einfach verändern, ohne die Veränderung zu kommunizieren, die wir anstreben, und ohne die Verträge neu zu verhandeln.

Wenn jemand emotional einen bestimmten Satz sagt, welchen Teil dieses Satzes hört der andere? Vielleicht ist ein Wort aus dem Satz in der eigenen vertikalen Erfahrung des Zuhörers so geladen, daß er bei diesem Wort hängenbleibt, ihm Körper gibt und den Rest nicht hört. Und sich damit selbst in eine geladene, vertikale Situation begibt. Es war seine individuelle Wahl, dieses eine Wort herauszupicken.

Wenn wir auf den verschiedensten Ebenen kommunizieren, was drücken wir wirklich aus? Was möchten wir ausdrücken? Was hört der andere? Was möchte der andere hören? Was davon ist statisch, was ist alt und regressiv, und was davon ist progressiv? All diese faszinierenden Aspekte kommen in der Liebesbeziehung zur Geltung. Existiert in der Beziehung ein fundamentaler Vertrag, der den Rahmen dafür gibt? Ein Rahmen, der Auseinandersetzungen ermöglicht, ohne daß die eigene Existenz oder die Existenz der Beziehung in Frage gestellt wird? Ein Rahmen, der es dem einzelnen ermöglicht, seine Wahrheiten in der Beziehung zu leben, in Bewegung zu sein? Und selbst wenn der eine Partner zuviele statische Verträge lebt, Schwierigkeiten hat, sich zu bewegen, ist dies ein Grund, ihn nicht zu lieben? Braucht er nicht genau da die Liebe des anderen? Jede Beziehung braucht statische Gesetze, einen Rahmen, andernfalls würden wir aneinander vorbeilaufen.

Nach welchen Kriterien wählen wir unseren Partner aus? Manchmal wählen wir einen Menschen, der völlig anders ist als alle anderen Menschen, die wir kennen, da dieser Mensch unser Symbolisches stimuliert. Und manchmal erkennen wir bestimmte Teile im anderen wieder, die wir von früher kennen. Wir können dies fühlen, aber wir wissen nicht genau, woher wir dies kennen. Es gibt viele Verträge in jeder Beziehung. Früher oder später steht ein Paar vor der Frage, ob es zusammenleben will oder nicht. Falls sie sich entscheiden, zusammenzuleben, ist dies sicherlich ein sozialer Vertrag, wahrscheinlich ein persönlicher Vertrag, möglicherweise ein menschlicher Vertrag, und es könnte auch ein spiritueller Vertrag sein. Falls die beiden heiraten, schließen sie zudem noch einen legalen Vertrag. Auch in einer Ehe gibt es viele Verträge. Haben die beiden geheiratet, weil sie Angst hatten, den anderen zu verlieren und damit die Beziehung zementieren wollten? Oder haben sie geheiratet, weil sie von ihrer Familie wegkommen wollten? Und haben sich damit vielleicht von einer Abhängigkeit in die nächste begeben? Haben sie geheiratet, weil sie in sich die tiefe spirituelle Gewißheit spüren, ihr Leben mit jemandem in guten und schlechten Zeiten teilen zu wollen? Oder war es, um in der Gesellschaft eine bestimmte soziale Position einzunehmen? Zu was sagen die beiden wirklich ja, wenn sie vor dem Standesbeamten oder dem Geistlichen stehen? Und von welchem Teil von sich heraus sagen sie ja? Von ihrem spirituellen Teil, von ihrem menschlichen, von ihrem persönlichen oder von ihrem sozialen Teil?

In vielen Traditionen, auch in unserer westlichen Zivilisation und im Christentum, gibt es in der Heirat einen Aspekt von Trennung, von Scheidung. Es ist eine Scheidung zwischen Eltern und Kind, wo der Vater an der Seite seiner Tochter geht und sie an ihren Mann weiterreicht bzw. umgekehrt die Mutter den Sohn. Häufig müssen wir uns jedoch fragen, haben wir wirklich diese Scheidung vollzogen, oder sind wir unbewußt immer noch mit unseren Eltern verheiratet? Können wir unsere frühere Heirat mit unseren Eltern in eine individuelle Beziehung transformieren? In eine Beziehung, in der wir nahe bei uns selbst sind, aber auch sowohl unsere Begrenzungen in der Liebesbeziehung als auch die Begrenzungen unserer Eltern in der Beziehung akzeptieren können?

Die unterschiedlichen Verträge, welche die beiden Liebespartner zu der Beziehung geschlossen haben, werden häufig erst in schweren

Krisen oder während einer Trennung deutlich. Z.B. wenn der eine Partner einen spirituellen Vertrag geschlossen hat, der für immer und für alle Zeiten gilt, und davon ausgeht, daß der andere den gleichen Vertrag geschlossen hat. Und zehn Jahre später möchte der andere sich trennen, weil er erkannt hat, daß seine Wahl eine neurotische Wahl war. Der mit den Trennungsabsichten des anderen konfrontierte Partner fühlt sich nun vielleicht völlig desintegriert, völlig am Boden zerstört, da er etwas verloren hat, von dem er zutiefst glaubte, es sei ein fundamentaler Vertrag. Und er nun erkennen muß, daß der andere einen Vertrag auf einer völlig anderen Ebene geschlossen hatte. Vielleicht: »Ich habe Dich nur geheiratet, um von meinen Eltern wegzukommen.«

Viele Menschen laufen von einer Beziehung zur nächsten und rekreieren immer wieder dieselben Muster, da diese ein Teil ihrer selbst sind. Sie werfen dem anderen vor, niemals der Richtige zu sein, aber die Frage ist, erfüllen sie ihr Leben und können sie die Begrenzungen einer Beziehung in dem Geist von Wachstum annehmen?

Manche Paare kommen in Krisen- oder Trennungssituationen in Paartherapie, in deren Verlauf häufig deutlich wird, daß ein tiefer Teil der Person in der Beziehung keinen Platz gefunden hat. Etwas ist statisch geworden, ein wichtiger Teil wurde unterdrückt, und es kommt zu einer Krise. Häufig wird eine Krise als etwas verstanden, das gegen die Beziehung geht. Aber tatsächlich ist es etwas, das sehr tief für einen Teil in der Person ist. Das Ausagieren dieses Teiles ist sehr gefährlich, da Trennung die Konsequenz sein kann.

Häufig kommen Paare in Therapie, wo der eine Partner auf dem Weg ist, etwas für sich zu verändern, zu wachsen, während der andere dies nicht möchte. Die Veränderung von A macht B angst, und manchmal völlig zu Recht. Vor allem wenn A Schwierigkeiten hat, seinem Partner die Veränderungen mitzuteilen, da A häufig selbst nicht so klar ist, worum es dabei geht. Und A das Gefühl hat, sich zuerst befreien zu müssen, bevor er einen Schritt in seinem Leben machen kann. An dieser Stelle wird A häufig eine Sekundärreaktion ausdrücken: »Dies und jenes will ich nicht mehr«, um die statische Energie im Kompromiß zu bewegen. B ist häufig ein wichtiger Bezugspunkt in der Vergangenheit gewesen, der Sicherheit gegeben hat. Aber gleichzeitig ist es häufig die Sicherheit, von der A sich unterdrückt und eingeschränkt fühlt.

Jemand kommt in seinem persönlichen Prozeß nach Hause und lebt einen neuen, kostbaren Teil von sich, und der Partner sagt: »Ich erkenne Dich nicht wieder, Du bist nie so gewesen.« Und A sagt: »Dieser Teil war immer da, aber ich habe nicht gemerkt, daß er mir so wichtig ist.« Wieviel kann B von der Dynamik von A verstehen und lernen? Und wieviel seiner Entwicklung kann A in die Beziehung einbringen, statt nur die Möglichkeit einer Trennung zu sehen und zu sagen: »Ich habe mich verändert, ich bin ein anderer Mensch geworden, deshalb kann ich nicht mehr mit Dir leben.« Es mag sein, daß A mehr geworden ist als er zuvor war, aber es ist mit Sicherheit nur ein bißchen mehr.

Manchmal erstarrt auch die Beziehung in der Begegnung zweier Charaktere, ein chronisches Beziehungsmuster hat sich etabliert. Auf diese Weise verliert die Beziehung an Herausforderung, da statische Verträge gelebt werden und die Menschen nicht im Wachstum sind.

Dies ist der Fall, z. B. wenn ein rigider und ein depressiver Charakter zusammenleben. Der rigide braucht, daß sein Partner ein Bedürfnis hat, und der depressive hat viele Bedürfnisse. Der depressive braucht einen starken Partner, der weiß, wo es langgeht, und der rigide repräsentiert das. Die beiden haben erstklassige Gründe, zusammenzusein, da sie einander ausgesprochen gut ergänzen. Aber es mag der Moment kommen, wo einer oder auch beide ihre Kleider wechseln wollen. Der depressive macht den rigiden arbeitslos, wenn er sagt: »Ich möchte selbst meinen Weg finden, ich möchte nicht dauernd von Dir hören, was Du denkst, was gut für mich wäre.« Und der rigide kommt vielleicht zu dem Punkt, wo er sagt: »Ich habe Dir bis jetzt immer alles gegeben und war immer für Dich da. Jetzt möchte ich nicht länger für Dich sorgen, ich habe auch Bedürfnisse.« Diese Entwicklung ist völlig natürlich, aber haben die Partner in ihrer Beziehung einen Rahmen, der es ihnen ermöglicht, durch diese Krise durchzugehen?

Oder ein oraler Charakter, der dasitzt und erwartet, genährt zu werden. Und wenn er nicht genährt wird, träumt er davon, wie schön es sein könnte, und er fühlt sich dabei recht gut. Aber der Partner mit einem rigiden oder auch anderen Charakter fühlt sich vielleicht total isoliert und möchte diese Isolation nicht länger akzeptieren. Er versucht den oralen aus seinen Träumen aufzuwecken und sagt: »Schau, ich bin hier«, und es entsteht eine konstruktive Krise.

Jede Liebesbeziehung hat ihre Höhen und Tiefen. Und jede Liebesbeziehung hat ihre Phasen von Nähe und Distanz. Diese Pulsation scheint wichtig zu sein, um immer wieder zu uns selbst zurückfinden zu können. Und um uns von dort aus wieder unserem Partner annähern zu können. Genaugenommen sind wir nie wirklich eins, sondern immer auf dem Weg der Annäherung. Der Annäherung an uns selbst und der Annäherung an den anderen. Und vielleicht macht genau das die Qualität einer Beziehung aus.

Mit einem Partner zu leben, bedeutet ihn einzuladen, Teil einer sich verändernden Welt zu sein. Wenn wir allein leben, können wir vielleicht den nächsten Augenblick leichter kontrollieren. Aber dies ist nicht möglich, wenn wir unser Leben in der Intimität einer Liebesbeziehung teilen. Natürlich versuchen wir häufig, den anderen zu kontrollieren oder ihn gar zu besitzen. Aber unser Partner ist ein anderer Mensch und bewegt sich deshalb anders als wir. Und durch seine Impulse, Bedürfnisse und Reaktionen, die sich von unseren unterscheiden, drängt er darauf, daß wir uns bewegen.

Vielleicht versuchen wir, unsere Welt zu kontrollieren, weil wir sie verstehen wollen. Und gestalten sie heute so, wie sie bereits gestern war, und nichts Neues kann entstehen. Es ist, als würden wir versuchen, die Welt anzuhalten. Aber die Welt bewegt sich weiter.

Ausblick
Heute ist ein neuer Tag

Für wen wachen wir am Morgen auf? Jeder Morgen ist wie die Geburt eines neuen Tages, genauso wie jeder Moment die Geburt eines neuen Moments ist. Wir wachen auf, um dem Tag zu begegnen oder um den Tag zu gestalten. Vielleicht wachen wir angeregt und voller Lebendigkeit auf, bereit, einen neuen Abschnitt unseres Lebens zu kreieren. Oder wir lassen uns auch Zeit, den neuen Tag zu begrüßen, um uns erst zu sammeln und langsam zu entfalten.
Vielleicht wachen wir aber auch mit einer Art Schock auf, als wenn uns jemand wachrüttelt. Zwingen uns, oder fühlen uns gezwungen, bestimmte Anforderungen oder Aufgaben zu erfüllen. Und verlieren uns vielleicht schon in den ersten Minuten des neuen Tages.
Vielleicht wachen wir aber auch für die Teile in uns auf, die bereits wach sind, bereit zu leben und zu kreieren: für unsere Träume und tiefen Wünsche. Häufig denken wir, daß Träume nur nachts stattfinden, in der Dunkelheit unseres Daseins. Aber vielleicht schlafen unsere Träume nie. Möglicherweise sind sie uns unbekannt, aber dennoch streben sie danach, der Realität zu begegnen, Teil der Gestaltung einer neuen Realität zu sein. Vielleicht können wir unsere Träume hören und spüren. Aber manchmal verlieren wir sie, wenn wir dem Tag begegnen, und wissen nicht länger, wofür wir aufwachen.
Wenn wir dem Bekannten begegnen, verlieren wir vielleicht diese unbekannten Teile in uns, die danach streben, das Tageslicht zu erblicken. Und sehen möglicherweise nur das Bekannte, das Alte. Und leben genauso wie gestern oder wiederholen gar unsere Vergangenheit. Und halten unsere Träume und Wünsche in der Dunkelheit fest.

Sagen wir »Hallo« zu dem neuen Tag, oder versuchen wir, grußlos an ihm vorbeizugehen? Wenn wir den Tag nicht grüßen, wird er uns begrüßen. Er wird versuchen, uns zu bewegen. Bewegen wir uns dann mit ihm, oder erstarren wir vor ihm?

Die Welt ist ein ständiger Dialog zwischen statischen und dynamischen Kräften, die uns ermutigen, zu leben und zu wachsen. Unsere statischen, chronischen Verhaltensmuster sind möglicherweise ein Weg, nicht wirklich aufzuwachen. Aber die Erfahrung, uns damit schlecht zu fühlen, erinnert uns daran, daß etwas falsch ist, und ruft nach Veränderung. Dennoch ziehen wir häufig diese negative Erfahrung vor, da wir Angst haben, es könnte noch schlimmer werden. Für die tiefen Teile unseres Selbst ist diese Haltung jedoch nicht akzeptabel. Sie zu ignorieren bedeutet, den stillen Schrei, der nach Veränderung ruft, zu verneinen.

Wir haben in diesem Buch versucht, einige der grundlegenden Faktoren für die Wahl unserer Erfahrung zu verdeutlichen. Wahrscheinlich kennt jeder von uns diese Faktoren. Vielleicht mit anderen Worten, oder indem wir sie fühlen oder spüren können. Wir sind uns nicht immer all dieser Faktoren bewußt. Unserem Unbewußten zu erlauben, bewußter zu werden, erlaubt unserer inneren Wahrheit, ans Tageslicht zu kommen. Und ermöglicht einen Dialog zwischen dem, was wir fühlen, ahnen und denken, und gibt uns damit neue Wahlmöglichkeiten. Auf diese Weise wird unsere Welt größer als unsere Augen auf den ersten Blick sehen können.

Konsequenzenergie, der Drang, unsere symbolische Welt zu inkarnieren, ist der Motor für persönliche Veränderung. Der Primärimpuls gibt dieser Energie eine Form, ein Projekt. Nur wenn dies der Fall ist, können wir unseren eigentlichen Projekten trauen. Aber häufig ist das, was wir scheinbar wollen, nur ein Signal, das unseren wirklichen Wunsch, unseren Beweggrund versteckt oder verfälscht. Schon hier liegt eine der wichtigsten Voraussetzungen für Veränderung: der Kontakt mit unseren Wünschen und Bedürfnissen. Wenn wir diese Hürde genommen haben, können wir unseren Wünschen eine Form und eine Sprache geben, in denen wir diese ausdrücken und kommunizieren?

Wonach ruft eine reale Situation in uns? Und welcher Teil in uns ist bereit zu reagieren? Und sogar noch ein Schritt weiter zurück: warum sind wir eigentlich überhaupt in dieser Situation? Was ist unser Projekt an diesem Ort? Jetzt und in jedem neuen Jetzt?

Halten wir zu sehr an statischen Verträgen fest? Und wenn wir neue, andere Teile von uns in neuen Momenten leben wollen, welche Verträge müssen wir neu mit uns verhandeln? Und welche mit anderen Menschen?

Veränderungen machen uns oft angst und sind manchmal sogar schockierend. Viele Veränderungen finden durch Katastrophen oder massive Ereignisse statt, die uns zwingen, etwas zu verändern, einen Schritt nach vorne zu machen. Und manchmal haben wir dabei das Gefühl, wir bewegen uns rückwärts. Wie wenn wir am Strand einen hohen Sandberg bauen, und jedesmal, wenn wir den Berg hinauf-laufen, um neuen Sand auf die Spitze zu kippen, rieselt Sand unter unseren Füßen wieder nach unten.

Für unsere persönliche Entwicklung ist das Verhältnis zwischen statischen und dynamischen Kräften sehr wichtig. Häufig wollen wir radikale Veränderungen, fast so, als wollten wir ab heute ein anderer Mensch werden. Oder wir wehren uns gegen jede Veränderung und halten statisch an unserem alten Glaubenssystem fest. Bei keinem dieser Extreme begegnen wir wirklich dem Leben.

Es scheint normal zu sein, daß jeder Mensch sich entwickeln möchte. Aber dazu müssen wir auch fähig sein, das tragen zu können, was wir hinter uns lassen, weil wir es so oder so auch weiterhin in uns tragen. Zu lernen, mit unserer Vergangenheit klarzukommen, be-deutet anzuerkennen, wo wir waren, und daß wir dort nicht länger sind. Wir sind im Hier und Jetzt und kreieren den nächsten Schritt unserer Zukunft. Können wir auf unsere inneren Veränderungen lauschen, bevor sie radikal und vielleicht auch katastrophal werden? Und können wir äußere unerwartete Veränderungen kreativ regulie-ren?

Unsere äußere Realitätswelt wird durch so viele Faktoren bestimmt, daß es eine Riesenanzahl von Wissenschaften und Berufen gibt, die versuchen, die verschiedenen Faktoren zu regeln. Für unser inneres Leben, für unsere Gefühlswelt und unsere kreativen Quellen gibt es viel weniger Strukturen und Stellen, die sich mit diesen Faktoren beschäftigen. Unsere innere Lebensqualität, unsere Kreativität und unser Kommunikationsleben stehen häufig hinten an. Wir haben keine Anwälte, die uns helfen zu klären, was unsere persönlichen Verträge sind. Und wie wir die Verträge anderer sehen und erfahren. Wenn Dinge in unserem Leben schieflaufen, geben wir sie häufig auf und machen woanders weiter. Manchmal werden wir auch krank. Und manchmal wird es so extrem, daß wir oder andere uns wie Kranke behandeln müssen. Und vielleicht erlauben wir uns erst dann, bei einem Psychotherapeuten Unterstützung zu holen. Können wir uns dann genügend Zeit und Raum für unsere innere Reflexion geben, bevor wir resignieren?

Wir sprechen häufig über persönliche Freiheit. Aber streng genommen gibt es diese Freiheit nicht. Wir haben nur die Freiheit der Wahl. Wann immer wir frei sind zu wählen, haben wir uns gegen etwas anderes entschieden. Aber was sind dann unsere Werte und unsere Moral? Von ihnen können und sollten wir nicht frei sein, denn sie sind Teil unserer Wahrheit. Vielleicht gibt uns unsere Gesellschaft die Freiheit, unserem tiefen Selbst treu bleiben zu können. Aber wir müssen auch lernen, wie wir koexistieren, mit anderen Menschen leben können, ohne uns untreu zu werden.

Machmal schaffen wir dies nicht allein und suchen Unterstützung in einer Psychotherapie. Für viele Menschen ist dies bereits ein großer Schritt, da sie Lebensverträge haben, die es ihnen schwer machen, Hilfe anzunehmen. Generell gehen Menschen in Psychotherapie, weil sie an einem spezifischen Symptom leiden oder in einer Krise sind. Viele kommen auch, weil sie fühlen, daß es in ihnen Teile gibt, die sie aufwecken und leben möchten. Sie wollen mit sich einig werden oder einen neuen Blick auf ihr Leben werfen. Sie wollen ihr Leben verändern, in einem konstruktiven Sinn.

Transformation

Transformation bedeutet Veränderung, spezifischer gesehen eine positive und konstruktive Veränderung.

Am Anfang dieses Buches haben wir gesagt, daß alles mit einem Bedürfnis beginnt. Dieses Bedürfnis, egal ob groß oder klein, ist ein Problem. Es ist ein Problem, weil es etwas verlangt. Zuallererst von uns und vielleicht auch von den anderen. Ja zu einem Bedürfnis zu sagen bedeutet auch Ja zu einem Problem zu sagen. Und dieses Problem wird nicht weggehen, solange das Bedürfnis nicht befriedigt oder transformiert wurde. Wenn wir eine positive Antwort auf unser Bedürfnis bekommen, ist alles prima. Aber wir wissen alle, daß dies nicht immer oder nicht häufig der Fall ist.

Angenommen, unser Wunsch ist ein wirklicher Primärimpuls, der nicht befriedigt wird. Und weiter angenommen, wir können unser Bedürfnis besitzen, dazu stehen und es ausdrücken, und dennoch gibt es keine positive Antwort. Wenn wir unser Bedürfnis dann verändern, haben wir zwei Bedürfnisse, das alte und das neue. Und vielleicht bekommen wir immer noch nicht die Antwort, die wir uns erhoffen. Zu versuchen, unser Bedürfnis zu vergessen, wird uns nicht sonderlich weiterhelfen. Weil wir auf diese Weise ein drittes Problem schaffen würden und zusätzlich noch Restenergie aufbauen.

Wir können auch einfach weggehen. Aber damit würden wir verneinen, warum wir eigentlich hierher gekommen sind, und das schafft ein viertes Problem. Oder wir werden ärgerlich, daß wir nicht bekommen, was wir wollen. Und schaffen damit ein anderes Problem, ein fünftes. Und unser heutiger Ärger könnte morgen zu einem sechsten Problem führen, das wir aber bereits Hier und Jetzt fühlen: Der andere will morgen vielleicht überhaupt nichts mehr mit mir zu tun haben, oder wird sich morgen dafür revanchieren, daß ich heute ärgerlich bin.

Ich kann auch versuchen, nicht ärgerlich zu sein. Aber dann würde der andere nicht merken, daß ich ein Problem habe, und das wäre ein weiteres Problem für mich. Und vielleicht erinnert mich das an einige alte Probleme, die ich nicht haben möchte. Und von denen ich gedacht hätte, daß ich sie weit hinter mir gelassen hätte. Und weil ich nicht in der Vergangenheit sein möchte, wo ich (einleuchtenderweise) natürlich auch nicht bin, fange ich an zu fühlen, daß der andere das Problem ist. Der andere ist das Problem, weil er mir so viele Probleme macht, indem er mir nicht gibt, was ich brauche. In diesem Erfahrungsdschungel, in dem wir mit der unbefriedigenden Antwort des anderen konfrontiert sind, ist unser ursprünglicher Wunsch nach wie vor da. Und damit auch zumindest ein Problem.

Der wirkliche Kernpunkt ist jedoch die Identität des Selbst. Zu was kann ich in jeder gegebenen Situation stehen und mich darüber freuen? Die Freude am Selbst und am Projekt des Selbst. Ich kann nicht immer vom anderen verlangen, daß er mir genau das gibt, was ich brauche. Aber ich kann die Freude und die Stärke meines realen Bedürfnisses spüren. Ich kann mir selbst zumindest symbolisch geben, was der andere mir nicht geben kann, und damit auch eine Ahnung von Befriedigung. Indem ich mir erlaube, klar auszudrükken, was ich möchte, und dem anderen oder der Realität die Gelegenheit gebe, darauf zu antworten. Und ich kann dies mit der Freude meines Primärimpulses tun. Und nur dann kann ich entscheiden, ob ich den falschen Ort, die falsche Person oder einen falschen Moment gewählt habe.

An dieser Stelle kann natürlich die Frage auftauchen, wo bekomme ich, was ich brauche? Und was verlangt es von mir, dies zu erreichen? Selbst diese Frage kann man bereits als eine Transformation betrachten, wenn der Mensch mit ihr aus dem chronischen Verhaltensmuster ausbricht, das seine statischen Verträge zu seiner Erfahrung und zu seinem Ausdruck aufrechterhält.

Aber die reale Transformation findet statt, wenn der Mensch sein ursprüngliches Projekt transformieren kann, anpassen kann, an die Antwort des anderen oder die Faktoren der äußeren Realität. Und dennoch seinen Wunsch beibehält, auch wenn seine Entscheidungen oder das Objekt dadurch vielleicht eine andere Form bekommen. Auf diese Weise werden sich beide Personen (oder die äußere Realität) verändern und zu etwas Neuem und Stimulierenden transformieren. Und vielleicht führt dies zu weiterem Neuen und weiterer Stimulierung.

Der Mensch hat dann in seinem Ausdruck zum anderen sein Selbst bejaht, und es entsteht eine kreative Koexistenz. Der wirkliche Punkt ist natürlich, welches sind die tieferen Teile im Menschen, die durch diese Realität befriedigt werden? Und zu welchen tieferen primären Vorstellungen spricht und antwortet die Realität?

Unser Selbst leidet, wenn wir weit entfernt von unseren tiefen, kreativen Selbstbildern leben und agieren. Diese Vorstellungen sind in unserem Unbewußten versteckt, aber wir können sie fühlen. Unser Selbstbild mag nicht die Form haben, wie wir bewußt denken, daß es sein sollte. Aber unser tiefes Organisches ist nicht auf eine bestimmte Vorstellung fixiert, sondern fähig, sich anzupassen, und in einem kreativen Dialog mit dem, was es akzeptieren kann. Deshalb ist das tiefe Organische in sich selbst bereits transformationell. Wie der Samen einer Pflanze tragen wir in uns eine tiefe Vorstellung davon, wie wir uns entwickeln sollten. Aber durch dieses Design wird nicht bestimmt, daß unser volles Erblühen in der Realität eine zementierte Straße zu einer idealen, isolierten Vorstellung ist. Ganz im Gegenteil. Es scheint ein grundlegendes Lebensgesetz zu sein, daß wir koexistieren, dazu bestimmt sind, nicht allein zu leben. Und deshalb nur etwas kreieren können, das nicht ideal ist, sondern nur Elemente des Idealen beinhaltet. Und dennoch eine Form annimmt, die für die tiefen Teile unseres Selbst sowohl auf einer persönlichen als auch einer sozialen Ebene befriedigend ist. Nur so ist Interaktion und Dialog möglich. Und die Frage bleibt, was ist die essentielle Botschaft in unserer Tiefe und was suchen wir in diesem Dialog? Worum geht es eigentlich?

Vielleicht möchten wir transformieren, um unsere Beziehung zu verändern, unsere Arbeit oder die Art wie wir arbeiten oder wie wir unsere Liebe leben und ausdrücken. Und vielleicht wollen wir persönlich, körperlich und funktionell wachsen. Es geht schließlich um unser Leben. Aber wir können nicht verneinen, was ist. Wenn wir z.B. unsere Wohnung verändern wollen, können wir unser Wohnzimmer transformieren, indem wir Möbel umstellen, oder die Wand zum Eßzimmer rausnehmen, um es zu vergrößern. Aber all das setzt voraus, daß wir unsere Bedürfnisse besitzen und sie nicht den anderen gegeben haben. Wir können nicht verändern, was wir nicht besitzen. Das wäre sonst, als ob wir die Außenwand unserer Wohnung einreißen, um unseren Raum in der Wohnung des Nachbarn zu vergößern.

Vieles kann dreigeteilt gesehen werden: mit einem Anfang, einem Ende und einem Mittelpunkt. Diese drei Teile begegnen uns auch in der Transformation: das Problem zu finden, das Problem zu besitzen und das Problem zu verändern (zu transformieren).
Aber was machen wir dann mit all dem, was wir nicht verändern können?

Akzeptanz

Akzeptanz bedeutet nicht Resignation, sondern das bewußte Etablieren eines Vertrages, der akzeptabel ist. Dieser Vertrag beinhaltet genügend primäre Elemente, um ihn zufrieden leben zu können. Wenn wir stundenlang auf jemanden warten, der nicht kommt, verneinen wir die Realität, daß niemand kommt. Wenn wir hingegen den anderen deswegen nie mehr anrufen, verneinen wir unsere inneren Wünsche und Erwartungen, wir resignieren.
Wenn die reale Situation unsere Erwartungen nicht erfüllt, sind wir mit einem Mangel konfrontiert und müssen lernen zu akzeptieren. Und das ist schwierig, besonders wenn es darum geht, unsere eigene Begrenzung oder unser eigenes Scheitern zu akzeptieren, und noch mehr das Scheitern in und an unserem Leben. Unsere Vergangenheit hängt manchmal an uns wie eine schwere Last, die uns an unser vergangenes Scheitern und an unser Unbefriedigtsein erinnert. Und wir bestehen vielleicht auf unserem Groll gegenüber unserer Familie, unseren Freunden und Kollegen, wegen all dem, was für uns unfair war oder absolut falsch oder sogar destruktiv. Und gegenüber Gott, daß selbst er uns nicht versteht oder uns zumindest hilft. Wir grollen dann Gott dafür, daß er eine Welt voller Unfairness und Härte geschaffen hat. Und machen ihn verantwortlich für das Böse.
Es gibt einen wesentlichen Unterschied zwischen Resignation und Akzeptieren. Wenn wir akzeptieren, sind wir uns bewußt, wofür wir kämpfen. Während wir in der Resignation unseren alten Vertrag nochmals unterzeichen, daß es sich nicht lohnt, für etwas Neues zu kämpfen.

Ein Mensch, der mit Akzeptanz beginnt, ohne wirklich zuvor versucht zu haben, die Realität zu verändern, hat an der Realität resigniert. Wirklich zu akzeptieren bedeutet, dem anderen oder der Realität zu vergeben, daß sie nicht mehr sind, als sie sind. Aber erst nachdem wir versucht haben, die Realität zu verändern, und dabei erkannt haben, daß es uns zuviel kostet oder gar unmöglich ist.

Vergebung ist ein großes Wort. Aber Vergebung kann auch eine tiefe Erfahrung sein, indem wir in unserer Entwicklung über die Grenzen der Realität hinaus in das Akzeptieren dessen wachsen können, was ist. Nur dann können wir wirklich akzeptieren. Aber unsere Erinnerungen, unsere Emotionen und unser Körper haben Schwierigkeiten, zu akzeptieren. Spirituell haben wir vielleicht den Eindruck, daß wir wirklich akzeptieren. Und trotzdem wachen unsere alten verletzten Gefühle immer wieder aufs Neue auf. Sie beklagen die Zurückweisung ihres Strebens nach Veränderung. Sie sind bereit, gegen diese Zurückweisung zu kämpfen, offen oder still zu schreien und zu toben, aber auch für die Anerkennung ihrer inneren Wahrheit zu kämpfen.

Wir glauben, daß wir akzeptieren, aber/und wir gehen weiter in unserem Leben. Aber unsere alten Verletzungen und Schmerzen folgen uns. Hinter der Ecke versteckt, wo wir sie nicht länger sehen können, überraschen sie uns, schockieren uns und andere und bestehen darauf, gehört oder sogar gesehen zu werden. Diese Teile können so rasend werden, daß sie destruktiv für uns und für andere werden. Vielleicht verletzen dann unsere unbewußten persönlichen Verträge unsere tiefen menschlichen Gesetze. Und unser Akzeptieren war nur ein Weg, um vor der Resignation wegzulaufen, die wir nicht fühlen wollten.

Wenn wir mit dem Tod eines Menschen konfrontiert sind, der uns sehr nahe stand, sind wir gezwungen, akzeptieren zu lernen. Konfrontiert mit Alter und Krankheit sind wir gezwungen, akzeptieren zu lernen. Wir sind alle begrenzt, wenn unser Projekt ist, mit eigenen Flügeln zu fliegen. Irgendwo in uns sind wir alle Behinderte. Und indem wir Resignation und Akzeptanz verwechseln, brechen wir uns möglicherweise Rücken und Beine, indem wir darauf bestehen, daß wir fliegen können.

Es kann keine Veränderung geben, wenn wir mit dem Akzeptieren beginnen. Etwas tief in unserem Inneren zu akzeptieren, ist erst möglich, nachdem wir zuvor versucht haben, es zu verändern, zu transformieren. Erst dann können wir uns von unbefriedigten Bedürfnissen befreien oder von Ereignissen, die uns entwurzelt haben. Aber wir können nicht ohne Resignation akzeptieren, wenn wir nicht lernen zu transzendieren.

Transzendenz

Unsere Inkarnation basiert auf der Verwirklichung des Selbst, aber unser Leben basiert essentiell auf Transzendenz. Wir werden geboren, wir leben, und wir sterben.
In solchen kurzen Begriffen ist unser Leben ein Scheitern. Es ist ein Scheitern, weil es sein Schicksal ist, zu enden. Offensichtlich sind wir dazu bestimmt, uns in der Zwischenzeit an ihm zu erfreuen. Diese Zwischenzeit ist das Leben, das wir leben. Und vielleicht kommen wir zu dem Schluß, daß auch dies ein Scheitern war.
Offensichtlich sollen wir nicht wissen, was über diese Zwischenzeit hinausgeht. Aber das, was über die Begrenzungen unserer Realität hinausgeht, können wir fühlen, können wir spüren. Es liegt innerhalb unserer Möglichkeiten, über die Begrenzung der Realität hinauszusehen. Zu sehen in dem Sinn einer Ahnung, eines Gefühls, was über das hinausgeht, was vor uns und was hinter uns ist.
Es gibt einen großen Unterschied zwischen Desinkarnation und Transzendenz. Desinkarnation bedeutet, daß ein Mensch versucht, nicht inkarniert zu sein. D.h. er versucht, nicht wirklich da zu sein, wo er ist, oder er verleugnet sein Dasein und sagt nein zu seinem Körper.
Es gibt viele Wege, zu desinkarnieren. Z.B. indem man die eigenen Bedürfnisse verneint oder verneint, überhaupt Bedürfnisse zu haben. Oder mit seinen Gedanken wegfließt und weder hier noch dort ist, sondern irgendwo im Niemandsland. Oder aber sich in die Isolation zurückzieht, in der dem Körper nicht erlaubt ist, seine Wünsche und seine Liebe zu leben.

Desinkarnation ist der Versuch, die Realität zu transzendieren. Wirkliche Transzendenz hingegen bedeutet, in der Realität verwurzelt zu sein und in seiner Tiefe, in seiner Spiritualität, über die Begrenzungen der Realität hinauszugehen. Dies setzt die Fähigkeit voraus, real zu sein, im Leben zu stehen, zu existieren und zu koexistieren. Und gleichzeitig seine innere Welt spüren zu können, die weit über die Begrenzung der Realität hinausgeht.

In der Realität kreativ verwurzelt zu sein und dennoch in unserer Tiefe über die Begrenzungen der Realität hinaus transzendieren zu können bedeutet, daß in unserer Existenz das Leben mehr ist als das, was ist. Etwas existiert jenseits der Mauer, jenseits der Begrenzung und jenseits der Begrenzung unseres Lebens. Diese Ahnung kann uns dahin führen, die Begrenzung unserer jetzigen Realität zu akzeptieren.

Diese Ahnung trägt unsere Spiritualität über die Realität hinaus. Wir leben, wir wachsen, und wir sterben. Und was bleibt, ist nur ein Teil dessen, was darüber hinausgeht: keine Form, keine Struktur, keine Triebe, keine Projekte, sondern ein entfalteter Ozean von Sinn.

Es ist wie eine unterbrochene Kontinuität zu leben. Alles stoppt, alles hat ein Ende, eine Begrenzung – alles ist unterbrochen, aber es geht weiter. Könnte es sein, daß wir das meinen, wenn wir von Liebe sprechen?

Ein Mann wanderte auf einer Straße

Eine Frau wanderte auf einer Straße

Sie erkannten einander

Sie wollten ihr Leben zusammen verbringen

Sie lebten und liebten

Und starben

Und das Leben war glücklich, daß sie sind.

Nachwort

Seit fast 20 Jahren arbeite ich als Psychotherapeut, in der Supervision und als Trainer und Leiter mehrerer psychotherapeutischer Ausbildungsinstitute. Aufgrund dieser Tätigkeit betrachte ich mich als Forscher auf dem Gebiet menschlicher Erfahrung – jenseits nationaler Grenzen und kultureller Unterschiede. Ich habe versucht, mehr Klarheit zu gewinnen, wie Menschen ihre Erfahrung auswählen, sei es in bezug auf sich selbst oder ihr Liebesleben, ihre Arbeit, ihre Gesundheit oder Krankheit, ihre Symptome, Phantasien, Erwartungen, Hoffnungen und Täuschungen, ihre Beziehungen, das Leben danach oder die trivialsten Aspekte des Alltags.

Meine Arbeit als Therapeut, Trainer und Vortragsredner – oft 14 Stunden am Tag, sieben Tage die Woche – führte mich in viele Länder der Welt. Angetrieben wurde ich von Leidenschaft und dem tiefen Verlangen und der Überzeugung, daß die menschliche Erfahrung bedeutsam ist, daß wir nicht bloß Opfer äußerer Situationen, von Geschichte und Ereignissen sind, sondern in verschiedenem Grad auch unsere eigene Umwelt kreieren, sowie in hohem Maß unsere eigene Persönlichkeit und etwas, das wir allgemein als das Selbst bezeichnen können.

Wie bei einem Gemälde, einem Gedicht, einer Gestalt oder bei den Mechanismen, die in jedem Moment ablaufen, in dem wir zu uns und zu anderen in Beziehung stehen, so haben wir uns Triebkräfte und Werkzeuge geschaffen. Wir sind nicht einfach Wesen, denen aus dem einen oder anderen Grund »Dinge geschehen«. »Wir geschehen« ihnen. Was sind dann die Kräfte, die untereinander interagieren, und wie weit können wir Verhaltensmuster beeinflussen, die »scheinbar« außerhalb von uns sind oder die weder uns noch dem anderen angemessen zu sein scheinen?

Es gibt Menschen, die sich von sich selbst entfremden oder zu ihren eigenen Feinden werden, und doch leben sie jeden Tag mit sich zusammen, genauso wie mit anderen. Die Qualität von Erfahrung scheint mir grundlegend zu sein und zu beinhalten, mit welcher Qualität wir in einer Situation agieren und reagieren. Wir können unser Innenleben weder einfach als rein biologischen Prozeß behandeln noch als eine unbewußte Welt von großer Komplexität, die uns dazu »veranlaßt«, auf bestimmte Weise zu agieren und zu reagieren; so, als ob wir nichts mit ihr zu tun hätten.

Unsere innere Welt ist eine reiche und persönliche Welt jenseits von Genen, Geschichte und Kindheitserlebnissen. Sie besitzt große Intelligenz, die auf die bestmögliche Weise für den einzelnen und die Menschheit tätig ist, wobei sie die ungeheure Komplexität des Lebendigseins berücksichtigt, und auf den physischen, emotionalen und spirituellen Sinn des Seins reagiert. Das bezeichne ich als die Intelligenz des Herzens, und als das Herz der Intelligenz. Diese beiden zusammen machen das Wesen unseres Innenlebens aus.

Am Anfang stehen Bedürfnisse. Wenn wir nicht akzeptieren, daß wir Bedürfnisse haben, akzeptieren wir nicht, inkarniert zu werden. Aus den komplexen Wechselwirkungen zwischen unseren Bedürfnissen und denen der anderen entsteht unsere Welt; wir machen entweder die Erfahrung, aus dem Paradies vertrieben zu werden, oder die, uns ihm zu nähern. In jedem Fall ruft Resignation Gewalt hervor – oft innere Gewalt und ein Ungleichgewicht –, und Erfüllung regt weitere Bedürfnisse an, die dann oft als Verlangen bezeichnet werden. Beides sind evolutionäre Erfahrungen, beide führen zu Aktivität und Bewegung, zu Dialog, entweder im Innern oder nach außen gerichtet, oder beides zugleich.

Es versteht sich vielleicht von selbst, daß Worte Bedeutung haben, daß Bedeutung eine physisch verkörperte Erfahrung besitzt. Aber dennoch scheinen wir immer wieder zu vergessen, wie wichtig jeder Moment unseres Lebens ist, so daß wir vielleicht nicht unsere besten Worte, Bedeutungen oder Erfahrungen für unseren inneren Dialog und unser gemeinsames Erleben und den Wunsch nach dem anderen auswählen. Manche Ereignisse in unserem Leben haben uns vielleicht zu stark geprägt, so daß wir die Möglichkeiten, die sich direkt vor uns bieten, nicht mehr in uns aufnehmen. Wir können unsere vergangene Erfahrung einer guten Erfahrung im Hier und Jetzt vorziehen. Wir können sogar die Wahl treffen, daß alte Frustrationen und Täuschungen die Oberhand gewinnen über unsere tiefsten Wünsche und angesichts der Erwartung von etwas Gutem, und dadurch können wir das verderben, was tatsächlich gerade jetzt geschieht. Wir können uns unangemessen ausdrücken und uns vielleicht sogar in genau der Erfahrung wiederfinden, die wir nicht machen wollten. Und es kann noch schlimmer kommen. Es ist tragisch, zu sehen, wie viele Paare in Liebe und Hoffnung zueinander gefunden haben, eine Familie bildeten und dann den Rest ihres Lebens am Reparieren oder Sich-trennen waren. Dennoch, das könnte vielleicht eine Lösung sein – aber können wir diese Lösung vertreten, in vollem Wissen darum, worum es uns eigentlich geht?

Wenn wir über Psychotherapie nur als Wissenschaft sprechen wollen, die medizinische Fehlfunktionen korrigiert, lassen wir das Thema »Kommunikation« draußen. Die Erfahrung, wie Menschen kommunizieren oder nicht kommunizieren und wie dies unser emotionales und unser physiologisches Leben beeinflußt, unsere Beziehungen, unsere Arbeit und sogar den Sinn unseres Lebens, das ist ein Fachgebiet für sich. Wir wollen daher sagen, ein Psychotherapeut sei jemand, der mit der »Qualität des Lebens« zu tun hat oder mit der »Wahl der Erfahrung«; wir könnten ihn auch einen »Sensologist« (engl.; »Sinnforscher«) nennen, jemand, dessen Beruf es ist, anderen zu helfen, den Sinn in ihrer täglichen Erfahrung deutlich zu machen, in Vergangenheit, Gegenwart und Zukunft.

Das wäre das Gebiet der »Sensologie«, durch das bestimmte aktuelle Streitpunkte zwischen den medizinischen Berufen auf der einen und Psychologen, Psychoanalytikern und Psychotherapeuten auf der anderen Seite zu einer deutlicheren Verbindung finden könnten. Das würde bedeuten, daß ein Mensch nicht krank ist, sondern danach verlangt, sich selbst zu fragen, welches Leben er führt und welches Leben er führen möchte. Der »Sensologist« ist kein Philosoph und auch kein Heiler, sondern jemand mit strenger beruflicher Ethik, der danach strebt, die verschiedenen persönlichen Verträge und ihre

Wechselwirkungen im Alltag zu klären – nicht unähnlich der Arbeit eines Anwalts.

Ich hoffe, daß dieses Buch den Nebel, der über der Frage liegt, was Psychotherapie sei, teilweise auflöst. Ich meine, daß jeder dann und wann das Bedürfnis oder das Verlangen hat, über verschiedene Aspekte seines Lebens nachzudenken, und daß Psychotherapie mit ihrer Suche nach persönlichem Wachstum eine Möglichkeit ist, solchen Reflexionen Zeit und Raum zu geben, Zeit für das Selbst.

Seit den frühen sechziger Jahren ist auf Initiative vieler Menschen hin eine große Bewegung entstanden, die in diese Richtung zielt. Diese Bewegung begann in den USA und kam – gegründet auf die Bedeutung, die sie menschlicher Erfahrung, Kommunikation und dem Teilen dieser Erfahrung beimißt – in den frühen Siebzigern nach Europa. Wir schulden den Menschen, die sie inspiriert und begründet haben, großen Respekt, u.a. S. Freud, C.G. Jung, W. Reich, C. Rogers, F. Perls, R.D. Laing, A. Janov, C. Berns, J. Lacan, A. Lowen, ebenso den vielen Methoden, die Licht bringen in unsere Interaktionen und unsere Kommunikation, von der Psychoanalyse bis zu Primärtherapie, T-Gruppen, Psychodrama, Transaktionsanalyse und vielen mehr. Zur gleichen Zeit hat man sehr gezögert, Psychoanalyse und Psychotherapie über Freud hinauszuentwickeln. Auch sind die neuen Ausdrucksverfahren und energetischen Therapien noch in den Kinderschuhen, doch gibt es Hinweise, die mich in dem Glauben und in der Feststellung bestärken, daß auch die Therapie 100 Jahre nach Freud sich mit der allgemeinen Evolution und mit dem Wissenszuwachs weiterentwickelt hat.

Dieses Buch hätte auch den Titel »Annäherung an die Illusion des Paradieses« tragen können, denn wir nähern uns stets, und immer ist es eine Illusion, und immer, selbst in unseren Fehlern, nähern wir uns dennoch. In diesem Sinne haben Psychotherapeuten nicht nur mit dem Wirklichen und der Wirklichkeit zu tun, sondern auch mit dem Unwirklichen, dem Eingebildeten, dem Trugbild, dem Symbolischen (wie es in diesem Buch verstanden wird). Daher begrenzen sie ihre Arbeit nicht nur auf das, was wirklich ist. Eine Phantasie oder ein unausgedrücktes Verlangen haben keine Wirklichkeit, aber sie können als real empfunden werden und besitzen, so verstanden, eine »Wirklichkeit der Erfahrung«. Oft frage ich: Wer hat das Recht, Realität zu schaffen? Diese Frage beinhaltet, daß der Schöpfer etwas kreiert, das zuvor nicht da war.

Ich habe Menschen in heftiger Qual gesehen, in geistigen wie in körperlichen Schmerzen. Ich habe Menschen erlebt in Momenten innerster Wahrheiten und Kämpfe, Momenten tiefer Schuld und Scham. Ich habe mit Selbstmördern, Kriminellen und sexuell Besessenen gearbeitet. Ich wurde angegriffen, mein Leben wurde bedroht. Ich habe noch angesichts der Tiefen paranoider Psychosen fest an das Gute geglaubt, und ich habe Selbstzerstörung und chronischer Verzweiflung gegenübergestanden. Ich war zugegen in Stunden der Freude, Stunden emotionaler und psychologischer Erlösung. Ich kann sagen, daß ich Liebe in reineren Formen gesehen habe als ich mir je vorstellen konnte, und ich habe Liebe dort durchscheinen sehen, wo nur Dunkelheit wahrzunehmen war. Ich kann auch sagen, daß ich Hunderten von Menschen geholfen habe, aber am meisten habe ich mir selbst geholfen, völlig von dem starken Willen der Menschheit überzeugt zu werden, in allem, was sie tut, die Liebe und das Gute aufscheinen zu lassen. Bedauern ist eine Form der Evolution. Wenn Menschen bedauern, beginnen sie zu sehen, was sie wirklich nicht ins Leben rufen konnten, und dadurch beginnen sie auch schon, es an die Oberfläche zu bringen.

Ich betrachte mich glücklich, daß mir gestattet war, dabei zu sein, wie Menschen ihre ganz persönlichen Schwierigkeiten mitteilten und nach dem angemessenen Ausdruck ihrer verschiedenen Wahrheiten suchten.

Dies schriftlich auszudrücken, erweist sich – wie die meisten Dinge im Leben – als sehr schwierig. In einem kurzen Absatz mehrere Jahre der Arbeit mit einem Klienten zu beschreiben oder den Reichtum dieser Erfahrung zu vermitteln, ist mir unmöglich. Mir ist klar, daß die Leser manchmal das Gefühl haben werden, daß ihre eigenen Bilder sie unterbrechen, der nächste Satz sie jedoch vielleicht von ihrer persönlichen, eben erst »ausgelösten« Erfahrung und Gedankenfolge wegführt. Das kommt daher, daß dieses Buch einen Überblick und Momentaufnahmen von Erfahrungen geben will – im

214

Gegensatz zu einem anderen Werk (»Reise ins Unbewußte« – in Vorbereitung), in dem ich ausführlicher auf einige Fälle aus der psychotherapeutischen Arbeit eingehe.

Auch will ich hier darauf verzichten, näher auf den theoretischen Hintergrund und die in der praktischen Arbeit gewonnenen Schlußfolgerungen einzugehen (siehe dazu »Psychoorganische Analyse« – in Vorbereitung). Mir war daran gelegen, keine etablierte psychoanalytische Fachsprache zu verwenden, sondern vielmehr eine Sprache neu zu schaffen, mit der die Leser, wie ich hoffe, ohne weiteres vertraut werden können. Das vorliegende Buch verfolgt die Absicht, die Leser zu öffnen für eine Welt, die wir oft fühlen, derer wir uns aber vielleicht nicht bewußt sind.

Zwei grundlegende Dinge verdienen meines Erachtens hierbei besondere Aufmerksamkeit: erstens die Beziehung zwischen dem Verlangen nach Veränderung und der Entstehung von Krisen. Es kann sein, daß wir innere Krisen nicht als Verlangen danach erfahren, äußere Veränderungen anzustreben, oder danach, unsere Lebensweise zu ändern und unsere Art, mit anderen zu kommunizieren, sondern als etwas, das bekämpft werden muß. Mit dem Ergebnis, daß wir eine unverständliche Erfahrung machen, nämlich Selbstverleugnung und Selbstzerstörung. Das Gegenteil, ebenso oder sogar noch gefährlicher, ist die Zerstörung des anderen oder der Beziehung. Zweitens messe ich besonderes Gewicht jenem Aspekt der dynamischen und statischen Gesetze bei, demzufolge wir wollen, daß sich bestimmte Dinge in unserem Leben ändern, während andere zugleich unverändert bleiben sollten. Ein Beispiel: Ich möchte, daß Sie anders sind, sich aber nicht so verändern, daß ich Sie nicht mehr erkenne. Ändern Sie nicht ständig Ihren Namen – wir können Teile des Gebäudes neu bauen, die Fundamente aber nicht rückgängig machen. Veränderung, etwas loslassen, macht angst, aber Bewegungslosigkeit ist chronische unbewußte Regression, ein Vermeiden von Entwicklung, die das Leben unablässig zu fordern scheint. Alle Veränderungen zu bekämpfen ist gegen das Leben selbst gerichtet, das ein fortwährendes behutsames Ausgleichen zwischen Dynamik (Bewegung) und Statik (dem Starren) ist. Entwicklung zu widerstehen oder gezwungen zu sein, sich nicht zu entwickeln, bedeutet die inneren Kräfte des Wachstums zu unterdrücken. Dieses Unterdrücken kann zu einer größeren Gefahr werden als die Veränderung (im Sinne von Transformation, wie in diesem Buch beschrieben) selbst.

Mit einem einfachen Satz stelle ich fest: »Das Unbewußte ist situationsbezogen!« Diese kurze Aussage kann nicht erklären, was ich wirklich meine, auch einige Seiten reichen dafür nicht aus. Um zu beschreiben, was dies alles beinhaltet, wäre ein umfangreiches Werk nötig – außer wenn man einfach sagte, daß unser Unbewußtes von inneren Situationen erschaffen wird, die sich bemühen, der Realität zu begegnen.

Wer lebt in uns, was lebt in uns und was geschieht mit all den Dingen, denen wir nicht erlauben, ans Tageslicht aufzusteigen?

Durch fortwährendes und chronisches Verdrängen kann ein Mensch sich den Kräften und Teilen in ihm selbst entfremden, die in Bewegung sind, und sogar sich selbst fremd oder ein Feind seiner selbst werden. Und gleichzeitig lebt er jeden Tag mit sich und mit anderen. Kann er sich einigen zwischen dem, was er ist, und dem Gefühl, was er wirklich zu sein wünscht? Welche Teile von sich will er stärker leben, und welche weniger oder gar nicht? Viele Menschen haben das Gefühl, daß man sie nicht sieht, wie sie »eigentlich« sind – doch zeigen sie denn, was sie eigentlich sind?

Ich habe versucht, eine Sprache, eine Sichtweise und möglicherweise ein Verständnis dessen zu entwickeln, wie wir unsere Erfahrung wählen, und dabei einige der Gründe dafür zu beantworten, warum wir uns so entscheiden. Die Ursprünge der in dem PIT (Primary Impulse Training) verwendeten Sprache liegen in den tiefen Regressionen, die Klienten erfahren haben, und darin, wie sie sich in einem abhängigen Zustand zu agieren und zu reagieren entschieden – etwa wie ein Kind, das Liebe und Unterstützung braucht. Diese Ausdrucksweise habe ich auf unsere tägliche Erfahrung als Erwachsene übertragen, um zu erhellen, wie Emotionen und Kommunikationsweisen beeinflußt werden.

Gleichermaßen möchte ich herausstreichen, daß wir weder bloß in der Gegenwart leben noch nur Empfindungen und Emotionen kennen, die einzig zum sogenannten Jetzt Bezug haben. Daß unsere

Erfahrung vielmehr darauf beruht, wo wir waren und wie es uns ging, und daß das Ausmaß unserer vergangenen Erfahrungen unsere Zukunft färbt, sie jedoch nicht darauf beschränkt ist. Daß wir als Menschen weder automatisierte Wesen noch lediglich eine Widerspiegelung unseres kulturellen und familiären Hintergrundes und daß wir auch nicht vollkommen festgelegt sind durch vererbte und genetische Anlagen. Daß wir unsere Erfahrung tatsächlich wählen können. Und schließlich möchte ich betonen, daß es so etwas wie Freiheit gar nicht gibt, wohl aber die Freiheit der Wahl, da wir immer in Beziehung zu etwas oder zu jemandem stehen.

Dieses Buch will in die verschiedenen Ebenen einführen, die sich in unserem täglichen Leben – das ein Leben der Beziehung ist – wechselseitig beeinflussen. Es ist kein Anleitungsbuch und kann es auch nicht sein. Meiner Meinung nach kann es nicht wie ein Roman gelesen werden, den man aufgeregt miterlebt. Es geht eher darum, daß ich hoffe, daß das eine oder andere daraus plötzlich als Reflexion darüber, was gerade geschieht oder auch nicht geschieht, in Ihrem Alltag auftaucht. Daß Sie zurücktreten und Momente der Reflexion zulassen, die Sie vielleicht früher oder später zu den Möglichkeiten führen, Ihre Erfahrung anders zu wählen oder sich klarzumachen, warum sie so ist, wie sie ist.

Dieses Buch zusammen mit Hans-Georg Huber zu schreiben, war mir eine große Freude; seine Gedanken und Ergänzungen haben mir sehr geholfen, es in eine Form zu bringen. Er ist selbst Psychologe, Psychotherapeut, Psychoorganischer Analytiker und ein wichtiger Trainer und Mitarbeiter. Es ist ihm nicht nur gelungen, meine eigenen Erkenntnisse zu stimulieren und sie um neue Dimensionen zu bereichern, in den Jahren unserer Bekanntschaft hat sich auch eine wahre Freundschaft und gegenseitige Anteilnahme entwickelt, und ich habe die Differenziertheit seines Denkens sehr schätzen gelernt.

Mit Worten nicht zu beschreiben ist die Dankbarkeit, die ich für meine Frau, Joelle, empfinde, die über sechzehn Jahre lang meine Arbeit und meine Entwicklungen begleitet hat und die selbst eine etablierte Psychotherapeutin ist; von ihr wünsche ich mir, daß sie für mich zu verschiedenen Zeiten alles ist: Freundin, Frau, Ehefrau, Partnerin, Liebhaberin und mehr. Keine Theorie könnte die Lebendigkeit und die Liebe je ersetzen, die wir leben, und aus denen sich die kostbaren Augenblicke der Ewigkeit nähren, die es inmitten des Kampfes und der Herausforderungen des Alltags gibt. Sie hat mich viele Dinge gelehrt, die ich nicht lernen wollte, und einen großen Teil meines Wissens verdanke ich ihr.

Paul C. Boyesen

Worterklärungen

Beweggrund ist der eigentliche Wunsch oder die eigentliche Botschaft, die ein Mensch leben oder kommunizieren möchte. Wenn der Beweggrund eindeutig kommuniziert wird, gibt es kein Signal, weil der wirkliche Wunsch ausgedrückt wird. Problematisch wird es, wenn wir unser Signal für den Beweggrund halten, und nicht länger mit dem in Kontakt sind, was wir eigentlich wollen.

Charakter ist die Form, die Struktur und der Ausdruck, die ein Mensch für sich entwickelt und angenommen hat. Wir benutzen in diesem Buch den Begriff Charakter synonym zu Persönlichkeit. Die Struktur des Charakters gibt dem Menschen Halt und Sicherheit. Der Charakter kann jedoch auch negativ für den Menschen werden, wenn er zu geformt, zu statisch, zu unflexibel oder zu fest geworden ist, um sich auf neue Lebenssituationen einstellen zu können.

Horizontale Erfahrungen sind die Erfahrungen, die sich direkt auf die Hier- und Jetzt-Situation beziehen. Das setzt voraus, daß ein Mensch sich ausschließlich auf die aktuelle Situation bezieht, der er unmittelbar gegenübersteht. Da wir im Hier und Jetzt jedoch gleichzeitig auch alte, frühere Situationen erfahren, können wir normalerweise nur schwer unterscheiden, ob sich unsere Erfahrung auf die aktuelle oder eine frühere Situation bezieht.

Kompromiß bedeutet, daß der Mensch weder seinem Primärimpuls folgt, noch eine Sekundärreaktion ausdrückt, sondern einen dritten Schritt macht, der ihn weder in seinem Primärimpuls noch in seiner Sekundärreaktion stimuliert. Der Kompromiß frißt Energie. In einer einfachen Sprache entspricht er »Es ist mir egal«.

Konsequenzenergie bezieht sich auf die ungewählten und ungelebten Möglichkeiten. Die Konsequenzenergie beinhaltet sowohl eine konkrete Vorstellung, als auch den Drang, diese Vorstellung zu leben. Es sind die Teile, die ein Mensch bis heute nicht gelebt hat, aber auch hätte leben können oder zu einem späteren Zeitpunkt leben wird.

Konzept wählt, welche Form eine Idee annimmt, und gibt die Erlaubnis zu ihrer Realisierung. In unserem Konzept schauen wir sowohl nach innen, in Richtung unseres tiefen Organischen, als auch auf die äußere Realitätssituation.

Makroregulation ist der Ausdruck von Restenergie gegenüber einer äußeren Situation bzw. gegenüber einem anderen Menschen, um dadurch den Streß einer ungewollten Erfahrung zu regulieren. Die Fähigkeit zur Makroregulation ist wichtig, da sie Einfluß auf die äußere Situation nimmt und damit eine Möglichkeit ist, Realität zu kreieren.

Mikroregulation ist die innere Regulation von Restenergie, die auf der körperlichen Fähigkeit beruht, Streß, Spannungen und unausgedrückte Gefühle autonom zu regulieren. Dies geschieht unbewußt, z.B. durch Schwitzen, erhöhte Atem- und Pulsfrequenz. Die Fähigkeit zur Mikroregulation ist wichtig, da wir nicht ständig unsere Restenergie makroregulieren können, ohne daß dies negative Konsequenzen für unsere Beziehungen hätte.

Neurose ist ein Verhalten oder eine Erfahrung des Menschen, welche erkennbar keine natürlichen Antworten auf eine bestimmte Situation sind. Häufig ist der Mensch in der Neurose nicht wirklich mit dem in Kontakt, was Hier und Jetzt ist.

Organische Verbindung ist die körperliche Form oder der Charakter, den das tiefe Organische annimmt, um das Ungleichgewicht zwischen innerer und äußerer Welt auszugleichen. Es ist eine körperliche Erfahrung, die für das Konzept akzeptabel ist.

Persönliche Verträge sind Abkommen, Vereinbarungen und Schlußfolgerungen, die ein Mensch mit sich selbst darüber getroffen hat, wie er sich oder seine Umgebung erfährt. Diese Verträge entstehen häufig in der Begegnung mit anderen Menschen oder Situationen und sind häufig unbewußt geworden. Dennoch sind sie weiterhin gültig. Persönliche Verträge sind Grundlage für die Entwicklung der Persönlichkeit, aber auch für die Entwicklung von neurotischen Lebensmustern.

Primärimpuls ist der Impuls aus dem Inneren eines Menschen, der danach strebt, sich in der äußeren Welt zu realisieren. Dieser Impuls strebt immer nach Befriedigung, völlig unabhängig davon, was die äußere Realität in diesem Moment dazu sagt. Der Primärimpuls kreiert Energie. In einer einfachen Sprache entspricht er »Ich möchte«.

Reale Welt bezieht sich auf physische Materie, wie Objekte und Lebewesen, aber auch auf Handlungen und gesprochene Worte.

Restenergie ist die übriggebliebene Energie eines nichterfüllten oder nichtausgedrückten Impulses und damit Träger unvollendeter Geschichte. Der zurückgehaltene Ausdruck, z.B. Ärger, lebt weiterhin als Energie im Körper, die ausgedrückt werden möchte. Manchmal wird diese alte Ladung durch eine neue Situation so stimuliert, daß sie nicht länger zurückgehalten werden kann.

Sekundärreaktion ist eine Reaktion auf einen Einfluß von außen, der gegen den Primärimpuls ist. Die Sekundärreaktion befreit Energie. In einfacher Sprache entspricht sie »Ich möchte nicht«.

Signal ist der Ausdruck einer Botschaft durch Sprache oder Körper, die jedoch mehr beinhaltet als tatsächlich ausgedrückt wird. Der Wert eines Signals besteht darin, daß ein komplizierter oder umfassender Inhalt verkürzt kommuniziert werden kann. Es kann jedoch ein Problem sein, wenn wir mit dem Signal eine versteckte Botschaft kommunizieren möchten, die unser Gegenüber, oder gar wir selbst, nicht verstehen können.

Symbolische Welt sind die inneren Vorstellungen eines Menschen, in denen die grundlegenden Bedürfnisse, Wünsche und Sinne des Menschen befriedigt sind. Diese Vorstellungen sind nicht real, aber sie können Realität werden.

Tiefes Organisches sind unsere tiefen Wünsche und Kräfte, Triebe und Instinkte, die körperlich in uns leben und essentiell für unser Leben sind. Das tiefe Organische ist unsere inkarnierte Spiritualität.

Vertikale Erfahrungen beziehen sich auf vergangene Situationen. Häufig stimulieren aktuelle Situationen, aufgrund ihrer Ähnlichkeit, in uns alte Gefühle und Situationen, die wir auch im Hier und Jetzt erfahren. Obwohl sowohl horizontale als auch vertikale Erfahrungen gleichzeitig, in der Gegenwart, wahrgenommen werden, beziehen sie sich auf unterschiedliche Situationen. Und beide zusammen scheinen wichtige Faktoren für die Wahl unserer Erfahrung zu sein.

Adressen

Die Psychoorganische Analyse wird im deutschsprachigen Raum durch das Deutsche Institut für Psychoorganische Analyse (DIPOA) repräsentiert.
Das Institut bietet regelmäßig Ausbildungen, Fortbildungen, offene Workshops und Primärimpuls-Trainings® an. Nähere Informationen sowie eine Liste der zertifizierten Psychoorganischen Analytiker können bei den Repräsentanten des DIPOA angefordert werden:

Hans-Georg Huber
Kartäuserstr. 52, 7800 Freiburg

Ingrid Kramer-Neumann / Richard Blamauer
Oberstr. 36, 4630 Bochum

Anette Schultz / Dr. Alfred Schultz
Bleichstr. 28, 4900 Herford

KÖSEL

Lust und Frust
der Helfer-Typen

Carmen R. Berry
Die Erlöser-Falle
Lust und Frust der Helfer-Typen
175 Seiten. Kartoniert

Jeder kennt den stets hilfsbereiten Nachbarn, die Kollegin, die immer für alle ein-
springt, die Mutter, die nie an sich selber
denkt. Solche Helfer- oder Erlöser-Typen
sind stets im Einsatz und für andere da. In ihrem missionarischen Drang, Gutes zu tun,
mißachten »Erlöser« jedoch sowohl ihre eigenen Bedürfnisse als auch die der anderen.
Die Folge ist häufig inneres Leid und der Verlust echter Bindungen.

Dieses Buch nennt die häufigsten Helfer-
Typen, die Motive und Auswirkungen
ihres »Helfens« und eröffnet allen »Erlösern«
einen Weg, sich endlich selber anzunehmen
und innige Beziehungen einzugehen, die von
wechselseitiger Unterstützung geprägt sind.

KÖSEL

Stanley Keleman

Körperlicher Dialog in der therapeutischen Beziehung

158 Seiten. Paperback

Übertragung und Gegenübertragung, denen eine Schlüsselrolle in jeder Therapie zukommt, manifestieren sich – so Kelemans aufregend neue Erkenntnis – auch auf körperlicher Ebene. Dieses Buch vermittelt das nötige Wissen, um diesen Prozeß bewußt zu formen.

Anhand von fünf ausführlichen Fallbeispielen und von Ausschnitten aus Supervisionsgesprächen entwickelt Keleman dieses neue Beziehungsmodell. Zahlreiche Schaubilder verdeutlichen die körperlichen Strukturen und die Beziehungsprozesse.